JN086488

都市から見るヨーロッパ史

河原　温・池上俊一

都市から見るヨーロッパ史（'21）

装丁・ブックデザイン：畑中　猛

s-33

まえがき

放送大学では，ヨーロッパの歴史は，これまで中世から近代まで通史の形で提供されてきました（樺山紘一『ヨーロッパの歴史』，江川温『新訂　ヨーロッパの歴史』，草光俊雄・河原温『ヨーロッパの歴史と文化―中世から近代―』，草光俊雄・甚野尚志『ヨーロッパの歴史Ｉ―ヨーロッパ史の視点と方法―』など）。本科目は，『ヨーロッパの歴史Ｉ』と並行して2015年から開講されてきた草光俊雄・菅靖子『ヨーロッパの歴史Ⅱ―植物からみるヨーロッパの歴史』をうけ，ある一つのテーマを軸にヨーロッパの歴史を考えるという意図の下で企画されました。今回は，「都市」をキーワードとしてヨーロッパ史にアプローチしています。

古今東西の世界において生まれ，繁栄した都市は，人間にとってモノの生産と流通の場であっただけではなく，知識や情報の交換，多様な人々の出会いの場でもありました。人々の集まる都市は，文化をはぐくみ，農村にはない新たな人間関係や社会的繋がり，そして思考法を生み出してきたのです。世界史的に見れば，都市は極めて多様であり，都市のモデルは一つではありえません。世界の各文化にそれぞれ固有の都市のモデルがあると言えるでしょう。では，ヨーロッパの都市はどのような歴史的背景の下で誕生し，ヨーロッパという文明とかかわってきたのでしょうか。

本科目は，ヨーロッパ中世史を専攻する２名の主任講師（河原と池上）にフランス近世史を専攻する客員講師（林田）の参加をお願いし，３名で中世から18世紀までのヨーロッパの歴史を「都市」の視点から考えてみることにしました。ヨーロッパにおける都市の多様性と複雑性を文化史や社会史などさまざまな切り口から考えることで，前近代のヨーロッパ世界における都市の役割，特性を明らかにできればと考えています。

時代や地域により都市は，さまざまな姿を示し，そこに居住する人々（市民）の特質を映し出します。ヨーロッパの伝統都市の在り方や経験―空間的構造，人々の社会的諸関係，国家や権力との関係など―から私たちは何を学ぶことができるか，皆さんと考えていきたいと思います。

本科目の制作にあたり，2020 年度に予定されていた海外取材（ロケ）は，新型コロナウィルス感染問題の広がりをうけて断念せざるを得ませんでした。しかし，放送教材では，可能な限りの資料図像や映像の提示を通じて，ヨーロッパ中近世の都市の魅力をお伝えしたつもりです。

最後になりましたが，印刷教材の編集でお世話になった井上学さん，放送授業の制作で尽力いただいたプロデユーサーの草川康之さんとディレクターの岩崎真さん，須佐麻美さんに感謝いたします。

2020 年 12 月
河原　温
池上俊一

目 次

1　序論：前近代ヨーロッパの都市を見る視点

河原温・池上俊一・林田伸一

《目標＆ポイント》　ヨーロッパの歴史は，さまざまな視点から考えることができるが，本科目では中世，近世における都市の在り方からヨーロッパ世界の特質を考えてみる。歴史的に都市という「場」は，人とモノをめぐるさまざまなコミュニケーションの空間であり，それらを育んだ固有の文化と社会の本質を反映している。前近代（中世と近世）のヨーロッパ文明にとって，都市という「場」がもった意味を探ることで，現代世界における都市問題を再考する手がかりとしたい。

《キーワード》　キリスト教，都市共同体，社会的結合，自由と自治，市民的宗教，祝祭，言葉と音，美意識，近世都市，絶対王政，中間団体，都市文化

1．はじめに

都市は，人類社会において極めて古くから存在してきた。都市の歴史は，文明の歴史とともに古いといってもよいだろう。ユーラシア大陸では主要な古代文明の核には都市が存在し，宗教，政治，経済，文化，社会のさまざまな領域で生じる問題が都市において集中的に現れた。時代の特質は，都市によく凝縮されているといえよう。都市という場から前近代ヨーロッパの歴史と社会を考えてみることが，本科目の課題である。

2．中世都市から

（1）中世都市への視座の変化

ヨーロッパ世界は，18 世紀の「産業革命」により今日地球的規模で拡大した普遍性をもつ科学技術を生み出してきた。また，「フランス革命」をはじめとする「市民革命」を通して「近代」市民社会を生み出し，人権，市民権，生存権など社会における人間の権利の在り方についてその基本的概念をつくり出してきた。都市社会学では，産業革命を経験した「近代」の都市を産業都市，それ以前の「前近代」の都市を前産業都市（伝統都市）と呼んでいる（G. ショウバーグ）。前産業都市は，産業都市とは異なり，モノの生産を基盤とするよりも知識や情報，管理・統治のシステムをもつ場として存立した。その意味で，前近代ヨーロッパの都市は，具体的な様相に差異はあっても，中国やイスラーム，日本の伝統的都市と共通する歴史空間をつくり上げてきたといえよう。

しかし，ヨーロッパの中世都市は，ヨーロッパの近代市民社会を生み出した祖型として位置づけられ，非ヨーロッパ世界の伝統都市とは区別された歴史的意義を付与されてきたことも事実である。19 世紀後半から 20 世紀初頭にかけて，ヨーロッパでは，中世都市に対する古典的な学説が形成された。その学説において説かれたのは，(1)古代ローマ都市は古代末・中世初めの時期までに衰退し，中世初期社会は，自給自足的な都市なき農業社会となったこと，(2)中世都市の形成の主要因は，11 世紀以降の遠隔地商業の復活とそれを担った「自由な」遠隔地商人の原動力にあること，(3)その結果成立した中世都市は，都市住民の「自由」と「自治」制度を備えた法的共同体として発展を遂げ，周辺の領主制（封建制）社会とは異質な存在として発展したというものである。ベルギーの歴史家アンリ・ピレンヌ（1862－1935）を代表とするこうした見解の背景には，19 世紀末の産業化と都市化の進んだ西ヨーロッパにおいて，都市が「近代性」(modernity) を体現した空間であるとみなしたリベラルな市民層（ブルジョワジー）の世界観が反映されていた。ピレンヌ自身，19 世紀後半に毛織物産業で栄えたベルギーの都市ヴェルヴィエのブルジョワジーの家系に生まれ，自由主義（リベラリズム）と 19 世紀前半に独立を果たしたベルギーという「国民国家」の体制を信奉していた。ピレンヌにとって，中世において最も都市化された中・北部イタリアと南ネーデルラント（ベルギー）における都市の諸制度と商工業者たちの創造的な活動こそが，19 世紀末に祖国ベルギーで体現された繁栄する商工業，創造的な市民文化，市民的誇りとアイデンティティを備えた「近代都市」の苗床と考えられたのである。

しかし，20 世紀の後半に入って，F. ブローデルや J. ル・ゴフらアナール派の歴史学や，地理学，社会学，人類学など隣接諸科学の影響を受け，中世の都市現象の捉え方に大きな変化が生じてきた。その変化は，まず第 1 に，都市を地域の中心地とみて，その多様な中心地機能（宗教的，経済的，政治的，知的機能など）に注目する地理学からの視角の導入である。ピレンヌにより強調されたような都市の形成要因として遠隔地商業の拠点であることは必ずしも必要条件とはみなされなくなり，むしろ地域におけるさまざまな中心地機能が都市の形成にとって本質的であったことが強調されるようになった。第 2 に，都市の「自由」と「自治」をめぐる評価の変化である。中世の都市の「自由」と「自治」の制度は，都市に固有のものではなく，同時代の農村共同体にも一定程度共通に見出される現象であり，また都市住民の「自由」の在り方が極めて多様であったことが明らかとなってきた。第 3 に，カロリング時代からの都市的集落と商品＝貨幣流通の存在が強調され，11 世紀以降の都市発展につながっていったとする見方が有力となった。中世初期から盛期にかけての都市発展の連続性が強調されているといえる。第4に，中世都市の発展において，都市は封建領主層と対立するよりは，むしろ領主層との親和的，相互依存的関係によって封建社会の中に位置を占めていったと考えられるようになった。初期の都市住民は，自由な商人や農村からの移住民ばかりではなく，領主に仕える役人や教会に托身して特権を享受したようなさまざまなカテゴリーの人々により構成されていたことが明らかとなってきた。そして，第5には，そうした中世都市民の日常生活史，心性史研究を通じて，人々の社会的結合関係と都市空間の造形を読み解くことから中世ヨーロッパ世界における都市の特性を考えようとするアプローチが盛んとなってきている。

こうした研究においては，中世の都市の有したとされる「近代性」に対してさまざまな疑義が提示され，議論されている。近代都市の「先駆」，「原型」として中世都市を位置づけるのではなく，前近代という時代的文脈の中で，中世の都市が果たした独自の歴史的機能と社会における位置，そしてキリスト教信仰のもとでの中世都市民の心性の様相を考えてみたいと思う。

(2) 中世都市へのアプローチ

本講義では，近世都市に先立って，中世都市という場がヨーロッパの社会において果たした役割をその空間的背景のもとで考えていく。その際，強調しておきたいのは，中世都市が，キリスト教という宗教を軸に，古代ローマの遺産を継承しつつ，古代都市とは異なる新たな都市空間をつくり出したということである。キリスト教は，都市においてゴシック様式のカテドラル教会の存在に象徴されるだけではなく，都市に立地して市民に語りかけた托鉢修道会の活動，都市の祝祭，儀礼を教会とともに司った都市共同体，聖人崇敬に裏打ちされた都市民の宗教的活動と心性の内に深く根を下ろしていたのである。

都市は，その本質的機能として，聖なる場の創造，安全の供給，商業取引の場という3つの役割を果たしてきたといわれる。本講義では，この3つの機能が中世都市においてどのようなかたちで担われていたのかを見ていくことにしたい（第2章，3章，4章）。また，都市と都市空間が中世の人々にとってどのような存在であったのか，その自画像ともいうべき都市イメージを同時代人の言説と図像表現から探っていく（第5章）。そのうえで中世の都市社会において人々を統合するとともに，排除した社会的絆と社会規制のありようを見ていくことにする（第6章）。

フランスの歴史家F. ブローデルは，ヨーロッパの歴史をイソップの寓話の中の兎対亀の競走に喩えている。兎は都市を，亀は国家を象徴する。ヨーロッパでは，当初兎が先行した。12世紀以来の都市共同体の発展は，「領域国家」の形成に先んじたのである。しかし，中世末期から近世にかけてゆっくりした亀の歩みが兎を逆転することになった。16世紀のヨーロッパは，もはや「都市のヨーロッパ」というよりは，都市をその政治機構の中に組み込んだ「君主国家のヨーロッパ」へと変容していたとブローデルは喝破している。彼の指摘は，中世における都市の力をやや強調しすぎているようにも思えるが，中世都市から近世都市への移行の相のもとにヨーロッパの歴史を考える際，示唆に富むものではないだろうか。（河原温）

3．文化創造の苗床としての中世・ルネサンス都市

（1）都市とヨーロッパ文化

第7章から11章までの講義では，中世都市を文化史的観点から見ていくことにする。西洋の都市といえば，中世都市の前に古代ギリシャのポリスや古代ローマ都市があったが，J. ル・ゴフが『都市への愛のた

めに』Pour l'amour des villes（パリ，1997年）で指摘するように，古代都市と中世都市の間には，神殿から教会への交替，円形闘技場・テルメ（公衆浴場）の放棄，広場の機能の変化，追放されていた死者の市壁内への受容といった点で，大きな切断があった。

11・12世紀の商業の復活を契機に，司教館やカロリング時代に遡る伯の城，あるいは防備化された修道院など，聖俗領主の支配の拠点のまわりに，商人・職人たちが集住してきて，都市が形成される。彼らは土地にも血縁にも縛られず，母なる港のような所で出会った人々と平等な共同体をつくり，土地領主階級と対峙する。領主とは激しく対立する場合もあれば，相互依存の友好的関係にある場合もあるなど，その関係には温度差があるし，市場収入を当てにして領主が「建設」する都市もあった。しかしいずれの場合でも，税や軍役奉仕，施設使用強制などに関する特許状を領主から得，少なくとも建て前としては，互いに宣誓した者同士の平等な「都市共同体（ゲマインデ）」が成立した。彼らは都市法のもと，「自由と自治」を獲得した。そして都市の中では，ギルドをはじめとする団体を結成して，各々仕事と生活を護ったのである。

こうして成立した中世都市は，貨幣経済に養われた生産と交換の場，なにより職人と商人が主役の世界であったことが，土地に縛られた農民を中心とする農村とは異なっていた。確かにカロリング時代から，各地域に商品＝貨幣流通で中心的役割を果たす都市的集落ないし農村があったし，都市民の農業労働に対する大きな関心も近年ではしばしば言挙げされはするが，11・12世紀の都市の陸続たる登場は，ヨーロッパ規模で新たな価値体系を生み，文化と社会の新局面をもたらした一大事件と評してよいだろう。そしてその時から現代まで継続して，都市の本質的役割というのは，ヨーロッパ世界の文化創造を，ほぼ一手に担う苗床たるところにあるのである。

都市が十分成長した中世後期でも，ヨーロッパの人口のせいぜい 1 割か 2 割のみが都市に住んでいたとの計算があるが，そのわずかな数の人々が，世界を率いる創造的な力，支配力，富力をもっていたのである。J. ル・ゴフは「一滴の着色剤を落とすだけで，大量の水の入った盥（たらい）全体を色づけるに十分なのだ」という喩（たと）えでこの間の事情を説明している。そして文化の先導者としての自恃の念をもつ都市は，教育，文化，良き習俗，優雅，都会風洗練といった特長を大切にして，粗野で無骨，動物染みた農民たちとその世界をことあるごとに「文化の敵」と非難したのである。13 世紀から都市の祭りの一環として広まった「演劇」でも，しばしば農民が虚仮（こけ）にされる。北フランスのアラスで，1280 年頃作成されたアダン・ド・ラ・アルの「葉陰の劇」の根本テーマの一つは，都市に侵入してその文化を脅かす田舎じみた粗野無骨な農民らから，いかに都市文化を守るかであった。

（2）言葉・祭り・慈愛・美意識

都市というのは，未知の人々が出会うところでもあるし，相手を知るためには「言葉」を交わして交渉せねばならなかった。また商品の売買は，情報・言葉のやりとりを伴った。農村より複雑な社会関係を潤滑に動かし，諸階級・党派の利害を調整して秩序を維持するためにも，討論・熟議が必須であった。さらに人々の言葉が「世論」となって，天変地異であれ，戦争であれ，貴顕の来訪であれ，市民の動向を左右すれば，市政府もそれを無視できなかった。そもそも会話，機知に富んだ話のやりとりが，市民たちにとっての大いなる楽しみで，通りや居酒屋，学校，教会，いや墓地でも，おしゃべりの花が咲いたのである。

かように都市においては，「言葉」の技術に磨きを掛け，趣向を凝らそうという誘因が満ちていたのであり，これはボッカッチョの『デカメロン』のような文学作品のほか，13世紀から主要都市に誕生した，初々しい大学とそこでの教師・学生の活動が証している。また都市においては，声だけでなく，書き言葉・文字による知識の伝達や司法・行政における文書活用もあった。講義では，こうした動向に関連して，学問と都市との関係について，大学を中心に検討していきたい（第7章）。

言葉は声や文字として表現されるが，音による伝達も，まさに中世都市において工夫されていったことを覚えておこう。都市における聖俗の権力者（都市当局，教会）が時間と空間を管理して，市民に行動を促すために，規則化した音による権威のメッセージを発したのである。そうした音の代表は，鐘の音と喇叭（ラッパ）の音であった。それら2つの楽器の音とそれらがもつ意味・メッセージを解明していきたい（第8章）。

おなじ音でも，権威の音ではなく，庶民の出す音も都市には溢れていた。反乱の際の合図になる鐘や太鼓の音，鍋釜を叩くシャリヴァリの音のような民俗的慣行にかかわる音もあったが，都市におけるうるさい音の代表は，祭りに伴うものであった。中世人の生活リズムは，1週間を単位にしても，1年に着眼しても，労働日と休息日の交替だが，後者には祭日があり，その期間には，信心そして悦びの発露があった。

都市成立以前，もともと中世初期のキリスト教暦に登記された祭りとして，キリストや使徒，聖母マリア，聖人にまつわるものが多くあり，それらが中世盛期の都市においても引き続き祝われたのはもちろんである。しかし，まさに都市的環境において新たに創られた大規模な祭りもあった。そのうち最も重要なものの一つが，聖体祭（Fête-Dieu）で，1264年ベルギーのリエージュに生まれ，各国の都市に広まった。この祭りは，壮麗な宗教行列を伴う新しい儀式形態を創造したことで注目される。もう一つ重要なのが，かつて農村の異教的な祭りであったカーニヴァルで，それが都市化・キリスト教化していったのである。都市のカーニヴァルは，うるさい声と音を伴う民衆によるイデオロギー的異議申し立ての役割をも身に帯び，涙や悔悛の心性に抗して，陽気な笑いの心性が一時的に勝利する機会となった。講義では，民衆文化の代表としての祭りを，カーニヴァルを中心に考えていきたい（第９章)。

貨幣が流通し，商業や金融業で致富を実現する者が現れた都市では，賭博遊びも横行し，酒と女に溺れる輩，ペテンや盗みをこととする輩なども少なからず生まれる。これは都市が「欲望」の場であることを物語るが，だからこそ都市は「安全」を希求する。住民は家にしっかり鍵を掛け，泥棒は厳しく罰せられる。都市の理想は諸身分の調和のとれた共生であり，掲げられる随一の理想は「慈愛」であった。

慈愛の行為は古代キリスト教の時代からあったが，慈善行為の組織化は，まさに13世紀に托鉢修道会士が都市に登場した時に始まった。彼らは飢えた者に食を，裸の者に衣服を，家のない者に宿を与えねばならないと説き，托鉢修道会の第三会が実働部隊として，牢屋への囚人訪問などの慈善活動を担った。また都市の慈愛を担う施設が――教会の施設というより都市の施設としての――「施療院」であり，市民は施療院建設やその維持に財産を寄進・遺贈するのみか，自らそこで働くことを厭(いと)わない者も多かったのである。

市民たちは，自分の都市の経済的繁栄を喜び，またイタリアなどでは，政治的にも近隣のライバル都市を打倒して領域を広げることに意欲を示した。そこには自らが属する家門や党派の名誉や利害を介した都市への愛という面もあったが，一市民としても，自らが住む都市にアイデンティティを感じていたことは疑いない。「都市讃美」ジャンルの作品がつくられ共感を集めたのもそれゆえである。

この都市への愛は，都市の「美化」への執念としても結晶する。市庁舎やカテドラルをはじめとする主要公共建築物を立派に飾り立てて，他都市が羨むようなものにしようと，市民一同，金銭と労働力を拠出したのである。イタリア都市の道路条例からは，都市の美化のため，道路を拡幅・直線化したり，舗装に努めたこともうかがわれる。広場を広げ，かたちを整え，排水に意を用い，アーケードを設け，また広場に面する建物の統一感をもたらそうという施策もあった。13 世紀の神学者アルベルトゥス・マグヌスは，都市をテーマにした一連の説教のなかで，狭く不潔で暗い路地を地獄に喩えたが，それは楽園たる広場に通じているとしたのであり，そこでは中世初期の修道院の中庭・回廊の楽園が，都市の広場に移されているのである。

ルネサンス期になると，都市における権力者・富者は，邸館（パラッツォ）やヴィラ，そして庭園を建て直し美しく飾り立てた。さらに彼らは，彫刻家や画家のパトロンとなって，自分や家門の名誉を輝かす作品をつくらせた。だが彼らは，自分たちがその富や権力をもってつくらせた建物や芸術作品で，都市を美化しようとする意識をも，確かに備えていたのである。ルネサンス期の都市においては，美の基準にますます古典古代の規範が採用されて，それが実際の建物に応用された。フィレンツェの邸館やヴィラがその典型だが，もう一つ，都市全体を幾何学的な完全なかたちにしようとする計画が，軍事的な要請とも相まって現れたことにも目を留める必要がある。講義では構想され，あるいは実現したイタリアの「理想都市」を紹介していく（第 10 章）。

（3）古い価値観の再来

中世都市においては，封建時代の領主と領民とか，自由民と奴隷とか，「三身分」とかいうヒエラルキー社会の観念から離れ，ブルジョワたちは，おなじ市民として平等，という原則に基づく社会を創ろうとした。しかしおよそ 13 世紀からは，事実上の不平等が当初の平等理想を蚕食し，市民同士の誓約は無視されていく。そこには貨幣経済の展開や市場原理の犠牲者として貧者が生み出されたことのほかに，農村貴族や伯・司教の役人が都市の中に移住し，古いエートスを持ち込むとともに，街区のボスとして周辺住民を従えた門閥市民になっていくという経緯も加わった。商業・金融業によって財を成した一部の新興市民家系が昇進して都市貴族になり，都市の政治を牛耳ることもあるが，彼らも農村部に土地を購入して屋敷を構えるなど，古い貴族的な態度を模倣するのである。

それのみか，都市がその支配から解放されたはずの封建領主が，都市を取り戻し服従させようとする動きを見せた。王侯は，裁判権留保を増やしたり衛生や都市整備の規則などに嘴(くちばし)を挟むことから始め，都市に認めていた諸特権や――租税負担や兵員提供の――免除を認めない，という措置を講じるのである。

フランスでは，14・15 世紀の経済的・社会的危機に乗じて，王が諸都市にその権威をより強く及ぼして財政負担などを求め，都市は自治権を縮小させられる。そして王に従順な，地域を代表する都市が「優良都市」bonnes villes と呼ばれ，王に刃向かった都市は，罰として征服されることもあった。ドイツやネーデルラントでも領邦経済が確立して領主権が強化されると，都市は聖俗の領邦君主との戦いに敗れて罰金を科され，都市特権を失い弱体化していく。さらに中・北イタリアの諸都市では，特定家門が友好的な家門とともに官職操作をして，共和政の体制の見掛けのもとで実権を握っていた段階から，自ら君主となって君主政を実現する体制転換が 15 世紀から 16 世紀にかけて起きた。以上 3 つのケースとも，「君主国家のヨーロッパ」の構成要素になる近世都市の誕生を予告している。

16 世紀初頭，ドイツ・スイスで始まった宗教改革は，堕落したローマ・カトリックに対抗し，「ただ信仰のみ」を旗印とする福音主義の改革運動であった。それが，個人のこころの問題であるのも確かだが，都市全体としては，都市貴族（パトリチア），都市参事会，またギルド体制によって担われていたために，古い家父長制的道徳が幅を利かし，女性を抑圧することになったのである。こうした宗教改革期ドイツおよびネーデルラント都市の社会状況について，講義では考えていく（第11章)。ルネサンスという文化的革新，宗教改革という宗教的革新が，かえって先祖返りしたような身分制，抑圧的な社会に支えられていたとは皮肉であり，都市と国家との一筋縄ではいかない関係を想像させる。(池上俊一)

4．近世都市から

(1) 近世都市の位置づけ

第12章から15章までは，フランスに事例をとりながら，近世の都市について扱う。ここで近世といっているのは，大航海時代の始まる15世紀末からフランス革命が勃発する前の18世紀までのことである。

ところで，その近世都市はどのようにイメージされているだろうか。高等学校の世界史の教科書を見ると，中世都市については，封建社会のなかで自治権を有した独特の存在として大きく扱われている。また，19世紀の近代都市については，産業革命による工業の発展およびそれに伴う人口集中など都市問題とのかかわりで取り上げられている。それに対して，その間に位置する近世都市については，商業革命で大きな役割を担った港湾都市アントウェルペンとアムステルダムについては言及される。だが，近世については，絶対王政と呼ばれる主権国家の形成を軸として記述がなされ，中世ではあれほど重視されていた都市が，近世に入って全体としてどうなったかは，生徒の側からするとわからないのである。

教科書がこうした記述になるのには，それなりの理由がある。教科書の紙幅は限られていて，あらゆることを扱うわけにはいかないので，重要度の高いものが選択される。すると，この時期の最も重要な歴史的現象は主権国家の形成なので，これが優先的に論じられるのは，当然ともいえる。

もっとも，近世都市がこのように軽視されるのは，教科書という制約のせいだけではない。背景には，ヨーロッパ都市についての 19 世紀以来の研究史があった。フランス革命を経た 19 世紀は，王侯貴族に代わってブルジョワジーが主役になった時代であり，歴史学の主たる担い手も彼らブルジョワジーであった。そして，彼らは，自分たちが手にした自由の歴史的源流が中世都市の自治にあるという歴史像を描いた。こうして，中世都市が評価されるべき存在として位置づけられると，その後の時代の近世都市は，中世都市の衰退したかたちとして，論じるに値しない存在とみなされることになった。すなわち，内部的には自治機構の形骸化が進み少数の家系の者が市政を牛耳り続け，他方，王権との関係では，活力を失った市政府は王権の支配下に置かれ自律性を喪失する，と。こうした見方が，19 世紀に形成され，20 世紀半ばまで続いていたのである。

しかし，近年では，中世都市の内部においても寡頭的支配の傾向が強いこと，また，王権との関係も対立する面だけでなく依存関係があったことが明らかになり，近代的自由の源を中世都市に求めた古典的な見解は，放棄されている。同時に，近世都市についても，その中世都市のネガフィルムとしてのイメージから脱して，その実態が明らかにされるようになってきた。そして，そこからは，近世都市には独自の歴史的意義があることがわかるのである。

歴史にどのような意味を見出すかは，過去に問いかけを行う人それぞれの問題関心によるともいえるが，私は，ここでは近世都市の意義を2つの面から考えてみたい。

（2）近世の権力秩序と都市

現代の私たちは，近代国家が成立して以降の国家の権力の働きを，権力とは当然そのようにあるべきものと受け取っているように思う。すなわち,公権力が国家に一元化され,それを実現するための国家制度が整っている。行政について見れば，命令が中央政府から発せられて一貫した指揮系統をたどって各地方に，各部署に伝わっていく，と考える。しかし，時代を遡れば，それとは別の権力のかたちがあることを知ることができる。そのようにして，現代の常識や価値観とは違ったものを見せてくれるのが，歴史研究の意味の一つであろう。

近世にはヨーロッパの各地で，君主に権力が集中するかたちで，のちの近代国家につながるまとまりが形成される。これが絶対王政という統治形態である。絶対王政という用語は，その支配が極めて強大なものというイメージを与え，その実態を見誤らせやすいが，その支配は専制的な支配とは異なる。絶対王政の「絶対」とは，王権が従来積み重ねられて来た慣習法や中世的な諸機関の拘束から解き放たれていることを意味するにすぎず，国王が恣意的に権力を行使できるということではない。しかも，拘束から解き放たれているというのも，そうあるべきだという王権の側の主張にすぎない。

絶対王政は，古典的な定義では，強力な常備軍と官僚制を有するとされてきた。しかし，近年では，常備軍や官僚制はかつて想定されていたほどには強力なものではなかったことが，実証的な研究によって明らかになっている。官僚制について見てみよう。前近代のヨーロッパでは官職売買が行われていて，特にフランスでは盛んであった。そして，官職を購入して国王役人になったのは，王権の統治の機構がおかれた各都市の名望家層で，彼らはその地の地域的な利害を代表する存在だったから，集権化を志向する王権の政策に忠実というわけではなかった。

では，近代国家のような整備された国家制度を備えていない絶対王政による統治はどのように行われていたのだろうか。現在，歴史家の共通認識となっているのは，王権がさまざまなレベルの地域団体や職能団体など，国家と個々人の間に存在する中間団体（社団）を再編成して統治に利用していたということである。つまり，王権はフランス王国の臣民の一人ひとりを把握できていたわけではなく，中間団体を媒介にして初めて成立していた。そうした団体のなかでもとりわけ重要なものが，都市であった。

そして，都市の内部でも，その自治機構である市政府がすべてを仕切っていたわけではなかった。市政府も，商人団体・手工業者団体などの職業団体，また街区や近隣関係といった地縁共同体などの自律的な秩序維持機能に依拠して，都市行政を行っていたからである。これに加えて，国王役人と都市の名望家という２つの顔をもつ官職保有者たちが，自己の利益を慎重に図りながら，王権と都市の間で動いていた。

したがって，私たちは近世都市を見ることで，近現代の国家における権力のあり方とは異質の，複数の行為主体の相互依存関係のなかで機能する権力のあり方を知ることができるのである。

ただし，こうした体制が安定したかたちで機能していたわけではないことにも，注意を払わねばならない。王権はさまざまな方策で都市の権限の縮小を試み，それはある程度成功していた。他方，都市にしても都市内の諸団体にしても，内部における格差の拡大により共同体としての一体性を次第に衰退させるために，こうした体制そのものの基盤が揺らぐからである。

（3）近世の都市文化

19 世紀に確立したヨーロッパのブルジョワ的生活様式と価値観は，現代の非ヨーロッパ地域の生活や文化にまで大きな影響を与えている。このブルジョワ文化を準備したのが，近世の都市で形成された文化である。

もっとも，近世の都市の文化が，はじめからそのような性質のものであったわけではない。それ以前のヨーロッパは，基本的に農村的な荒々しい習俗によって特徴づけられる社会だった。都市の住民も，都市民としての一体性など，農村の住民とは異なった意識を中世から形成していたのだが，習俗（習慣，言葉遣い，振舞いなど）の点では，伝統的な農村のそれを受け継いだままだった。近世初頭の 16 世紀の都市が依然として農村的要素を色濃くとどめていたことについては，アナール派の中心人物の一人だったリュシアン・フェーヴルが，こう描写している。町の通りは舗装されておらず泥だらけで，そこを家鴨や豚が歩き回っている。各戸は菜園，納屋，牛や羊を入れる家畜小屋を備えている。「これが都会なのである。農村が町に押し寄せ，家の内部にまで入り込んでいる」，と（二宮敬訳『フランス・ルネサンスの文明』）。

しかし，近世が経過するなかで，新しい文化が次第に形成されるようになる。その条件をつくったのは，16 世紀そして特に 17 世紀以降，都市にそれまでほとんど存在しなかった種類の人々が集まるようになったことである。王権が支配を拡大して行く際の拠点であり，経済活動の結節点であった都市には，それらの担い手である名望家層（貴族と上層ブルジョワである国王役人をともに含むので，名望家層と表現しておこう）が居住するようになった。それに伴って，都市空間の変化も見られた。彼ら富裕層は一定の地区に固まって住むようになり，そうした地区では，豪華な邸宅が立ち並び，建物の内部にも彼らの生活様式に合わせた変化が見られたからである。

この文化は当初，宮廷文化の影響を受けて形成された。中世においては，教会が文化にも決定的な影響力を及ぼしていたが，王権が伸長し始める中世末から近世にかけて，教会に代わって宮廷が文化の中心的発信地となった。宮廷文化は王権の庇護のもとに発展した芸術や学問など狭義の文化に加えて，君主の周囲に集まった人々の社交生活のなかから，礼儀正しく振舞い感情を抑制できる人間像を理想とする感性を生み出した。この文化が，農民や都市の民衆階層と自らを区別したがっていた都市の名望家たちにも取り入れられたのである。

だが，近世も18世紀に入ると，都市は出版文化や教育の普及といった文化的資源，またいっそうの経済的発展により，もはや国王の権力を背景とせずに，宮廷文化を独自に発展させた都市文化を形成した。そして，この都市文化は，カフェやアカデミーの出現に示されるような新しい社会的結合関係を生み出し，さらには，それを通じて公共圏の形成と政治文化の変容をも引き起こし，ついには古い政治体制を崩壊へと導いたのである。（林田伸一）

参考文献

江川温『新訂　ヨーロッパの歴史』，放送大学教育振興会，2005年
河原温『都市の創造力』岩波書店，2009年
佐藤彰一/池上俊一『西ヨーロッパ世界の形成』（世界の歴史⑩）中央公論新社/中公文庫，1997/2008年
二宮素子『民衆文化と宮廷文化』（世界史リブレット31），山川出版社，1999年
二宮宏之・樺山紘一・福井憲彦編『都市空間の解剖』<アナール論文選4>新評論，1985年
長谷川輝夫/大久保桂子/土肥恒之『ヨーロッパ近世の開花』（世界の歴史⑰）中央公論新社/中公文庫，1997/2009年

堀越宏一/甚野尚志編著『15のテーマで学ぶ中世ヨーロッパ史』ミネルヴァ書房，2013 年
アンリ・ルフェーヴル『都市への権利』（森本和夫訳），ちくま学芸文庫，2011 年
J. ル・ゴフ『中世西欧文明』（桐村泰次訳），論創社，2007 年
P. ホール『都市と文明 I』（佐々木雅幸訳），藤原書店，2019 年
K. D. Lilley, *City and Cosmos. The Medieval World in Urban Form*, London, 2009
J. Le Goff, *Pour l'amour des villes*, Paris, 1997.

研究課題

(1) 都市とは，人間にとってどのような「場」となってきただろうか，考えてみよう。
(2) ヨーロッパで現在首都となっている都市（ロンドンやパリなど）について，その歴史をたどって，時代ごとの相違を考えてみよう。
(3) 都市が文化発展の淵源となったのはいかにしてか，時代ごとに考えてみよう。

2　ヨーロッパにおける都市の起源

河原　温

《目標＆ポイント》 5－10世紀という古代から中世への過渡期において，古代ローマの地中海文明と北方のゲルマン文化の融合の結果，キリスト教やカトリック教会，修道院などを軸とする新しい社会の形成について学び，そのなかで都市的集落の誕生の過程を学ぶ。
《キーワード》 ローマ帝国，ゲルマン人，キリスト教，カトリック教会，司教座，修道院，フランク王国

1．古代ローマとゲルマンの遺産

（1）ケルト人・ゲルマン人とローマ帝国

ユーラシア大陸の西の端に位置するヨーロッパ世界は，中国をはじめとする東方の古代文明に比して，はるかに後発の文明として出発した。ヨーロッパは，前800年頃鉄器時代に入ったが，前500年頃インド・ヨーロッパ系語族のケルト人が進出し，前1世紀頃まで500年にわたりヨーロッパ世界に君臨した。ケルト人は，祭司（神官）と戦士階級，農民からなる三機能社会を営んでいた。彼らは優れた冶金術と農耕技術をもち，森の民として活動した。彼らの集落は，丘の上などにつくられ，神殿のほかに戦士地区と農民・職人の地区に分けられており，居住地全体が防護柵で囲まれていた。ローマ人は，ケルト人の集落をオッピドゥムとよんだが，そうした集落のありようは，のちの中世ヨーロッパの城郭都市の先駆的形態といえるような都市的機能を備えていた。ケルト人は，前

4世紀には，イタリア半島に進出し，前2世紀中ごろまで，イタリア半島のローマ人（ラテン人）と覇権を争った。ローマ人は，その後イタリア半島から次第に支配の版図を広げ，南フランスやイベリア半島など西地中海世界に覇権を確立していった。ガリア地方（現在のフランス）は，ケルト人の戦士貴族集団により支配されていたが，前50年に有名なカエサルのガリア遠征により，ケルト=ガリアの世界はローマの支配下に組み込まれていった。

他方，紀元前の「先史時代」のヨーロッパを構成したもう一つの集団がゲルマン人である。ゲルマン人も，ケルト人やローマ人と同様インド=ヨーロッパ（印欧）語族に属する民であった。ケルト人がヨーロッパ中部から南部で勢力を伸ばしている間，ゲルマン人は北部のドイツからスカンディナヴィア半島に定着した。ローマ人歴史家コルネリウス・タキトゥスの著作『ゲルマニア』(98年頃）に記されているように，ゲルマン人は，都市的集落も文字ももたず，祭祀を司る特別な神官もおらず，農耕と牧畜を生業とする質朴な人々であったとされている。

しかし，ローマが共和政から帝政へと移行し，地中海一帯を包括する広大なローマ帝国を形成していった間に，ゲルマン人は次第にローマ帝国領へと移動し始めていた。ローマ帝国の北の国境線は，ライン川とドナウ川を境としていた。しかし，3世紀末からフランク族やアレマン族がライン川を越えてガリア北部へと侵攻したため，ローマの北辺領域を防衛する必要が生じ，この時にトリーアなど多くのローマの都市集落(キヴィタス）に囲壁がつくられた。さらに，4世紀後半（375年）には東方からのフン族の進攻に耐えかねた東ゴート族の大移動をきっかけに，ゲルマン諸部族のローマ帝国内への移動，定着が継続する。476年東ゴート系のゲルマン人傭兵隊長オドアケルは，最後の西ローマ皇帝ロムルス・アウグストゥルスをローマから追放し，以後，西方では皇帝は不在

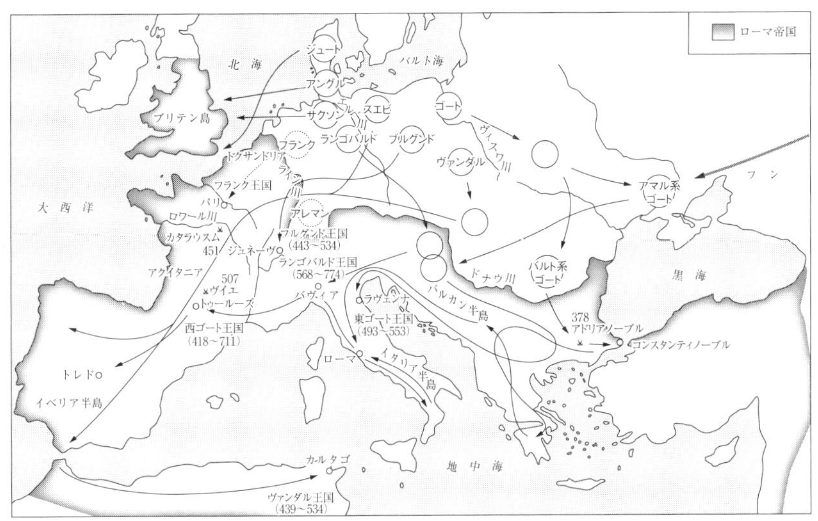

図2-1　ゲルマン人の移動図〔出典：『大学で学ぶ西洋史［古代・中世］』（ミネルヴァ書房，2006，p.167)〕

となった。

ローマ帝国内に移動して定着していったゲルマン人は，キリスト教の浸透によりすでに変容し始めていた古代末期のローマ文明に接するなかで，ケルト人と同様＜ヨーロッパ＞という固有の世界の担い手となっていった。西ローマ帝国の滅亡後，ローマ世界の中心は，東のビザンツ帝国へ移行するが，地中海文明としてのローマは，その都市的伝統とともに，数々の遺産をヨーロッパ世界に引き継ぐことになったのである。

(2) ローマとゲルマンの遺産

中世ヨーロッパが引き継いだローマ文明の遺産は多岐にわたるが，ここでは，ヨーロッパにおける都市の成立にとって特に重要と思われるローマの遺産を見ていこう。かつて，19世紀のドイツの法学者イェーリングは，「ローマは三度世界を征服（統一）した。一度は軍隊によって，一度は教会（キリスト教）によって，一度は法（ローマ法）によって」と述べているが，ここでは，まず第 1 にラテン語という言語の果たした重要な役割を指摘しておきたい。

ゲルマン人は，文字をもたなかったため，部族ごとの慣習法は口伝であった。しかし，6 世紀以降，ラテン語により文字化されたゲルマンの部族法典は，サリカ法典をはじめとして，ローマ法の伝統が存在しなかった北部ヨーロッパにおいてゲルマン人の法慣習の存続に重要な役割を果たしたのである。ラテン語は，書き言葉として，中世から近世，近代まで，ヨーロッパにおいて学問的言語として存続した。さまざまな動植物の学名や医学用語が今でもラテン語で記載されるのは，ギリシャ語と並んで何よりもヨーロッパ世界においてラテン語が担った知の言語としての重要性を示すものである。

中世初期から修道院では，古代ローマの古典が，ラテン語テクストの筆写を通じて中世以降の時代へと継承されていった。14 世紀にイタリアの詩人ペトラルカが，ヨーロッパ各地の修道院を訪れてキケロをはじめとする数多くのうずもれていた古典写本を発見し，ルネサンスの文化運動の端緒を開いたことはよく知られている。

カロリング時代には，教会の言語として古代ローマのラテン語が再生され，教会の公的な文書の言葉としてラテン語が浸透していった。修道院が所有する所領の管理記録（所領明細帳）や司教の命令（カピチュラリア），聖人伝などもラテン語で記された。他方，9 世紀頃からヨーロッパ各地で民衆の話す俗語（「くに」の言葉）が書き言葉として現れてくるが，ラテン文字の表記なしにこうした俗語による表現は成立しなかったのである。

第 2 にローマ法という法典の受容である。ローマ法自体は，6 世紀に東ローマ帝国のユスティニアヌス帝のもとで《ローマ法大全》が編集されたものの，かつての西ローマ帝国の領域ではその後長らく用いられることはなかった。しかし，12 世紀にイタリアのボローニャで再びローマ法が研究され，復活することになる。13 世紀にイタリア諸都市で発布された都市条例をはじめ，その後のヨーロッパにおける法制度の発展にローマ法は大きな影響を与えたのである。

第３にローマ人の残した都市の建造物である。ローマ文明は，本質的に都市の文明であり，ローマ人は，征服した多くの土地に都市を建設した。その際，ローマ人は，水道橋や道路（ローマ街道），コロセウム（円形競技場）など石を素材に長期的持続に耐える建築物を都市内外につくり出した。現在でも，南フランスのニームやオランジュ，ドイツのモーゼル地方のトリーアなど古代ローマ起源の都市に，水道橋やコロセウム，市門などが残されている。こうした古代ローマの都市的遺産（遺跡）は，とりわけイタリアにおいて中世へと継受され，12 世紀以降，ローマの栄光の記憶を蘇らせた。また，ローマの建築家ウィトルウィウスの著作『建築十書』（後 55 年頃）は，ルネサンス期のイタリアにおいて再び見いだされ，アルベルティをはじめとするルネサンスの知識人たちの理想都市論のモデルとなったのである。

こうしたローマの遺産とともに，ゲルマン人の文化や習俗特に衣食もまた，中世ヨーロッパ社会へと受け継がれていった。とりわけゲルマン戦士たちの食事は狩猟で得られたシカや兎などの肉類やチーズなどの畜産品であり，中世ヨーロッパの貴族社会の狩猟と肉食の嗜好へつながっていった。

また，地中海世界でのワイン消費に対して，北ヨーロッパで飲まれたビール（麦芽醸造酒）は，ブドウ栽培が困難であった北ヨーロッパにおける主要な飲料となり，ビール醸造業は北ヨーロッパの都市において中世盛期以降，重要な産業となった。

2. キリスト教の浸透

(1) キリスト教の広がりとカトリック教会の発展

ローマ帝国は，元来多神教を奉じる国家であったが，帝国の衰退を背景に4世紀に入ってコンスタンティヌス帝が発布したミラノ勅令（313年）により，キリスト教が公認され，その後392年にテオドシウス帝によって国教化されることとなった。キリスト教会は公認以前からローマ帝国の行政組織に沿って教会の組織化を進めていった。地中海沿岸地方を中心とするローマ帝国領内では，キヴィタスとよばれた都市区域ごとに信徒を統率する司教がおかれ，各地の教会組織をつなぐかたちで帝国全体に広がる組織が4世紀の間に形成されていった。

初期のキリスト教の教義は，まだ統一されておらず，協議をめぐる争いが続いた。4世紀においては，イエスが神か人間かという問題や，三位一体説のなかの「聖霊」の役割などをめぐって，アリウス派とアタナシウス派の論争が行われた。325年の第1ニカイア公会議において三位一体説を奉じるアタナシウス派の主張が正統とされ，その後381年のコンスタンティノープル公会議で，両派の主張を取り込んだかたちで三位一体説（アタナシウス派）を認めつつ，イエスは人性と神性をともに有するとされた。イエスに人性を認めるアリウス派は，その後ゲルマン人諸部族によって広く受け入れられていくことになった。

4世紀までにローマの司教は，ローマで殉教した使徒ペテロの後継者すなわちローマ教会の長として全キリスト教会への首位権を主張し，その主張は西ローマ帝国の領域において一般的に認められるようになっていった。西ローマ帝国内部の行政組織は，ゲルマン人の大移動で解体していくが，ローマ教会の組織はその変動を乗り越えて存続し，5世紀にはローマ司教が教皇という称号のもとで，西方キリスト教会の長としてふるまうようになった。他方，東ローマ帝国の都であるコンスタンティノープルの主教も，ローマ教皇（司教）と並ぶキリスト教会の長（総主教）としての権威を帝国東部で発揮した。東西の両キリスト教会の間には，使用する言語（西方がラテン語，東方がギリシャ語）も異なり，聖像破壊運動や教義をめぐる論争などによって，8世紀以降キリスト教世界における主導権をめぐる争いが生じた。9世紀以降生じた東西教会の分離は，1054年に最終的に定められ，西方のローマ・カトリック教会と東方の正教会が並立することになった。

教皇のもと，ローマ・カトリック教会は6世紀頃からゲルマン諸部族との結びつきを強めていった。ローマ教会から派遣された宣教者たちは，

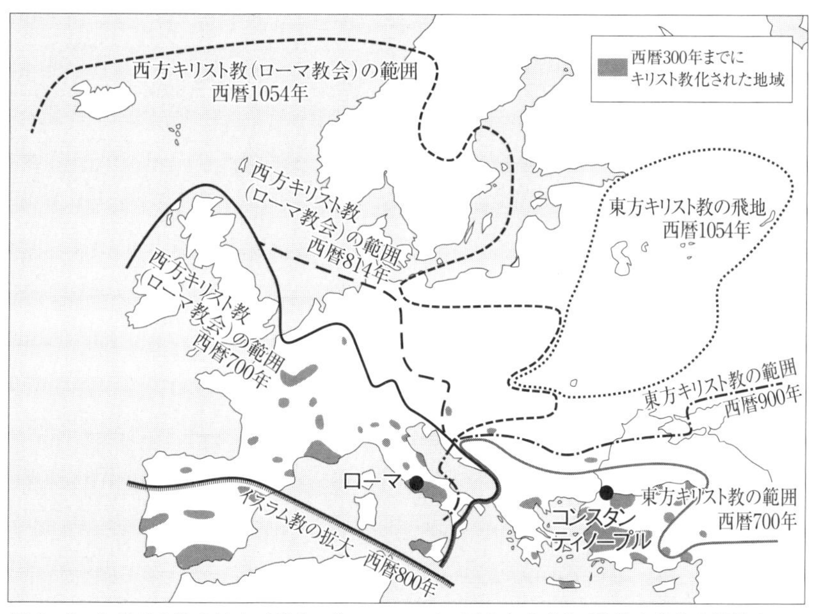

図2-2　キリスト教の拡大〔出典：『ヨーロッパの歴史と文化』（放送大学教育振興会，2009，p.29）〕

フランク族をはじめとするゲルマン人の支配層を，当初彼らが受容したアリウス派からアタナシウス派のキリスト教へ改宗させていった。5世紀末にメロヴィング王朝の始祖クローヴィス（在位482年頃〜511年）が，王妃の影響をうけてカトリックへ改宗したエピソードはよく知られている。また，6世紀以前に大陸よりも早くアタナシウス派のキリスト教を受容したアイルランドの聖職者たちが，6世紀以降，ブリテン島や大陸への布教を行ったことも重要である。他方，東方の正教会は，8世紀以降，バルカン半島から北東ヨーロッパのスラヴ人に対する布教活動を行い，正教会による東方キリスト教世界が形成されていくことになった。

（2）時間と空間のキリスト教化

しかし，キリスト教は，必ずしも速やかにゲルマン人，スラヴ人の世界に広がっていったわけではなかった。ゲルマン人たちは本来，彼らが培ってきたゲルマンの神々や森の聖霊への信仰を容易に捨て去ることはなかったからである。そうしたゲルマン人（およびスラヴ人）のキリスト教受容において，中世初期のキリスト教会によって促進されたのが，時間と空間のキリスト教化の試みであった。カトリック教会は，多神教であったローマ人やゲルマン人の祝祭日をキリスト教の祝日や諸聖人の殉教の記念日へと読み替えていった。3月下旬は，ローマ人においては春分と春小麦の収穫祭の時期であったが，教会は，この時期をキリストの復活の祝祭（復活祭）に読み替えていく。続く6月の夏至の時期は，ゲルマン人にとって一年で最も重要な夏の到来（夏至）を祝う火祭りの祭礼の時期であったが，教会は夏至にあたる6月24日を洗礼者聖ヨハネの祝日とすることで，ゲルマン人の自然崇敬をキリスト教の聖人崇敬に振り替えようと試みたのである。9月29日は，本来ゲルマン人にとっては収穫祭であったが，聖ミカエルの祝日とされ，収穫の祭りと聖人の祝祭の融合が試みられた。ローマ人の宗教（ミトラ教）の暦で冬至にあたる 12 月 25 日は，イエスの生誕記念日（クリスマス）となる。このように自然と農耕のリズムに応じたゲルマン，ローマの多神教的時間意識をキリストの生誕，死，復活のプロセスをめぐって定められた教会の暦によって置き換えることにより，カトリック教会は，ゲルマン人の習俗におけるキリスト教化を試みていった。さらに，多神教にはなかった聖母マリアや諸聖人の祝祭日などを新たに設けることで教会は，1 年を通じた時間的枠組みのなかでキリスト教信仰の浸透を図ったのである。こうした教会による暦のキリスト教化は，7 世紀以来修道士によって作成され，司教が司牧のために用いることになった《贖罪規定書》とよばれる懺悔の手引書の広がりとともに，多神教的信仰から一神教へのゲルマン人の改宗に向けた強力な手段となったといえるだろう。

他方，空間のキリスト教化は，4 世紀以降キリスト教の殉教者（聖人）への特別な崇敬の高まりとともに，殉教者の聖遺物が保持された場が聖別された聖なる空間とされ，新たな教会堂や修道院が創建されることによって進められていった。とりわけエルサレムは，イエスの生誕の場として世界の中心とされ，すでにローマ時代末期から巡礼行の対象となっていた。また，教皇の座するローマもまた聖ペテロの聖遺物を保持する聖なる教会（サン・ピエトロ教会）の所在地として，また「第二のエルサレム」として 6 世紀以降人々の崇敬を集めるようになっていくのである。

（3）司教と修道院の役割

5 世紀から 10 世紀にかけての初期中世の時代に，地域的差異は認められるものの，ローマ帝国の支配の及んだライン川とドナウ川以南のヨーロッパでは，ローマ人の建設した都市の伝統が，ゲルマン人の大移動後も多かれ少なかれ継承されていった。ローマ時代の都市（キヴィタス）の政治的，行政的機能は，4 世紀以降の西ローマ帝国の危機とともに収縮したが，解体しつつあったローマの行政組織を新たに引き継いだカトリック教会によって継承されていった。キヴィタスには，司教座が設置され，司教が常駐して地域のキリスト教化の拠点となった。ローマ司教である教皇のもとで，司教は，ガリアをはじめとする西ヨーロッパの諸地域において教会組織の発展に主導的役割を果たした。司教座は，5 世紀以降宗教的，行政的中心となっていく。司教は，教会における典礼と俗人信徒の司牧を司ったばかりではなく，住民間の紛争の調停や貧者救済，橋や道路の維持に努めて，その社会的権威を高めた。司教座のおかれた都市に対する司教の支配権は，カロリング朝期（751～987 年）以降，政治的，軍事的な役割も担う存在として強められた。司教はフランクの王から裁判権や免税特権を与えられ，領主として司教座を中心とする一定の領域を支配した。カロリング王権のもとで，司教は王の側近として，フランク王国の統治に関与し，またカール大帝（742－814）統治期の宮廷ですすめられたカロリング・ルネサンスとよばれる文化的活動（聖職者のラテン語教育など）の担い手として重要な役割を果たしたのである。そうした司教の所在地（司教座）は，その後中世都市の一つの核を構成することになる。

キヴィタスの規模は，地域によりさまざまであったが，ローマ時代の軍団駐屯として形成され，その後フランク王国の政治的中心となった北東フランス地域の司教座都市についてみると，7 世紀頃すでに一定の人口規模を有していたこと（ランス：5,800 人，アラス：4,000 人，ソワソン：2,080 人，トゥールネ：1,900 人，ボーヴェー：1,450 人など）が知られている。

ところで，ローマ教会が確立され，キリスト教が西ヨーロッパ世界に広がっていく一方，東方世界では3世紀頃からキリストの使徒にならって世俗の生活を捨て，禁欲的な修行の生活を送る修道制が行われるようになった。東方教会では，4世紀の聖バシレイオスによって小アジア半島のカッパドキアにおいて創始された修道制が基本となった。西方カトリック教会では，5世紀以降，南フランスにおけるレランス修道制やアイルランドの修道制などがその嚆矢となった。

イタリアでは，6世紀にヌルシアのベネディクトゥス（480頃－546頃）がモンテ・カッシノに修道院を創設した。ベネディクト修道会の成立である。この修道院で539年に定められたベネディクトゥス会則は，その後西ヨーロッパの多くの修道院に採用されていった。この会則では，1日を定時課とよばれる3時間ごとに区切られた祈りの時間で管理し，共同の祈祷，瞑想，読書のほかに「怠惰は魂の敵である」として1日6時間の手の労働が重視されたことが特徴的である。ベネディクト修道会は，北西ヨーロッパにも多くの修道院を創設し，フランク王権とも結びついて，西方カトリック・キリスト教圏において支配的な地位を占めるようになっていった。

ベネディクト修道院は，修道士の典礼祈祷による魂の救済を求めたカロリング王権をはじめとする俗人領主から多大な土地の寄進をうけ，7世紀以降ロワール・ライン川間の北西ヨーロッパを中心に古典荘園とよばれる大規模な土地経営を行うようになった。パリ近郊のサン・ジェルマン・デ・プレ修道院やランス近郊のサン・レミ修道院などにカロリング朝時代に残されている土地台帳（所領明細帳）から，これらの修道院が多くの荘園と多数の農民を保有していたことが知られている。こうした大修道院は，自身の所領内での生産物の余剰を地域の市場で取引することで地域の商品流通の促進に貢献するとともに，修道院自体が防備された定住地（ブルグス）の核として機能することになった。ベルギー東部に位置するシント・トルイデンは，そうした修道院が核となって11世紀以降都市へと発展していった例である。

また，トゥールの聖マルタン修道院やヘントの聖バヴォ修道院などでは，地域で崇敬されたローカルな聖人たちの聖遺物が保持されており，彼らの祝日は，しばしばその地域の市場の開設日と結びついて人々を修道院の所在する場へと引きつけることにもなった。中世初期の修道院は，修道士による祈りと労働の場であっただけではなく，地域社会のなかで，その経済的，宗教的な力によって人々を吸引し，司教座を司る司教とともに都市的定住地を形成するだけの力を有していたのである。

3．都市的定住地の形成—古代と中世の連続性の問題

（1）中世初期の都市的定住地

中世初期すなわちフランク王国（メロヴィング朝，カロリング朝）の時代は，農業・牧畜を基礎とする内陸型社会ではあったが，商業なき社会ではなかった。メロヴィング朝（481－750年）には，古代以来の地中海商業が存続しており，マルセイユをはじめとする南ヨーロッパの港町では，東方から運ばれてきた香料やパピルス，絹織物などの奢侈（しゃし）品を中心に多くの商品が取引されていた。8世紀以降のイスラーム勢力の地中海への進出も，かつてベルギーの歴史家アンリ・ピレンヌが彼の著書『マホメットとシャルルマーニュ』（1937年）において主張したほどヨーロッパ世界から商業活動全般を失わせることはなかったと考えられている。カロリング朝のフランク王国は，北西ヨーロッパをその政治的中心とし，カール大帝（シャルルマーニュ）の統治期（768－814年）に貨幣制度をこれまでの金本位制から銀本位制度に改めた。金貨に代わり，銀貨という小額貨幣を基礎とした新たな貨幣政策の採用は，古代以来の奢侈品中心の遠隔地商業の衰退の結果というよりもむしろ，ヨーロッパ

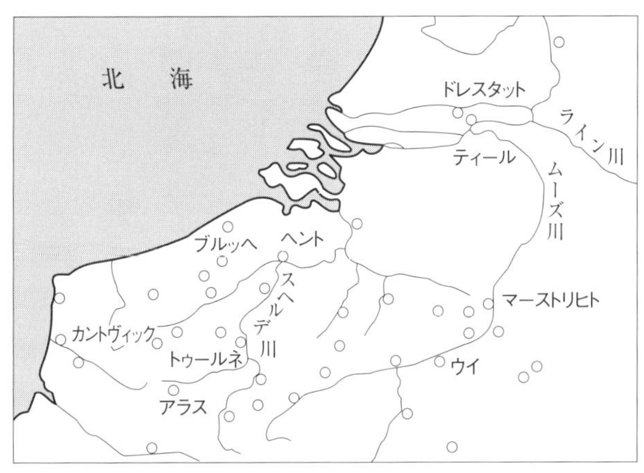

図2-3　北西ヨーロッパの初期都市定住地〔出典：『ヨーロッパの歴史と文化』(放送大学教育振興会，p.65)〕

内部の地域的な商業活動の進展に対応するために必要となった小額貨幣流通の促進という積極的政策であったとみなされるようになっている。

この時期に，北西ヨーロッパの河川沿いや北海沿岸部などにおいては，ヴィクスないしポルトゥスとよばれる非農業的定住地（商業地）が生まれてきた。カントヴィク，ハイタブー，ドレスタットなど，これら商業中心地は，イングランドとスカンディナヴィァと北西ヨーロッパ地域との商業交易の中継地として在地の中心地としての機能を果たしたと考えられている。

ヨーロッパの内陸部でも，7世紀以来人口が増加し，土地の開墾，技術改良による農業生産力の増大がみられた。上述したベネディクト修道会をはじめとする聖俗の領主は，古典荘園制のもとで，領民（農民）を使役して余剰の農産物や手工業品を取引する局地的な交易を促進した。司教座を含め，週市や年市の開かれる市場集落が，北フランス，フランドル，ムーズ川，ライン川，モーゼル川流域などに8世紀以降相次いで形成されるようになった。そうした市場集落(カストルム/ブルグス)は，貴族の城砦や修道院などの支配の拠点に隣接し，聖俗領主の保護の対象とされたのである。また，世俗領主の城砦は，軍事的，政治的に重要であっただけではなく，修道院と同様，その周辺地域における農産物の生産と流通を方向づける経済的影響力を発揮したと考えられている。

ブルグス（ブール）と呼ばれた定住地の形成は多様であった。北フランスやフランドル地方，ムーズ川中流域など北西ヨーロッパで早くから商業中心地が形成された地域についてみてみよう。北フランスのサン・トメールやアラスでは大修道院が核となってブルグスが形成された。リエージュやマーストリヒト，トゥールネなどでは司教座の周辺にブルグスが形成されていった。ヘントやブルッヘ，ナミュール，ウイなどでは，伯の城砦が中心となってブルグスが形成された。西フランスでは，司教座を取り囲んでその外側に複数の新たな定住地（ブルグス）が形成さ

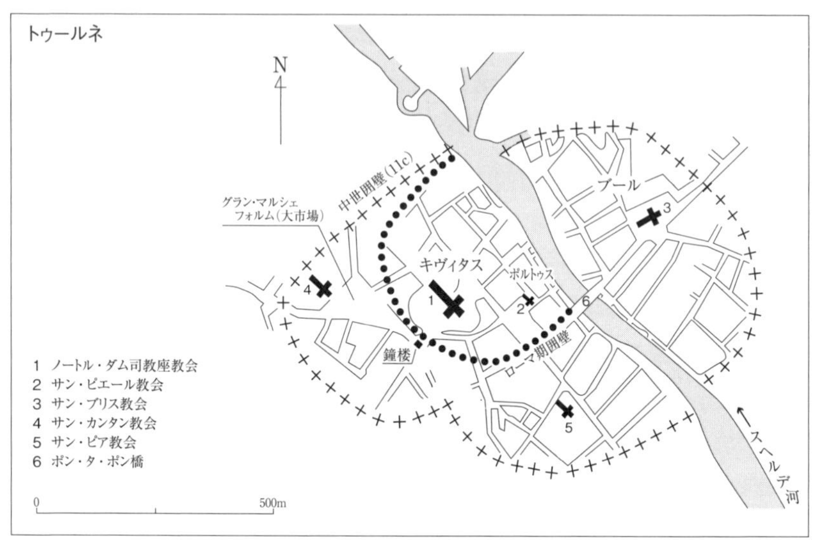

図2-4　トゥールネ（ブルグス形成の一例）〔出典：A.E. フルヒュルスト『中世都市の形成』（岩波書店，2001，p.187）〕

れ，9 世紀から 11 世紀にかけて司教座を活性化しつつ都市的集落へと発展していったのである。

(2) ローマ都市との連続性—ヨーロッパの北と南

カロリング期の北西ヨーロッパにおいては，上述のように商業的定住地が各地に誕生したが，ローマ都市との直接の連続性は考古学的調査から否定されている。そもそも，北西ヨーロッパでは，ローマ人による定住地に司教座がおかれたのは，ソワソン，トゥールネ，トリアーなど限られた場所であり，大部分の都市的定住地はローマ時代にすでに集落が存在したことは知られているものの，5 世紀から 7 世紀すなわちメロヴィング期からカロリング期にかけてその多くは消滅し，新たな定住地が形成された場合が多い。ローマ時代ではなく，6 世紀以降に司教座が新たに設置されて都市的定住地として発展していったムーズ川中流域のリエージュやマーストリヒトのようなケースも見られる。また，アラス

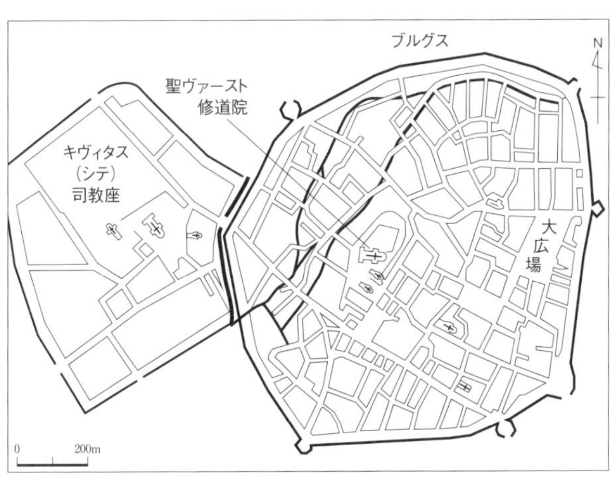

図 2-5　北フランスの都市アラス〔出典：P. Lavedan, *Lurbanism au Moyen Age*, Paris, 1974 より河原作成〕

のように，古代以来のキヴィタス（司教座）に隣接して7世紀に創建された聖ヴァースト修道院を中心にブルグスとよばれる都市的定住地が発展し，都市の中心がキヴィタスからブルグスへ移動するという重心移動を伴った都市形成の事例も見られる。

また，イタリアや南フランスのようにローマ都市からの一定の連続性が確認される地域においても，ローマ，ヴェローナ，フィレンツェ，ニーム，アルルなどでは，メロヴィングからカロリング期にかけて都市生活は縮小し，古代の都市的施設（円形競技場や浴場など）も使用されることはなかった。しかし，10世紀以降，これらの都市は，キヴィタスとしての都市空間を維持したままその周辺に新たな都市空間を発展させていくことになる。

9世紀以降，北方からノルマン人の侵攻を受けて，西ヨーロッパの多くの都市的定住地は，周囲を囲壁により防備するようになった。ノルマ

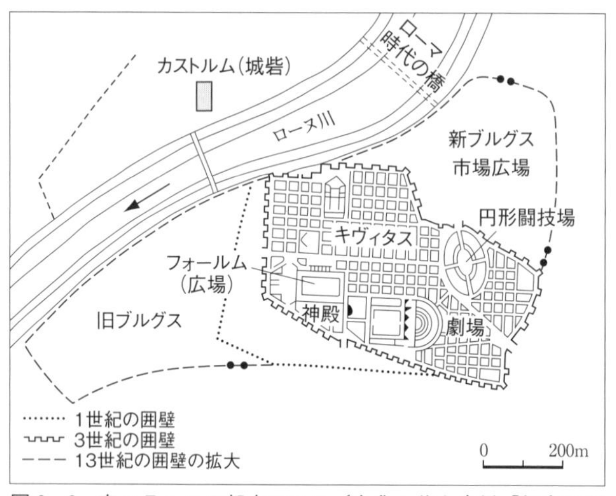

図2-6　南フランスの都市アルル〔出典：井上泰男『都市の語る世界の歴史』そしえて，1978，p. 115〕

ン人による破壊や略奪の被害を受けた北西ヨーロッパでは，カンブレの聖ジェリー修道院，ランスの聖レミ修道院，パリ近郊の聖ドニ修道院など修道院や司教座の多くで防備がなされた。しかしながら，ノルマン人の侵攻による都市的定住地や修道院の破壊については，当時の年代記史料によるノルマン人に対する恐怖の心理的誇張も見られ，ノルマン人が一方的な破壊に終始したとは必ずしも考えられていない。むしろノルマン人の到来は，西ヨーロッパの経済圏の北方とのかかわりの発展を促進したということもできるであろう。イングランドやアイルランドでは，ノルマン人の来訪により新たな都市的定住地（たとえばダブリンなど）が生まれている。またフランス，イングランド，スカンディナヴィア地方との接点に位置した南ネーデルラント特にフランドル地方では，ノルマン人の襲撃を受けつつも，10 世紀以降ヘント，ブルッヘ，イープルなどが西欧有数の商工業中心の都市として再生・発展していった。

以上，見てきたように，中世初期のヨーロッパにおける都市の生成・発展には，さまざまな社会変化がかかわっていた。教会や修道院の所領を中心に形成された荘園制度（古典荘園制）による農業生産の拡大と聖俗の領主による商品・貨幣流通の促進を背景に，イタリア，南フランスに見られるような古代ローマの遺産である司教座（キヴィタス）の実質的存続とその発展，北西ヨーロッパにおけるような聖俗の領主の拠点（修道院や城砦など）を核とし，その周辺地に形成された商工業者の定住地（ブルグス）の発展などが地域の政治的，経済的，宗教的な中心地として中世盛期以降の都市空間を形作ることになるのである。

参考文献

五十嵐修『地上の夢キリスト教帝国—カール大帝の＜ヨーロッパ＞』講談社選書メチエ，2001 年

井上泰男『都市の語る世界の歴史』そしえて，1978 年

井上泰男『西欧社会と市民の起源』近藤出版社，1976 年

E. エネン（佐々木克己訳）『ヨーロッパの中世都市』岩波書店，1987 年

河原温『中世ヨーロッパの都市世界』山川出版社，1996 年

河原温『都市の創造力』＜ヨーロッパの中世 2＞岩波書店，2009 年

瀬原義生『ヨーロッパ中世都市の起源』未来社，1993 年

G. デスピィ他（森本芳樹編訳）『西欧中世における都市と農村』九州大学出版会，1987 年

H・ピレンヌ（佐々木克巳・中村宏訳）『ヨーロッパ世界の誕生』創文社，1960 年

P・ブラウン（足立広明訳）『古代末期の形成』慶應義塾大学出版会，2006 年

A・フルヒュルスト（森本芳樹他訳）『中世都市の形成—北西ヨーロッパ』岩波書店，2001 年

山田雅彦『中世フランドル都市の生成』ミネルヴァ書房，2001 年

研究課題

(1) 都市的定住の場となったキヴィタスとブルグスを比較して，それぞれの特徴をまとめてみよう。

(2) キリスト教は，中世初期ヨーロッパの都市形成にどのような役割を果たしたのか，考えてみよう。

3　中世都市の成長と封建社会

河原　温

《目標＆ポイント》 カロリング時代の農村の発展を背景に，交易の場として出現した中世都市の形成過程をたどり，そのなかで都市に集住して誓約団体を形成した住民たちの動静と，都市が獲得した「自由」と「自治」の在り方について地域的差異に基づいて学ぶ。
《キーワード》 農村共同体，都市共同体，誓約団体，領主，慣習法特許状，都市の「自由」と「自治」

1．中世ヨーロッパの農村と都市

（1）中世農村の形成

中世初期（カロリング時代）のヨーロッパでは，農民は領主の支配する荘園の枠組みに組み込まれており，個々の農家は耕地や菜園，牧草地等を挟んで個々に離れて居住していた。散村と呼ばれるこのような農村の形態は，11 世紀以降，大きく変化した。この時期以降，農民は新たに築かれた城や教区教会を核として，その周囲に集まって居住するようになる。こうした集村化現象は，社会が不安定であった時代には求められた居住形態であったといえよう。集村化の背景には，11 世紀以降進展した農業技術上の革新があった。この時期から，鉄製の農具（鎌や鍬など）や鉄製の刃をもつ重量有輪犂（すき）等が導入され，犂を引く家畜も牛に代わって力のある馬が使用されることで耕作地が拡大した。さらに，三圃農法と呼ばれる三年輪作法の導入が，村の共同作業を促進し，領主の荘園を基盤としつつ，農民が一か所に集住する集村化を推し進めたのである。一連の農業技術を含む集約型農業システムの発達により，小麦をはじめとする穀物の収穫量が大幅に増大し，食糧生産の増大へとつながった。その結果，温暖な気候が続いた 11 世紀から 13 世紀までの間にヨーロッパでは，人口が 3 倍近くに増加したのである。ヨーロッパ各地では，大開墾時代を迎え，新しい村落と耕地が開かれていった。その際，城をもつ領主の主導により，森林や未開地が開墾され，ネーデルラントの干拓事業やエルベ川以東でのドイツ人による東方植民運動がすすめられることになった。そのような農村社会は，個別の荘園内で自給自足的な体制であったわけではなく，農民は近隣の市場で農産物を売却し，必要な食糧や日用品を購入した。そうした市場における商品交換，貨幣流通の場を構成したのが，地域の拠点（中心地）をなした都市的定住地であった。中世初期のキヴィタスやブルグス，ポルトゥスとよばれた定住地から発展した都市は，そうした周辺農村と網の目のようにむすばれて地域の中心地として発展していったといえるだろう。

集村化とともに，農民たちは，小教区聖堂を中心に森林や放牧地などの共有地や共同墓地を管理し，地縁に基づく農村共同体を形成した。農作業や祭りなど村の主要な行事は農村共同体によって決められた。中世初期のカトリック教会によるキリスト教化の試みにおいて述べたように，教会は，1 年の暦をゲルマン的慣習からキリスト教的暦に置き換えていったが，農事暦もまた，キリスト教の暦に従って行われたのである。このような村の共同生活の維持のためには公的な強制力が必要とされたが，それは，一般には地域の支配権（裁判権）をもつ領主（城主）によって行使された。そうした領主の強制力に対して，農村共同体が村の代表者たちを自ら選出し，領主側の役人とともに村の秩序（集会の開催，裁判，徴税等）を維持することもあった。その際，農村共同体が獲得した

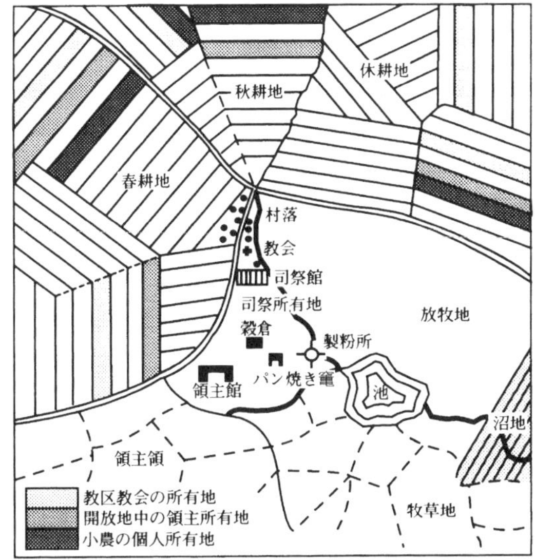

図3－1　中世の農村図〔出典：樺山『改訂版　ヨーロッパの歴史』(放送大学教育振興会，2001，p.40)〕

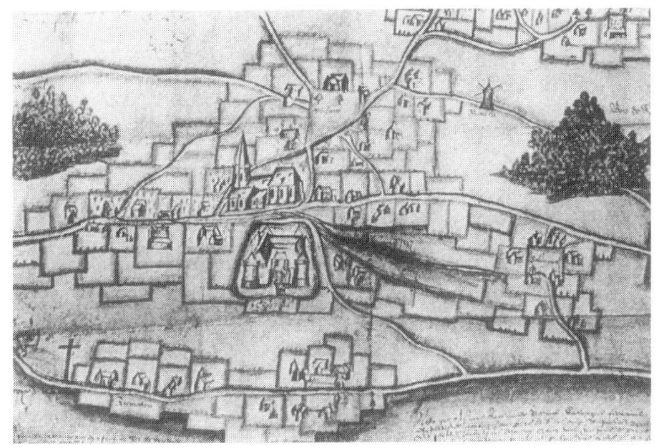

図3－2　中世末期北フランスの農村絵図（15世紀頃）〔出典：樺山『改訂版　ヨーロッパの歴史』(放送大学教育振興会，2001，p.41)〕

村の自治は，領主側から《慣習法特許状》（シャルト・ド・フランシーズ）とよばれる法文書の付与によって認められた。12 世紀の北フランスで 80 か所以上の農村に付与されたという「ロリスの慣習法特許状」は，その代表的なものである。このように，農業生産と技術の発展を背景に，中世ヨーロッパの農村が領主に対して一定の自立性をもつ共同体を形成していったことは，同時代の都市的定住地の共同体の在り方を考えるうえでも重要である。

（2）中世都市の形成

紀元千年以降，さまざまな起源をもつ都市的定住地が成長し，その一部は，地域中心の場である以上に，広範な地域の流通の拠点としての役割を果たすようになっていった。かつて，ベルギーの歴史家アンリ・ピレンヌは，11 世紀のヨーロッパで遠隔地商業が復活したことに中世ヨーロッパの都市の成立を見ようとした。しかし，近年では，すでにカロリング時代からヨーロッパ各地で進行していった農業生産の高まりと修道院や諸侯をはじめとする大土地保有層による積極的な市場開設と商品=貨幣流通の促進の動き，10 世紀以降の相対的な平和状況の確立などを背景とするヨーロッパ内部の地域経済の発展が，都市的定住地の役割を促進したと考えられている。

その結果，特に 11 世紀から 12 世紀にかけて，南はイタリア半島およびイベリア半島から北はブリテン諸島とバルト海沿岸地域に至るまで，大小さまざまな都市が生成，発展していく。この時期が，十字軍の運動や上述した東方植民運動などにより，ヨーロッパが外部世界へ向けて拡大を始めた時期であったことにも注目しよう。特に北西ヨーロッパのフランドルを中心とする南ネーデルラントと，ロンバルディアを中心とする北部・中部イタリアが，中世都市発展の核となる都市群を生み出していった。イタリアでは，まずアマルフィ，ピサ，ヴェネチア，ジェノヴァなどの海港都市の発展が著しかった。これらの海港都市は，ビザンツ帝国やイスラム世界など東方世界を相手として広範な地中海商業で栄えるとともに，ヨーロッパ北西部の経済圏と東地中海の経済圏をむすびつける役割を果たしていくことになる。フランドル地方では，ブルッヘ，イープル，ヘントの三大都市が成長したが，その背景には，都市における毛織物工業の発展とともに，都市領主であった歴代フランドル伯の主導による在地経済の活性化の試みが都市発展の何よりの原動力であったと考えられている。

図３-３　シャンパーニュの大市とヨーロッパの商業都市〔出典：草光・甚野『ヨーロッパの歴史Ⅰ』（放送大学教育振興会，2015，p.90）〕

そうしたフランドルとイタリアという南北の商業中心地をむすびつけたのが，フランス北東部のシャンパーニュ地方の都市で開催された大市であった。ラニイ，バール・シュル・オーヴ，プロヴァン，トロワなどシャンパーニュ伯領の大市都市では，南北の商品交換と金融取引が行われた（図3－3参照）。各地の市場集落もそうした南北ヨーロッパをむすぶ大市の商業ルートに連なるとともに，周辺農村との取引の中心地としてさまざまな規模の都市へと成長していったのである。

2．市民の起源と都市の自由

（1）都市住民の呼称

キヴィタスやブルグス，ポルトゥスとよばれた都市的定住地の住民は，農村の住民たちとは区別された人々として「キヴェス」，「ブルゲンセス」といった呼称とともに史料に現れてくる。すでに10世紀半ば（958年）に北フランスの司教座都市カンブレでは，都市領主であった司教の不在の間に「キヴェス」が全員一致で，司教が都市へ帰還しても都市に入ることを認めないという決議を行ったことが知られている。また，11世紀半ば（1066年）には，ムーズ川中流の都市ウイにおいて，都市領主であるリエージュ司教から都市住民「ブルゲンセス」が十箇条からなる《慣習法特許状》を得ている。この時期にすでに，都市住民を総称する名称が存在したことは確かであろう。「キヴェス」は本来キヴィタスの住民を，「ブルゲンセス」は，「ブルグスの住民」を意味していた。今日，市民を意味する言葉として使われている英語の「シティズン」やフランス語の「シトワイヤン」は前者の，フランス語の「ブルジョワ」やドイツ語の「ビュルガー」のもとになったのが後者である。

（2）都市住民の出自

では，「キヴェス」や「ブルゲンセス」とは当時どのような人々であったのだろうか。初期の都市住民は，身分的には多様な出自の人々から構成されていたことにまず注意する必要がある。かつてピレンヌが初期の都市住民の中核として想定した「自由」な遍歴商人も存在したが，そのほかに周辺農村出身の「不自由」身分に属するさまざまな範疇の者たちが含まれていた。

フランスやドイツの司教都市や修道院都市においては，不自由身分に属する「家人」（ミニステリアーレス），「教会庇護民」（ケンスアーレス），「聖人衆」（サントゥール）とよばれた住民が初期の都市住民として重要な役割を果たしていた。彼らは，都市領主（世俗諸侯，司教，修道院）のもとでさまざまな奉仕を行った者である。「家人」は，本来都市領主のもとで造幣，徴税，両替，軍事活動等の職務を領主役人として代行した。ライン・モーゼル地方の都市（ヴォルムス，トリーア，コーブレンツなど）では，司教や世俗領主に仕えた「家人」層が貨幣鋳造役，徴税役のような領主側の役職を保持しながら，都市内に土地を所有し，商業活動も行うなかで，12 世紀以降，裁判・司法をはじめとする都市の統治において重要な役割を果たしていったことが知られている。

また，「教会庇護民」や「聖人衆」は，司教座都市や修道院都市において，聖界領主である司教や修道院長に象徴的な賃租（サンス）を支払って「託身」し，それと引き換えに都市内の流通税などの免除特権を獲得した者たちである。彼らは，教会や修道院に名目的に従属することにより，逆説的にではあるが，特権を得て都市で社会的上昇を遂げることができた。こうした不自由身分の「教会庇護民」は，北フランスの司教座都市トゥールネでは「聖マリア衆」，アラスでは「聖ヴァースト衆」とよばれ，商業活動も行うことで 12 世紀以降都市の有力市民（都市貴族）

の一部を構成した。「家人」や「教会庇護民」は，都市領主の権威と権力に服する従属民であり，特定の領主に属さない「自由」な商人ではなかった。しかし，両者は，都市という活動の場を共有することにより「自由」，「不自由」といった身分階層の区別を超えて同じ都市の住民としての共同性を確認しあいながら都市共同体というまとまりを形成していったと考えられる。

このように，形成期の都市の「自由」を担ったのは，必ずしも法的に「自由」な都市住民ではなく，むしろ「不自由」な身分でありながら，上級君主から特権を得て活動した者たちであった。この事実は重要である。かつて，中世都市は，近代社会につながる新たな細胞として「自由」な商人たちを中心に封建社会に対抗して形成されていったと考えられ，封建社会のなかの異物とみなされる傾向があった。しかし，初期の都市民の出自から見ると，成立期の中世都市は，封建社会の支配層である領主との相互依存関係のなかでこそ成長し得たといえるだろう。

3. 都市共同体の発展

(1) 団体の形成

このような多様な出自からなる住民が，単一の都市共同体を形成し得た主要な契機は何に求められるであろうか。まず第1に，同職団体としての商人ギルドという組織が考えられよう。商人ギルドは，商業に従事する者たちが，正しい裁き，自衛と法的保護，商品交換の組織化，祝祭，宴会などによって互いにむすびついた団体である。ギルドという語が，本来古代北欧語において「宴会」，「祝祭」などを意味していたことから，中世初期のギルドが祭礼的な性格をもつ組織であったことがうかがえる。ギルドの成員たちは，互いを兄弟とよび合い，共通の絆でむすばれた仲間団体を形成した。1020年頃，ネーデルラントの商業地ティールに存在した商人ギルドはその最古の事例である。また，最古の商人ギルド規約とされるサン・トメールの規約（1127年頃）では，商人たちによる都市内での秩序維持（暴力の禁止），親睦のための宴会の開催，共同の金庫への寄付に基づく都市内の道や市門の整備費用の供出などが規定されており，商人ギルドが都市の共同体形成を促進する要素であったことがわかる。

ただし，11世紀以降商業活動が盛んとなった北西ヨーロッパにおいてさえ，サン・トメールのような商業地以外の都市的定住地では，商人ギルドの存在が必ずしも知られていないこと，商人ギルドが「自由」な商人を中心とした都市住民の一部のみを包摂する特定の職業集団であって，都市領域の全体をカヴァーするものではなかったことから，商人ギルドがそのまま中世の都市共同体を構成したとはいえない。とはいえ，商人ギルドには住民同士の水平的な結合（ゲノッセンシャフト/アソシアシオン）の理念が内在しており，それが多様な都市住民を相互にむすびつけ，都市領主に対抗する力となったことは十分考えられるだろう。

第2に，重要な契機と考えられるのは，10世紀後半から12世紀にかけて広く西ヨーロッパにおいて展開された「神の平和」運動である。南西フランスのアキテーヌ地方で開始された「神の平和（パックス・デイ）」運動は，中央権力の衰退を背景に深刻化した地方諸侯相互の私戦（フェーデ）や騎士たちの略奪行為による地域の無秩序化や恣意的暴力の増大を懸念したカトリック教会を中心とし，農民をはじめとする地域住民を巻き込んで地域の平和維持のための運動として現れた。教会は，「神の平和」ないし「神の休戦（トレウガ・デイ）」とよばれる平和令を発し，一定期間の私戦の禁止や武力の行使の禁止期間を定めた。こうした平和令は，教会を支持した農民を中心とする地域住民たちによる民衆運動によって強められ，10世紀末以降，南西フランスから開始されると，11

世紀末までには北西ヨーロッパ一帯（北フランスやフランドル，ムーズ，ライン地方）へと広がっていった。

教会と一般民衆が主体となって領域的平和を求めた「神の平和」運動の展開を背景に，北フランスやライン地方，北イタリアなどでは，都市住民による「平和の制度」としての「誓約団体」（コンユラティオー）すなわちコミューンが結成されることになった。コミューン運動と総称されるこの誓約団体の形成は，ル・マン（1070 年），カンブレ（1077 年），ケルン（1112 年），ピストイア（1117 年）をはじめ，フランス，ドイツ，イタリアなどの多くの都市で知られている。それらは，いずれも都市住民による都市内の平和的秩序形成をめざす「平和」運動として現れたといえるのである。たとえば，北フランスのラン（1112 年）で成立したコミューン（コムニア）について，当時ランと敵対したノジャンの修道院長ギベールは，「コミューンとは領民たちの新しい，そして邪悪な取り決め（誓約行為）に対する呼称である」と述べ，「コミューン」がランの住民の平和の確立と相互扶助のための誓約団体であることを認めていた。コミューンとは，したがって都市領主の支配から一定の自立と領域平和を求め，住民同士によってむすばれた誓約を通じて形成された「平和の制度」であったといえるだろう。

北フランスや北イタリアにおいてコミューン（コムーネ）成立のプロセスは多様であったことにも注意する必要がある。カンブレでは，コミューンは都市住民により主導されて展開したが，ノワイヨンでは，都市領主である司教のイニシアティブによって成立している。また，アミアンでは，コミューンが都市領主と都市住民の協働により設立されている。このようにコミューン形成の動きには，都市ごとに形成のプロセスや性格の相違が見られた。コミューン運動が都市領主に対する武力を伴った反乱となった事例は，前述した 1112 年のランの場合など例外的であって，大半のコミューンは，司教や伯など聖俗の都市領主側の勧奨により平和裡に形成された。その意味で，コミューン運動は必ずしも都市住民による「下から」の運動に基づいて「自由と自治」を獲得しようとした動きではなかった。コミューン運動は，都市住民の間に「宣誓」という儀礼を通じて水平的絆をもたらした点において重要であるが，コミューンの宣誓自体住民のすべてを包括していたわけではなかったことにも注意する必要がある。たとえば，ソワソン（1116 年）のコミューン結成時に，コミューン特権は，都市内に家屋をもつ者にかぎられていたのである。

（2）フランスとイタリア

11 世紀後半から 12 世紀にかけて北フランスをはじめとする北西ヨーロッパの都市領主や王権がコミューンに付与した都市住民の特権確認の文書は，コミューン文書とよばれている。かつて，コミューン文書は，都市共同体に対して領主から与えられた特別な解放文書と考えられてきたが，近年では，領主が農村か都市かを問わず一定の定住地の住民に対してそれまでの慣習的な諸特権を認めた《慣習法文書》（シャルト・ド・フランシーズ）とよばれる文書の一類型とみなされるようになった。都市に対して付与された慣習法文書として最も古い事例は，上述したムーズ都市ウイにリエージュ司教が与えた 1066 年の慣習法特許状である。また，1114 年にエノー伯によりヴァランシエンヌの都市住民に付与された慣習法文書は，コミューン文書ではないが，「平和の規約」とよばれ，都市領主であるエノー伯側の恣意性の排除と多くの刑法規定による都市内の平和維持の強調が特徴となっている。中世の都市住民にとって都市の「自由」とは彼らの上に支配者をもたないことではなく，支配者からの恣意的な賦課租や軍役などの負担に明示的な制限が定められていることであったのである。

12世紀のフランス王国において，ルイ6世，ルイ7世，フィリップ2世（オーギュスト）と続く歴代カペー王権は，王領地外の諸侯の支配領域で，コミューンの設立を支持し，ルイ6世以来，諸都市にコミューン文書を付与していった。とりわけ国王フィリップ2世・（オーギュスト）（在位1180－1223）は，政治的，軍事的観点から多くのコミューン文書を再認し，コミューン育成策をとった。フィリップは，コミューン都市に共同体として一定の「自由と自治」を認めることと引き換えに，封建家臣としての義務特に軍役（40日間）や軍役代納金の支払いを都市に課すことで，王権の支配秩序の中にコミューン都市を組み込んでいったのである。

なかでも，神聖ローマ帝国とフランス王国の境界に位置した司教都市トゥールネは，コミューン文書を付与されることで，ほぼ完全な「都市国家」といわれるほどの例外的な「自由と自治」を獲得したことで知られている。トゥールネでは，1146年頃コミューンが成立し，1188年にフィリップ・オーギュストからコミューン文書が与えられた。36か条からなるコミューン文書により，トゥールネの市民（ブルゲンセス）は，フランス王に対する軍役などの奉仕と引き換えに，都市領主であるトゥールネ司教が保持していた上級裁判権を手中におさめるとともに，行・財政など都市統治の広範な領域にわたる大幅な自治権を獲得したのである。たとえばトゥールネ市民は，独自の鐘を所有し，都市が鐘を鳴らす権利を王から付与されたが，それはまさしく都市民の「自治」を象徴する特権であった（史料3－1）。

トゥールネのコミューン文書において興味深いのは，コミューンから選出された都市の主要な市政役職者（参審人［エシュヴァン］，誓約人［ジュレ］）の多くが，上述したトゥールネの「聖マリア衆」とよばれる

トゥールネのコミューン特許状（1188年）（全36条）

聖なる，そして分かち難い三位一体の御名においてアーメン。神の恩寵による［フランス王］フィリップ［・オーギュスト］。（中略）

現在においてと同様未来においても，余は，余のトゥールネの町の市民［ブルゲンセス］に平和の制度とコミューンを与え，上述の市民がコミューンの制度以前から保持していた同地における使用権と慣習を確認したことを知らせるものである。

以下［の条項］は［それらの］慣習である。

1．もし誰かがトゥールネのコミューンの構成員をトゥールネのキヴィタスのなかもしくは外で殺害して，捕えられたならば，その者は斬首され，もしその者が家をもっていたならば，その家は破壊されるべし。また何であれその殺人者がコミューンの裁判管轄のなかで所有している残りのもの［財産］は，コミューンの所有に帰するべし。（以下略）

2．もし誰かが他の者の殺害に関して告発され，しかるべき者たち［名望家］からなる証人によってその者が殺したことが証明されなければ，冷水による裁き［水審］によって無実を証明することができる。（中略）

6．もしコミューンに属さない外来者がコミューン構成員を襲撃したなら，その［被害者の］隣人たちはその者［被害者］を助けるべし。（以下略）

25．もし誰かがある者を殺害し，教会へ逃げ込んだ場合，教会は彼に保証（アジール）を与えることはできないであろう。

29．トゥールネのコミューンにおいては，30人のジュレがおかれるべきであり，彼らのうちの2人はプレヴォである。彼ら30人のうち，1人ないし2人ないしそれ以上のメンバーが死亡したときは，他のジュレが上述の［死亡した］ジュレの数だけ補充するべし。

35．さらに，このこと［トゥールネ市民の既得の諸権利の認可］と引き換えに，余が，軍役のために余のコミューンの兵士たちを徴用する時は，トゥールネの人々は，軍役のためによく武装した300人の歩兵を派遣するべし……（以下略）

36．その後，同じトゥールネの人々に，余は，都市の政務のため彼らの意志により鳴らされるべき鐘を，［トゥールネの］都市内のしかるべき場所に所有することを認めた。（以下略）

史料3-1　トゥールネのコミューン特許状（1188年）〔出典：『西洋中世史料集』（東京大学出版会，p. 178-79）〕

図３－４　トゥールネのノートル・ダム教会〔出典：『図説ベルギー美術と歴史』(河出書房新社, 2015)〕

図３－５　トゥールネのノートル・ダム教会：側面から(撮影：河原温)

者たちによって占められたことである。彼らは，トゥールネの司教座教会であるノートル・ダム教会に托身し，それと引き換えに教会による保護と免税特権を与えられた特権的集団であった。彼らは，教会に托身することで「不自由」な身分でありながら免税などの特権保持者として都市統治にかかわったのである。神聖ローマ帝国における「家人」と同様，彼らは中世都市のもつ封建的性格を反映した存在であり，成立期の都市における都市住民の有した相対的な「自由」の一つの在り方を示しているといえよう。

また，トゥールネに限らず多くのコミューン都市では，都市自治の要となった参審人職（裁判官）の担い手が，特定の有力家系によって占められた。参審人職の改選時には，後継者が前任者により指名される「後任自己補充」制が用いられたため，都市共同体成立の当初から特定の家系による寡頭政治を生むことにつながったとみられる。コミューンは，その点で「民主的な」組織として都市の「自由と自治」を追求したとはいえず，少数の有力者層による寡頭政的性格を当初から有していたといえるだろう。とはいえ，北フランスやオランダ，ベルギーの諸都市で，参審人を意味するエシュヴァン（フランス語），スヘーペン（オランダ語）が現在でも自治体の役職名（助役）として残っていることは，中世都市の制度の一面が近代以降の都市に引き継がれたことを示唆している。

他方，南フランスやイタリアにおいては，在地の封建的騎士層（ミレス）を中心とする地方の有力者（ボニ・ホミネース）が都市に居住し，まとまって勢力を確保して，商人などほかの都市住民とともに都市共同体（コムニア/コムーネ）を構成した。南フランスでは，伯領下で古代ローマの役職者コンスルに由来する「執政」（コンシュル）を代表とする執政政府（コンシュラ）とよばれる自治的統治機構が生まれた。コンシュラは，1130 年代からアヴィニヨン，アルル，ナルボンヌ，ニーム，トゥールーズなど南フランス（プロヴァンス，ラングドック地方）各地の都市で成立する。

中部・北部イタリアでは，南フランス都市に先立って，都市の住民団体を統括する「執政」（コンソリ）とよばれる役職が出現した。コンソリ制は，ピサ（1085 年），ミラノ（1095 年），ジェノヴァ（1099 年）など 11 世紀後半から 12 世紀前半にかけ中・北部イタリアの都市に広がっていく。こうしたイタリア都市でも，北フランス，フランドル，ライン地方とほぼ同時期に司教や神聖ローマ皇帝に対抗した都市住民たちによる誓約団体が成立していた。ただし，コミューン都市やコンシュラ都市とは異なり，北イタリアの都市共同体（コムーネ）は，自治権を得た都市であり，当初から都市の周辺領域（コンタード）も都市の裁判管轄領域として支配しようとした都市国家的性格を有していた点にその特異性がある。

12 世紀後半に地中海域を広く旅行したスペイン出身のユダヤ人トゥデラのベンヤミンは，彼の旅行記の中で，北イタリアのコムーネについて，「彼らは，統治されるべきいかなる王も諸侯ももたず，彼ら自身で選ぶ審判人（コンソリ）のみによって統治されている」と述べている。

(3) ドイツ（神聖ローマ帝国）

ドイツでは，11 世紀以来神聖ローマ皇帝とローマ教皇との間で展開された叙任権闘争により，それまで強力であった司教に代わって世俗諸侯の権力の拡大が著しかった。ライン川中流域の司教都市は，皇帝と教皇の間で生じた政治的闘争の舞台となり，ヴォルムス（1073 年）やケルン（1074 年）では，最も早期に都市領主である大司教や司教に対抗した都市住民の運動が展開され，その潮流は，12 世紀前半に誓約団体(コンユラティオー)の運動としてライン諸都市を包み込んでいった。ケルンでは，1112 年に商人を中心とする誓約団体の形成が知られている。その結果司教権力から解放された「自由都市」や神聖ローマ皇帝に直属する「帝国都市」が成立することになった。

北ドイツや南西ドイツにおいては，12 世紀以降，領邦君主の主導により特権を付与されて生まれた建設都市も多かった。ツェーリンゲン公によるフライブルク・イム・ブライスガウ（1115 年）やザクセン大公ハインリヒ獅子公によるリューベック（1158/1159 年）などがその代表的事例である（図 3－6）。また，領主層の主導による防備を施したバスティードとよばれる市場町の建設は，12－13 世紀の南西フランスでも知られている。

ドイツでは，多くの都市が 12 世紀後半から 13 世紀にかけて都市法を自ら制定し，都市の「自由と自治」を一定程度獲得していった。19 世紀ドイツには，「都市の空気は自由にする」(Stadtluft macht frei) とい

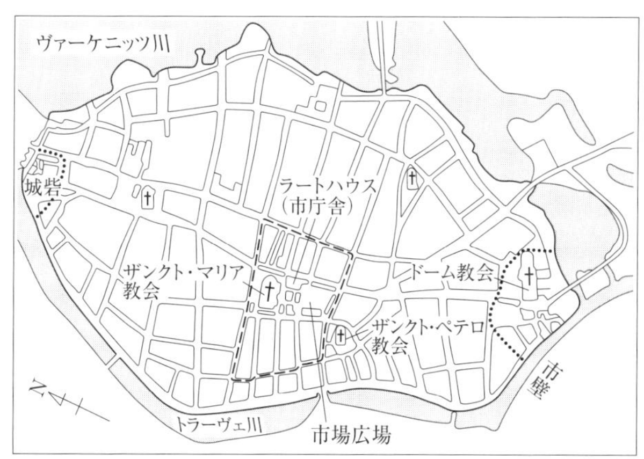

図３-６　リューベック都市図〔出典：河原温『都市の創造力』（岩波書店，p.69）〕

う有名な法諺があるが，それは都市に「１年と１日居住した外部からの移住民は，（農村領主などの）何人によっても返還要求をうけず，いかなる身分の者でも当該都市の自由な市民とみなされる」というドイツ中世盛期の法慣習を示すものであったとされる。しかし，すべての移住民が直ちに「市民権」を得られたわけではない。たいていの場合，都市内に土地を所有するか，一定の資産を保有していることが市民権の取得には必要であった。

（４）イングランドとイベリア半島

イングランドでは，王権から特権を付与された「バラ」とよばれる都市的定住地は，当初から王権の支配下にあり，コミューン運動は知られていない。しかし，ロンドン，ヨーク，ノリッジなど主要な都市では，商工業者のギルドが都市の中心組織となり，13 世紀以降，徴税請負権（フィルマ・ブルギ）や市長の選出権などの特権が王権により付与されていった。

イベリア半島では，9世紀以来，レオン王国などで，対イスラムのレコンキスタ運動が進展し，再征服地への植民運動とそれに伴ったフロンティアの移動が都市の形成を促した。キリスト教徒住民の入植を必要とした半島北部の都市カルドーナでは，早くも10世紀後半（986年）に，入植地の住民に「自由と特権」を保証した特許状（フエロ）が与えられている。また，カスティーリャ王国やレオン王国では，11世紀後半からフエロとよばれる特許状により多くの都市が大幅な「自治」を獲得した。12世紀初頭には，サンティアゴ・デ・コンポステラへの巡礼路沿いに生まれた都市（サアーグンなど）においては，修道院などの聖界領主に対抗した住民たちのコミューン運動が展開されており，そこには同時代の北フランスのコミューン運動の影響を認めることができる。

このように，11・12世紀を画期とするヨーロッパ各地における都市共同体の発展と「自由と自治」獲得の度合いは，当該都市と都市領主の相互関係や，都市の規模や担い手の社会的属性などにより多様であった。とはいえ，この時期にヨーロッパの都市は，まさしく「誓約」を軸とする人々の新たな社会的結合の場として形成され，「市民」身分の確立を準備していたといえるであろう。

参考文献

井上泰男『西洋社会と市民の起源』そしえて，1976年

E. エネン（佐々木克己訳）『ヨーロッパの中世都市』岩波書店，1987年

河原　温『都市の創造力』（ヨーロッパの中世2）岩波書店，2009年

斉藤絅子『西欧中世慣習法文書の研究―「自由」と「自治」をめぐる都市と農村』九州大学出版会，1992年

A・ジョリス（斉藤絅子訳）『西欧中世都市の世界――ベルギー都市ウイの栄光と衰

退』（叢書ベリタス）八朔社，1995 年
Ch. プティ=デュタイイ（高橋清徳訳）『西洋中世のコミューン』東洋書林，1998 年
H. ピレンヌ（佐々木克己訳）『中世都市――社会経済史的試論』創文社，1970 年（講談社学術文庫，2018 年）
H. プラーニッツ（鯖田豊之訳）『中世都市成立論――商人ギルドと都市宣誓共同体』未来社，1959/1995 年
堀越宏一『中世ヨーロッパの農村世界』（世界史リブレット 24），山川出版社，1997 年
宮松浩憲『西欧ブルジュワジーの源流――ブルグスとブルゲンシス』九州大学出版会，1993 年
D. Nicholas, *The Growth of the Medieval City. From Late Antiquity to the Early Fourteenth Century*, London & New York, 1997.

研究課題

⑴ 農村共同体と都市共同体の違いはどこにあったのか，考えてみよう。
⑵ 中世都市の「自由」と「自治」とは何であったのか，考えてみよう。
⑶ コミューン文書が都市に付与されたことの意義は何だろうか，考えてみよう。
⑷ 領主にとって，都市はどのような意味をもつ「場」であったのか，考えてみよう。

4 中世都市の社会構造

河原　温

《目標＆ポイント》 都市がヨーロッパ中世社会のなかでどのような人々により構成され，どのような役割を果たしていたのかについて学ぶ。
《キーワード》 都市共同体，市民，都市貴族，商人，職人，同業組合（ギルド），公証人，間接税

1. 都市の政治と権力

（1）都市住民

12 世紀から顕著となる都市共同体の形成は，その当初から都市の住民全体を平等に扱うものではなかった。都市の「自由と自治」を享受した「市民」（ブルゲンセス）は，誓約により市民としての権利を得るとともに，軍役など遵守すべき義務を負っていた。イタリア，ラングドック（南フランス），イングランドなどにおいては，市民権取得には，特定の同業組合（ギルド）への所属が求められた。男女とも市民にはなれたが，女性は都市の統治機構の成員にはなれず，政治的権利をもてなかった。この点は農村共同体においても同様で，女性は，農村における管理職（村長やビール醸造の検査役など）につくことはなかった。また，法的な資格とは別に，「有力な市民」すなわち名望家とみなされるためには，ディジョンにおいて知られているように，「その富裕さと名声により，同輩たちに認められるに値する名誉ある者」と観念されていた。

他方，都市には，市民権をもたない多様な都市住民が存在した。まず

聖職者という特権的存在が挙げられる。聖職者は，都市内の司教座教会，聖堂参事会，教区教会などに所属し，「祈る者」として都市の裁判や課税を免れる聖職者特権を享受していた。12 世紀に大学が成立したパリにおいては，学生もまた聖職者と同じ扱い（聖職禄の受領）を受けた特権的存在であった。居酒屋で，市民と学生が喧嘩した際，学生は都市の司直の管轄外であったことで裁判を免れ，市民側の不満を掻き立てることもあったという。都市における聖職者の数は，都市によりさまざまであったが，教会，修道会が数多く立地した司教座都市などでは，特に多かったことが知られている。

外国人や異教徒（南ヨーロッパ都市におけるユダヤ人など）は，原則として市民の権利をもたなかったが，状況により，特別な権利の付与により保護される場合があった。ヴェネチアなどの国際商業都市では，交易従事者と取引の安全を確保するために外国商人団は，出身地ごとに居住区を定められ，彼らだけに適用される免税特権などを享受した。また，同じく国際商業都市であったブルッヘでは，ドイツ・ハンザ商人，フィレンツェ，ジェノヴァ，ヴェネチアなどのイタリア商人，カスティリヤ商人など外国人であっても市民権の取得が認められていた。ブルッヘに定住してブルッヘ市民となり，在地の有力家系と婚姻を通じて同化していったイタリア商人の家系の存在は，ブルッヘの市民権の一定の開放性を示している。

中世後期には，近郊農村からの移住民を中心に奉公人やギルドの徒弟として働く若年の下層労働者層が多くのヨーロッパ都市で増大した。たとえば，15 世紀前半に人口 2 万人を数えた南ドイツ都市ニュルンベルクでは，こうした市民権をもてない下層民の割合は，子どもを除く総人口の 40% 近くを占めたといわれている。彼らは，「部屋住み」として，親方の家に住み込んだり，部屋を借りて都市に居住していた。

都市は，12 世紀以降，商品・貨幣流通の高まりを背景に，富裕者と貧困者の間の経済的格差が広がり，両者は社会的にも区別され始めた。「金持ちジャン」とよばれるような「金持ち」というあだ名をもつ人々が 11 世紀後半から 12 世紀にかけて北西ヨーロッパの都市で現れるのはその兆候を示している。また，12 世紀イングランドの聖ゴドリック（遍歴商人），イタリアの聖ホモボヌス（商人）や聖ファキウス（金銀細工師）のように，商工業活動で富を得た俗人が，その後回心して貧者の救済などの善行を行い，聖人に列聖されるというケースも現れた。この時期にこうした新しいタイプの聖人が生まれたのは，偶然ではないだろう。

都市の富裕層と貧困層の二極化は，中世後期になると多くの都市の課税台帳の記録によって明らかとなってくる。少数の富裕層に対する貧困層の比率の高さは，ヨーロッパの南北を問わず知られていた（図 4－1 参照）。

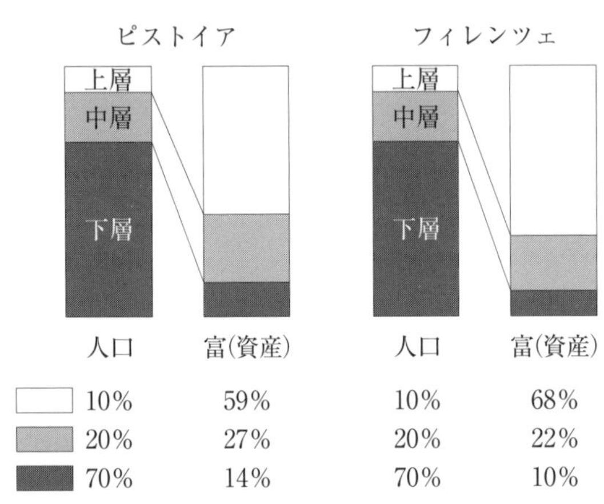

図 4－1　15 世紀イタリア都市（1427－29 年）の富の格差
〔出典：樺山紘一『新訂 ヨーロッパの歴史』（放送大学教育振興会，2001，p.103）〕

こうした貧困層も一部は，都市共同体内の救貧組織による援助の対象となり得たが，都市には，放浪芸人や物乞いなど都市に住居をもたない非定住者や，娼婦などのように職業的な差別の対象となり，共同体の内と外の境界線上に位置づけられるような周縁民（マルジノー）が生み出されていったのである。

（2）都市支配層

都市共同体における多様な住民構成において，有力者として都市の統治を担ったのは，都市内や周辺農村に土地を所有し，相続と婚姻により代々その財を継承していった少数の特権保持者たちである。かつてのローマのセナトール貴族（パトリキ）に倣（なら）って，現代の研究者たちが都市貴族（パトリチアート）とよんでいる中世都市のエリート層は，農村の封建貴族とも通婚を通じて結びつきながら，13 世紀以降ヨーロッパの各地でその地位を高めていった。彼らは，都市ごとにそれぞれ固有の名称をもち，家門を維持したが，数世代で途切れた家系もあれば，21 世紀の今日までその命脈を保っている家系も存在する。

彼らの富の源泉は，商業活動だけではなく，都市内外の土地所有も重要であった。すでに述べたように，12 世紀以来富を蓄積した都市貴族の出自は都市により多様であったが，自由な商人層が都市のエリートに成りあがっていくケースも存在した。フランスやドイツでは聖俗の領主に仕えながら，その保護と特権を通じて，都市において有力者となっていった家人層や聖人衆といった封建的社会層からなる者たちの存在が注目される。

彼らは，封建社会の枠組みのなかで，身分的には領主に仕えつつ，特権を享受することで都市においてもその地位を高めたのである。コミューン都市トゥールネの聖マリア衆とよばれた聖人衆に属する有力者たちが，12 世紀後半から 13 世紀にかけて，トゥールネの都市貴族として，都市統治の要となるエシュヴァン職（裁判職）を占めていったケースは，まさにコミューン都市の自治と特権が，不自由身分に由来するマリア衆によって確保され，発展していったことを示しており，中世都市が本来有する「封建的」性格を示すものとして興味深い。南フランスでも，騎士層が都市に居住して，執政政府（コンシュラ）の中心になっていることもあわせ，都市の支配層は，自由な商人によりもっぱら構成されたわけではなかったことを確認しておこう。彼らは，13 世紀以降勢力を増大させていく中産の手工業者層と中世後期に都市政治機構を分け合う場合もあったが，商人層とむすびついて，市政を寡頭的に支配していく場合も多かったのである。

2．都市の経済

(1) 商業と金融業

中世都市のエリート市民層の形成にとって，商業は最も重要な富の源泉であった。地中海沿岸の海港都市では，10 世紀頃からビザンツ帝国やイスラーム圏と取引を行うアマルフィ，ピサ，ジェノヴァ，ヴェネツィア，マルセイユなど，イタリアや南フランスの商人たちの活動が見られた。イタリア商人は，コンパニーアないしソキエタスとよばれた商社（団体）を中心に，広範な活動を行った。彼らは，イスラム圏との商取引を通じて，12・13 世紀から海上保険や為替手形，複式簿記，商業通信などさまざまな先進的商業技術をヨーロッパにおいていち早く導入していった。ミラノやフィレンツェなど後発の内陸都市の商人も追随し，12 世紀半ばには，イタリア商人は，フランス北東部のシャンパーニュの大市へと進出して，北西ヨーロッパの毛織物，東方からの奢侈品（絹織物，宝石，胡椒など）などを主要な商品とする南北商業を展開した。また，イングランドやフランスなど北西ヨーロッパの王侯貴族に貸付を行うことで富を蓄積していったのである。

イタリア商人の活動は，13世紀後半にジェノヴァ，ヴェネツィアから，西地中海，大西洋を経由して北西ヨーロッパの毛織物工業の中心地であったフランドル地方へ至る海のルートが開かれることにより，さらに拡大した。この海上ルートにより，ジェノヴァ，ヴェネツィアのガレー船がこれまでの陸路のルートではなしえない規模の大量の商品を積載して南北ヨーロッパ間の商品輸送を行ったのである。この海路の開設により，フランドル地方のブルッヘは，13世紀末から15世紀にかけて北西ヨーロッパ最大の国際商業都市として発展することになった。ブルッヘには，南からの商人のみならず，バルト海域を中心に活動したドイツ・

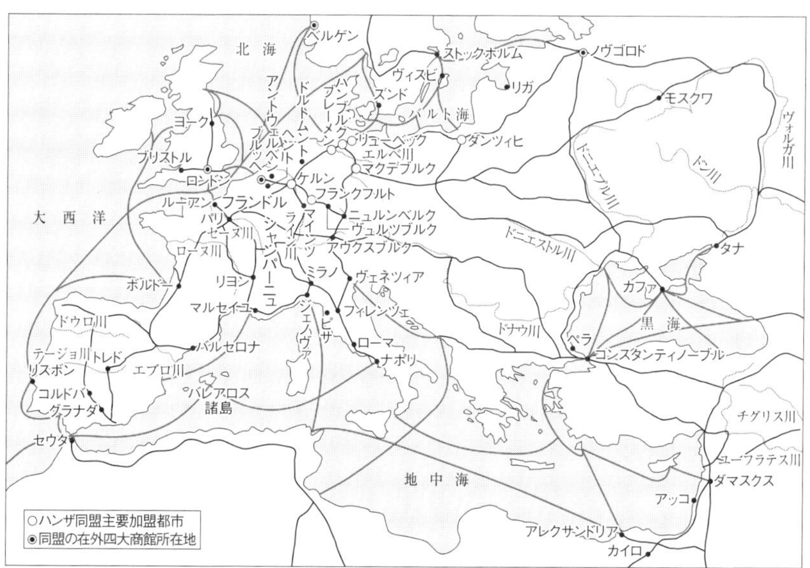

図4-2　13-14世紀のヨーロッパの交易圏〔出典：神崎忠昭『ヨーロッパの中世』(慶應義塾大学出版会，2015，p.226)〕

ハンザ商人たちも，コッゲ船とよばれた大型帆船により，東は遠くロシアや北ドイツから毛皮や木材，魚介，穀物など北ヨーロッパの産物をブルッヘ市場にもたらしたのである。ブルッヘは，中世後期においてそうした南北の商人たちが一堂に会する南北商業の拠点として，また両替や貸付など金融取引の中心地として機能することになった。

14 世紀からは，ルッカやフィレンツェなどイタリアの商人・銀行家がブルッヘやパリに長期にわたって滞在し，商業取引とともに，フランス王やブルゴーニュ公家などの宮廷に出入りして王侯貴族に多額の資金(特に軍事資金）を貸し付けた。こうした王侯向けの高額の貸付は，しばしばリスクを伴い，破綻する場合もあったが，ルッカのラポンディ家やアルノルフィニ家，フィレンツェのペルッツィ家やメディチ家，ジェノヴァのグリマルディ家やアドルネス家などは，定期的な商業通信網を通じてヨーロッパの広範な領域をカヴァーし，ブルッヘ国際市場の繁栄に貢献した。

この時期のイタリア商人のなかで，ジョヴァンニ・ヴィッラーニ(1280頃－1348）をはじめとするフィレンツェの商人は，「物書き商人」とよばれ，商業取引のみならず，家族関係などの日常生活や日々の出来事を俗語で詳細に記録に残したことで知られている。彼と弟のマッテオが残した『年代記』（クロニカ）は，商人としての彼らの活動のほか，彼らの生きた 14 世紀の都市フィレンツェの様相（家，名誉，財産などについての記述）をはじめ，イタリアおよび彼らの旅したヨーロッパ世界に関する豊富な情報を含んでいる。イタリア商人は，商人企業家として「合理的性格」と「現実主義」に基づいて行動する一方で，歴史の背後には神の力があることを確信し，「最後の審判」の到来を疑わない伝統的で敬虔なキリスト教信仰に帰依していた。彼らの残した帳簿からは，利益の 10% を「慈善」のために計上していたことが知られており，彼らが

「神と利潤」の双方のために行動していたことがうかがえるのである。

他方，こうしたイタリア商人を中心とする国際金融の発展の陰で，ヨーロッパの多くの都市では，ユダヤ人による小口の貸付を中心とする金融業も広がっており，ドイツをはじめとする都市共同体はしばしばユダヤ人から借り入れを行っていたことも忘れられてはならないであろう。

（2）職人と手工業ギルド

中世都市において，商業や手工業を営んだ者たちは，12世紀以来，それぞれの職種ごとに同業組合（ギルド/メティエ/ツンフト/アルテ）を形成した。前述したように，ギルドとは，本来血縁的関係をもたない者たちが，職業的な相互扶助を目的として結成した自発的仲間団体である。商人ギルドは，すでに11世紀から北西ヨーロッパで知られているが，手工業者の同業組合（クラフト・ギルド）は，やや遅れて12世紀以降，ヨーロッパ各地の都市で出現した。初期の手工業ギルドは，都市に仕事場をもつ親方職人たちの団体であった。ドイツやイタリアでは，都市当局による市場の規制や監督，宗教的な兄弟会的結合を核として同一の手工業者の団結が促進されたことがギルド形成の重要なモチーフになったと考えられる。12世紀半ばからは，パリをはじめフランスやドイツの諸都市で，パン屋や肉屋，石工などさまざまな職種の同業組合が国王や都市領主から規約を付与されている。商人ギルドが都市の経済生活全体を統御する団体として機能したのに対し，手工業ギルドは親方職人の組合であり，それぞれの職種の生産品の品質の統制と販路の確保を目的としていた。

ギルドは，経済的活動だけではなく，宗教的，社交的機能をもっていた。職種ごとに共同の礼拝やギルド成員の冠婚葬祭にかかわるとともに，ギルドに固有の守護聖人をもち，守護聖人の祝日には宴会やプロセッション（宗教行列）を行った。また，教会にステンドグラスを寄進し，ギルド会館とよばれる建物を建設して，彼らのアイデンティティを可視的に示したのである。

手工業者は，「祈る者」，「戦う者」に続いて聖職者により分類された第三の職分である「働く者」のカテゴリーに属する者として，商人や農民とともに位置づけられていった。13 世紀は，都市で同業組合が組織化され，都市領主により規約が与えられた時代である。王権の所在地であったパリでは，王の代官（プレヴォ）エティエンヌ・ボワローによって編纂された『同業組合の書』（リーヴル・ド・メティエ）（1268 年頃）にパリの 101 の手工業ギルドの規約が収められている。しかし，1297 年の租税台帳からは，パリの手工業の職種が 300 以上に分化していたことがわかっており，中世の手仕事のカテゴリーの広がりをうかがわせてくれる。

都市の職業構造は，都市ごとに多様であった。たとえば，毛織物工業が盛んであったフランドル都市ヘントでは，14 世紀に人口の 8 割近くを占めた手工業者のうち，6 割が毛織物工業関連ギルドに属していた。他方，国際商業都市ブルッヘでは，手工業ギルドのうち毛織物工業関連は 4 割ほどで，むしろその他の建築や金細工，食糧・飲料関係など多様な職種に分化していたことが特徴的である。商人，

表 4－1　14 世紀ブルッヘの職業構造〔出典：河原温『都市の創造力』(岩波書店，2009，p.113)〕

（単位：％）

カテゴリー	1302 年	1338～40 年
商　人	2.55	3.61
両替商・取引仲介業	8.36	6.89
建築業	11.28	10.93
毛織物工業	44.63	37.15
金属（武具・鍛冶）・その他手工業一般	14.16	18.40
食料品・ビール醸造業	10.50	11.62
奢侈品生産	3.83	7.90
輸送業	2.25	2.47
その他	2.44	1.03

金融業，商業仲介人（ホステラー）の占める比率も高く，当時のブルッへが北西ヨーロッパにおいて果たしていた商業的ハブ機能を反映していたといえる（表4－1）。

同業組合は，それぞれの職業が有する「名誉」に応じて都市内において序列化されていた。たとえば，ブザンソンでは，法律家と大商人を筆頭に，以下毛皮商，肉屋，石工と理髪師，金細工師と鍛治匠，大工，コルドバ皮革匠，縮絨工・織布工，粉屋の順となっていた。このような序列化は，それらの同業組合の都市における社会的，経済的地位や政治的力量を反映しており，都市により異なっていた。フィレンツェでは，同業組合は全体で21の集団に分けられ，そのうちの7つの富裕な大同業組合（法律家・公証人，カリマーラ［羊毛・輸入毛織物］商人，両替商，毛織物業，絹織物業，医師・香料商，毛皮商）が，鍛治匠・甲冑工，皮革工，パン屋，肉屋，宿屋など14の小同業組合の上に位置づけられていた。

手工業者集団は，親方，職人，徒弟を構成員として形成されたが，同業組合の成員となれたのは，当初は親方のみであり，次第に職人たちも独自の職人組合を結成していった。親方になるためには，一定の技術（親方作品の制作）と親方加入金の支払いが必要であった。女性は一般にギルドの成員に含まれなかったが，ケルンの金糸工組合のように，女性だけで構成されるギルドも存在した。親方の寡婦も，職種によっては親方権を継承し得た。

徒弟は，契約によって親方に雇用され，徒弟金を支払ったのち，衣食住を提供されて，親方のもとで技術指導を受けた。徒弟期間は，職種により多様であり，パリの同業組合規約においては，最も短い職種で2年から4年，最も長いもので12年であった。ヘントでは，織布工や石工，金細工匠など主な職種では4年の場合が多かった。徒弟は，徒弟期間を終えると職人として働いたが，親方にふさわしい条件を満たせば，親方として営業することができた。職人の雇用は一般に1年で，石工のように現場が変わる職種では，都市から都市へと渡り歩いていく遍歴職人も少なくなかった。

多くの都市で，同業組合は，夜間労働の禁止，生産品の品質と価格の管理，徒弟数や設備道具の制限などさまざまな相互規制を行い，競合を避けようとした。地域によっては，14世紀以降の経済危機に際して，同業組合が柔軟な政策をとり，技術革新に寄与した事例（ケルンの甲冑工ツンフト）も知られているが，多くの場合，中世後期に親方になれる数が限定されていくなかで，ギルドの閉鎖化が進んだことは否めないだろう。

同業組合の世界は，必ずしも安定した状態を維持していたわけではなく，しばしば労使紛争に見舞われた。13世紀後半以降，徒弟の逃亡や職人のストライキや蜂起がヨーロッパ各地の都市で目立った現象として現れてくる。とりわけ1280年代や1世紀後の1370－80年代には，毛織物産業従事者の階層化が進むなかで，北フランス，フランドル，北イタリア諸都市において，有力な親方層に対する職人たちの蜂起が頻発した。1280年のイープル（コッケリルの反乱）や，1378年のフィレンツェで生じた手工業者たちの反乱（チョンピの一揆）は，下層の職人層による異議申し立てとして注目される。

3. 都市の財政と防衛

（1）財政

中世の都市は，自身の共同体の空間と秩序を維持するために独自の収入を必要とした。都市の収入は，都市共同体が所有する資産からの収入（不動産［建物や土地の賃貸料］，市場の物売り台や水車などの使用料など）と，税収入によっていた。都市の税は，直接税と間接税に分かれ，直接税は，世帯主の申告額に応じて課され，間接税は，商品や食料・飲料（肉，穀物，ビール，葡萄酒など）に課された。税徴収のシステムは，12 世紀半ば頃から次第に整備されていくが，都市によりその在り方はさまざまであった。フランスでは，直接税は，当初数年に 1 度不定期に徴収されるだけであったが，都市共同体の発展とともに恒常化し，毎年の一定額の税の支払いは都市共同体が市民に対して提供するべき保護に対する義務とみなされていった。そうした直接税の徴収は，何よりも都市の防衛のための経費として必要とされた。たとえば，リエージュでは，13 世紀後半から徴収された直接税は，「防御施設」を意味する《フィルミタス》とよばれており，都市の市壁の維持に充てられるはずのこの税の目的を示している。しかし，直接税が都市の歳入において重要になっていくのは，14 世紀後半以降のことであり，また中世後期に増大し，都市人口において大きな割合を占めていく「無一物者」とよばれた貧しい下層民たちは課税の対象にならなかった。

他方，商取引，商品流通，消費財に課せられた間接税は，14 世紀前半までにイタリア，フランス，フランドルなどの多くの都市で歳入の 80% を超えるほどの主要な財源となっていった。しかし，間接税は，都市住民における貧富の差を問わず一律に課せられたため，しばしば「悪しき金」（マーラ・ペクニア/オンゲルト）とよばれ，市民には不公正な税と意識されていた。そのため，14 世紀以降，多くの都市で間接税徴収に対する不満が民衆蜂起の要因となったのである。

13 世紀からヨーロッパ各地の都市では，会計簿が作成されはじめ，都市の収支が知られるようになる。一般に都市にとって最も重要な支出は，都市空間を保護する市壁の建設，維持であった。フランスでは，都市の市壁維持費用は，当初国王や諸侯，司教などの都市領主が負担していたが，人口増加による市域拡大のため市壁の拡張が必要になり，13 世紀後半以降，都市共同体の負担へと移行していった。さらに 14 世紀半ば以降になると，百年戦争などにより損傷した市壁の修復は，都市当局にとって大きな費用負担となった。たとえば南フランスのアヴィニヨンでは，14 世紀後半（1355－73 年）に再建された市壁の費用は，117,000 リーヴル必要とされた。この時期のフランス都市の平均的な歳入が 2,000 リーヴル程度であったことからすると，極めて高額の負担であったことは明らかである。

しかし，こうした市壁をはじめ，都市のランドマークとなった市庁舎，鐘楼などの建築物や，商業施設，水利などへの支出は，都市の建築部門の活性化をもたらすことにもなった。14 世紀以降，北西ヨーロッパ随一の国際商業都市となったブルッヘについてみると，1280 年から残されている都市会計簿から，都市の支出の多くが市場広場，橋，運河，街路，市庁舎，ギルド会館，鐘楼，施療院，商業施設（「水の館」）など，都市の景観を形作った公共施設・建築の建設と維持に充てられていたことがわかる[1]。

都市の支出として，市政役職者の俸給など人件費も大きな割合を占めていたが，ブルッヘの場合，上級君主（フランドル伯）や他都市との政治交渉，関係維持のための贈物（葡萄酒など）や献金，外交使節・伝令の派遣費用など外部世界とのコミュニケーション経費が毎年の支出の 12－15％ を占めていたことも，都市の対外的活動を考えるうえで興味深い点である。

しかし，中世都市は，その収支を税徴収のみで維持できたわけではなかった。多くの都市では，借入や公債の発行が重要となった。北イタリア都市では 12 世紀後半から，ドイツやフランドル，フランスの諸都市でも 13 世紀以降，借入が増大する。戦費の調達のための国王や諸侯か

1　J. M. Murray, *Bruges, Cradle of Capitalism, 1280-1390*, Cambridge, 2005.

らの要求や，都市自体の財政補填のために，都市では当初，富裕市民からの借入がなされていたが，上述したように，ユダヤ人やイタリア商人など都市外の金融業者からの借入が増大していった。ジェノヴァ，フィレンツェなどイタリア都市では，モンテとよばれる公債の販売が都市財政の中心をなしていった。また，フランドルやドイツの諸都市でも，定期金（レンテ）売買のかたちで公債が中世後期の都市財政を支えることになる。

都市は，王権や領邦諸侯にとって軍事費の負担をはじめとして彼らの財政を支える重要な柱をなしていた。そのため，中世後期の都市財政への君主側の介入は，集権化を進めた君主とそれに抵抗した都市との間で重要な争点になっていったのである。

（2）防衛

都市は，共同体を構成する市民自らによって守られなければならなかった。都市の防衛のためにコミューン都市やコンシュラ都市では，市民のなかから民兵隊が組織され，市壁や市門の警備，夜回りを担当した。モンプリエでは，共同防衛の義務は，都市の同業組合に課せられており，7つに分けられた同業組合のグループごとに週1日の警備義務が割り当てられ，週単位で市壁と市門を守ることになっていた。

都市共同体には，市外での戦争に参加する軍役の義務もあった。軍役は，フランスでは，都市領主である王や諸侯，司教などの要請に基づき，都市内のギルドや居住地区（街区）を単位として徴募され，通常年間40日以内の動員が求められた。フランドル都市ブルッヘでは，市民軍は，都市の6つの街区（ゼステンデール）ごとに召集され，従軍した。フランドルでは，織布工をはじめとする職人たちは都市周辺の農民とともに，歩兵として軍事的に強力な存在であった。1302年のコルトレイクの戦い（金拍車の戦い）において，騎馬の騎士を中心とするフランス国王軍と戦って勝利をおさめたことは，封建社会における都市民の軍事的力量を示した画期的な出来事であった。

他方，都市国家として強力な勢力となった北イタリア都市や，スペインの都市では，都市に居住する騎士層が都市の防衛や軍事的遠征において主要な役割を果たした。彼らは，都市で商業や金融業にも従事しつつ，有事には騎乗して軍役についたのである。しかし，13 世紀以降，都市内から兵士を補充することが困難となるにつれ，戦闘の変化などもあり，傭兵が都市の軍隊として不可欠な存在となっていった。

14－15 世紀には，傭兵隊長からウルビノ公国のフェデリーコ・モンテフェルトロのように都市を支配し，都市国家の支配者に成りあがる者も現れた。ルネサンス期のイタリア都市国家では，傭兵隊長を中心として都市の軍隊を備えるようになるのである。

図 4－3　都市ブルッへの前での戦い（15 世紀）〔出典：河原温『都市の創造力』（岩波書店，p. 122)〕

(3) 記録の場としての都市

12 世紀半ばから 14 世紀にかけて，イタリア，北フランス，フランドル，南ドイツなど都市化が著しかった地域の都市では，市庁舎をはじめとする都市公共建築の進展とともに,都市行政の技術の進展が見られた。都市の公文書や財政収支の管理，保存のための場が整備される一方，都市役人や公証人により作成された司法・行政・会計文書の増加とその文書の真正性を印璽や公証人のサインによって保証する法的慣行の普及は，都市共同体の統治行政の能力を示すものとなった。

先に触れた都市の税に関する記録簿の作成も，都市の行・財政システムの進展を示している。イタリア都市では，いちはやく市民に資産に応じた直接税を課すための資産評価額台帳（エスティモ）が編纂された。ペルージヤの 1285 年のエスティモは，その嚆矢である。1427 年にフィレンツェで編纂された同様の資産評価台帳(カタスト)は，フィレンツェとそのコンタード（周辺支配領域）の住民の資産と家族構成を明らかにしてくれる稀有な史料として知られている。この史料は，D・ハーリヒー

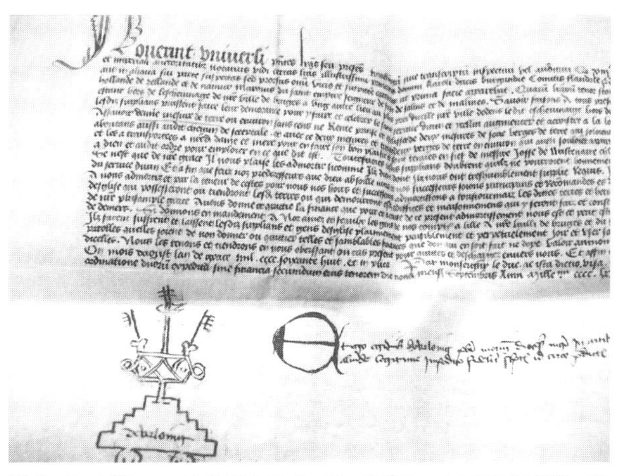

図 4 - 4　ブルッヘの公証人のサイン（ブルッヘ国立文書館，15 世紀）（撮影：河原温）

とC・クラピッシュ=ズベールの二人の研究者により1970年代にコンピュータでデータ処理がなされ，当時のフィレンツェ市民の富の構造や階層構造，世帯構成などが次々に明らかにされた[2]。たとえば，カタストに表れた世帯の資産額から，フィレンツェの最富裕層10パーセントが，フィレンツェ全体の富の70パーセント以上を保有しており，フィレンツェ社会が極めて大きな格差社会であったことが示されたのである(図4－1参照)。

このように，イタリアを中心として中世後期の都市では，ラテン語と並んで俗語による行・財政文書が作成され保存された。また，商人による膨大な書簡や商業取引の記録，彼らの家の記録（覚書）などが多数残されており，都市年代記や俗語文学とともに，都市の世俗文化のありようを知るための重要な情報源を提供してくれているのである。

参考文献

大黒俊二『声と文字』(ヨーロッパの中世6)，岩波書店，2011年
亀長洋子『イタリアの中世都市』(世界史リブレット106)，山川出版社，2011年
河原　温『都市の創造力』(ヨーロッパの中世2)，岩波書店，2009年
河原　温/堀越宏一『中世ヨーロッパの暮らし』河出書房新社，2015年
J. & F. ギース（青島淑子訳）『中世ヨーロッパの都市の生活』講談社，2006年
斉藤寛海/山辺規子/藤内哲也編『イタリア都市社会史入門――12世紀から16世紀まで』昭和堂，2008年
清水廣一郎『中世イタリア商人の世界――ルネサンス前夜の年代記』平凡社，1982年
清水廣一郎『中世イタリアの都市と商人』洋泉社，1989年
清水廣一郎『イタリア中世の都市社会』岩波書店，1990年
F. シューベルト（藤代幸一訳）『名もなき中世人の日常――娯楽と刑罰のはざまで』

2 D. Herlihy & C. Klapisch-Zuber, *Les Toscans et leur families. Une étude du catasto florentin de 1427*, Paris, 1978.

八坂書房，2005年
高橋清徳「中世の社会――都市と産業」柴田三千雄・樺山紘一・福井憲彦編『世界歴史大系フランス史1　先史～15世紀』（第7章）山川出版社，1995年
花田洋一郎『フランス中世都市制度と都市住民――シャンパーニュの都市　プロヴァンを中心にして――』九州大学出版会，2002年
マルク・ボーネ（河原温編訳）『中世ヨーロッパの都市と国家――ブルゴーニュ公国時代のネーデルラント』山川出版社，2016年

研究課題

⑴ 中世都市では，支配層はどのような人々であったのか，考えてみよう。
⑵ 中世都市で生まれたギルドは，どのような性格をもつ団体であったのか，考えてみよう。
⑶ 中世都市では，どのような税が徴収され，どのように使われていたのか，考えてみよう。

5　中世都市のイメージと現実

河原　温

《目標＆ポイント》　中世の都市空間は，同時代人にどのようにイメージされていたのか，また，現実の都市空間がどのように構成されていたのかについて学ぶ。
《キーワード》　聖なる都市，エルサレム，托鉢修道会，都市讃歌，守護聖人，市壁，広場，小教区，街区

1．中世都市のコスモロジー

（1）聖なる都市

中世の人々にとって，都市という居住の場はどのようにイメージされていたであろうか。中世初期，都市はまだ実体として人々に意識されていなかったように見える。中世思想に大きな影響を及ぼした4世紀の聖アウグスティヌス（354－430年）は，『神の国』という著作において都市（キヴィタス）の比喩的なイメージを伝えている。そこでは，天上の都市（神の都市）と地上の都市（人間の都市）が区別され，『旧約聖書』の「創世記」において，弟殺しのため，神によって楽園から追放され，放浪の地（ノド）に人として初めて都市（エノク）を建てたカインの物語に基づいて，地上の都市が悪しき罪人（カイン）の場として捉えられている。天上の聖なる都市(神の国)に対し，地上の都市とは，罪を負った人間が自らの労働によって生きていかなければならない労苦の場とみなされたのである。他方，天上の都市のモデルは，聖書によりそのイメー

ジがつくり上げられていったキリストの聖地エルサレムであった。エルサレムは，地上における「聖なる都市」としてまた「世界の中心（臍）」としてイメージされたのである。『新約聖書』の「ヨハネによる黙示録」(21章18－21節）に記されているように，エルサレムは，最後の審判の日を迎える都市であった。この「天上の都市」の市壁は，「碧玉からできており，12の市門は真珠でつくられ，通りは純金で舗装されている」とされたのである。

エルサレム図は，6世紀半ばのマダバのモザイク図（560/565年）（図5－1）や，7世紀末の巡礼者アルキュルフによる蠟画（680年頃）として描かれている。その後，12世紀になると円形の図式化されたエルサレム図が描かれるようになったが，それは，中世キリスト教徒にとっての地上の理想都市のイメージを象徴的に表す図像であったと考えられる（図5－2）。

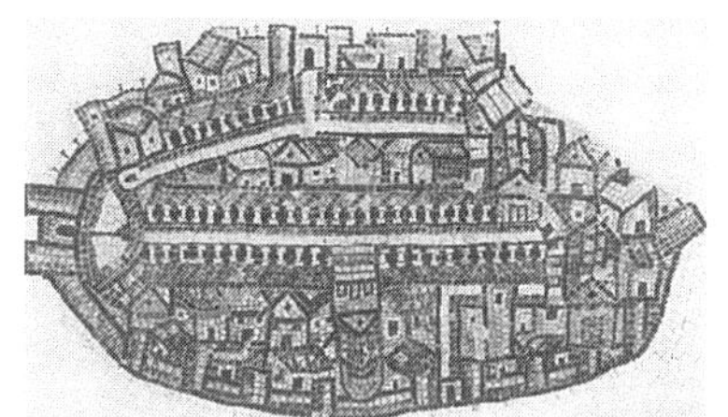

図5－1　マダバのモザイク画によるエルサレム図〔出典：河原温『都市の創造力』（岩波書店，2009年，p. 41）〕

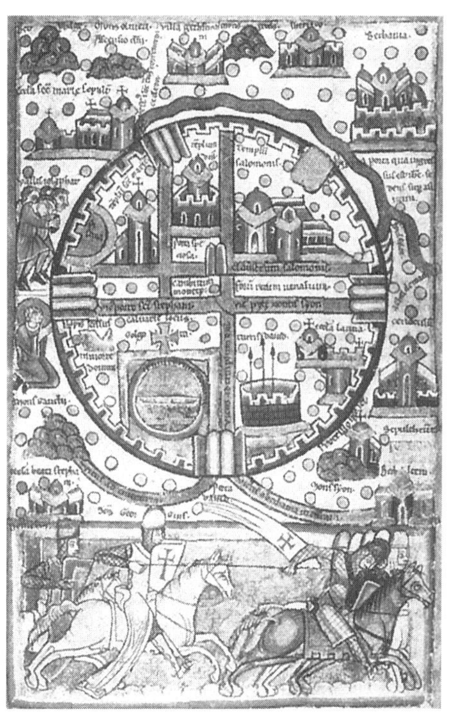

図5－2　12世紀後半のエルサレム図〔出典：河原，堀越『図説　中世ヨーロッパの暮らし』（河出書房新社，2015，p. 53）〕

他方，現実の都市について中世初期の記述は少ないが，7世紀のセビーリャのイシドールス（570頃－630年）は，『語源の書』（エティモロギアエ）において，

> 都市（キヴィタス）は，社会的絆によって結ばれた多くの人びとからなる。その名称は，その中に住む住民（キヴェス）から来ている。

と述べ，人びとの集住の場をキヴィタスという言葉で表現していた。そうした中世初期の都市は，その豊かさにおいて当時の戦士たちの想像力を刺激する場でもあった。12世紀の作品であるが，叙事詩『ローランの歌』（1120年頃成立）において，イスラムとの戦いのため進軍した南フランスで，シャルルマーニュが遠方から眺めるナルボンヌは，「どの町より堅固な城壁と20の石造りの塔がそびえたつ威容を誇る」絢爛たる都市としてイメージされていた[1]。

また，7世紀以来，西ヨーロッパにおいて展開された修道院建設の波は，「天上の都市」のイメージをモデルとした修道院建築に，囲い込まれた空間と規律正しい生活を備えた現実的な「地上の都市」としてのイメージを付与した。アメリカの都市研究者ルイス・マンフォードは，都市論の古典となっている著書『歴史の中の都市』（1961年）において，「修道院生活こそが新しい都市を形成する重要な力であった。中世において都市の理想が選び出されたのは修道院であり，ここで自制，秩序，規則正しさなどが確立された。それらの性質が，時計や簿記や日課などという発明とか商業実務のかたちで，中世都市や中世後期の資本主義に受け継がれたのである。10世紀以降，新しい都市共同体が現れるにつれて，修道院はそれらの都市共同体の生活のうえに市場よりずっと深い痕跡を残した。9世紀のフルダの修道院長ラバヌス・マウルス（780－856年）が都市の特徴として《共同生活》を挙げたのは，修道院の特別な任務を

---

1 J. Le Goff, The Town as an Agent of Civilization, in: *The Fontana Economic History of Europe, The Middle Ages*, London, 1972, pp.73-74.

都市に移譲しつつあったときであった」と述べているのは，まさにこの点を衝いている[2]。

現在のスイス東部に位置するザンクト・ガレン修道院には，9世紀前半（825/30年）に作成されたとみられる修道院プランが残されているが，その図面からは，修道院が聖職者や貴族，巡礼，貧者などの外来者を受け入れる施設としてデザインされていたことがよみとれる。都市がもつゲートウェイ（多様な外来者を受け入れる場）としての機能が示されている点で，修道院は，まさに「都市的」生活のモデルを提供するものであったといえるだろう。

（2）都市讃歌の出現：「聖なる」都市のイメージ

中世の都市に関する同時代人の記述は，古代ローマ都市との連続性が著しかったイタリアにおいて最も早く現れた。739年頃，司教座都市ミラノにおいて，韻文で書かれた『ミラノ讃歌』が，中世都市民の愛郷心（パトリオティズム）を示す最初の表現であろう。そこでは，ミラノが9つの市門をもち，強固な市壁に囲まれた都市として「聖性」と神の「恩寵」に満ちていることが強調され，「天上のエルサレム」に比定されて讃えられている。

続いて，796年頃に書かれた『ヴェローナ讃歌』は，『ミラノ讃歌』と同様の定型表現（トポス）を用いながら，まずローマ時代の円形競技場や広場（フォールム）などについて語り，続いてヴェローナの聖人たちの奇跡の御業と彼らの聖遺物がもたらす功徳が述べられ，豊かで栄えある都市のさまが描写される。この韻文テクストには，9世紀末に描かれ，挿入されたとみられる都市図がつけられていた。このヴェローナ図は，ローマ時代の遺産である円形競技場やアーチ型の石橋，テオドリック帝時代の市壁のほかに，聖ペテロ教会や穀物倉庫，塔をもつ建築など中世

2　L・マンフォード『歴史の都市　明日の都市』（生田勉訳），新潮社，1969年

初期のヴェローナの興味深い鳥瞰図になっている。司教座都市としてのヴェローナの古代遺産とキリスト教的ランドマークの交錯したシンボリックなイメージが示されているといえるだろう（図5－3)。

都市讃歌というジャンルにおいて，守護聖人である司教に守られた「聖なる」都市のイメージは，9世紀以降，イタリア都市のみならず，アルプス以北の諸都市においても見いだされるようになる。10世紀から12世紀の間に，イングランド，北フランス，ネーデルラント，ドイツなど各地の司教座都市や修道院都市を中心に，都市の守護者である司教や修道院長の事績を称えるとともに，都市の「聖性」を称揚する讃歌（ラウダティオ）が書かれた[3]。そうした作品では，都市の称揚の定型表現（トポス）として都市の気候や立地条件の良さ，市壁，塔，教会，聖人，統治者としての司教，学芸や商業，財貨，都市の建設者（神話）などが都市の聖性と繁栄の象徴として取り上げられ，ローマやエルサレムとの対比がなされている。

図5－3　ヴェローナの都市風景（9世紀）〔出典：河原温『都市の創造力』（岩波書店，p.46)〕

3　P. Oldfield, *Urban Panegyric and the Transformation of the Medieval City, 1100-1300*, Oxford, 2019.

こうした都市讃歌において，都市民の自己意識や誇りがより明確に記述されるのは，12世紀から13世紀にかけてである。自立的な都市（コムーネ）が成立していたイタリアでは，ブローロのモーゼスによる『ベルガモの書』（1125年頃）がその嚆矢（こうし）であろう。この韻文による『讃歌』の特徴は，トポスによらず，都市ベルガモの具体的状況を描写している点にある。同書では，まず丘上の都市であるベルガモの周辺の環境が，続いて都市の中の世界が記述される。都市の調和と平和は，聖人や教会によるのではなく，12人の高貴な人々による都市統治体制に負っていること，都市住民の間の争いは稀であり，富める者も貧しい者も平和のうちに暮らしていることなどが語られている。

都市の栄光を語る都市讃歌の一つの頂点をなしたのは，13世紀ミラノのラテン語教師ボンヴェシン・ダ・ラ・リーヴォ（1240/45－1313/15年）による『ミラノの偉大さについて』（1288年）である。この書の新しさの一つは，都市ミラノに関する具体的情報量の豊かさにある。彼は，コムーネやギルド，教会の文書などに基づいて，当時20万人の人口を擁したとされるミラノの都市社会とその支配領域（コンタード）の豊かさを示すために，穀物，野菜，果実，肉類などさまざまな食糧品の消費量について詳細に記述している。また，都市空間について市壁の長さ，街路，家屋，井戸，小教区や教会，鐘の数といった都市の建築施設を列挙し，さらに法律家，公証人，医師，写本制作者，教師，肉屋など都市のさまざまな職業人の数を数え上げている。そこには，誇張された数値を含んでいたとはいえ，具体的な数字をして語らしめることで都市を称賛しようとするプラクティカルな精神がうかがえる点で，中世後期のイタリア商人たちの心性に呼応していたといえるのである。

都市讃歌は，聖なる天上の都市エルサレムの写し絵として第二のエルサレムとみなされたローマについても知られている。ローマ巡礼者のためのガイドとして書かれた『都市ローマの驚異』(1143年頃)がそれである。ローマの聖ピエトロ大聖堂の聖堂参事会員でベネディクト会士であった逸名の人物によって書かれたこの書は，古代ローマの遺跡のモニュメントに対する称揚とともに，ローマを訪れる巡礼者のためにパウロをはじめとする諸聖人の殉教の場について詳細に語っている。

(3)「悪徳の場」としての都市と托鉢修道会

しかし，成立期の都市がそうした「聖なる」都市の観念とは対照的に，教会知識人により快楽と奢侈，犯罪と暴力に満ちた「悪徳の場」(バビロン) としてのイメージを付与され，非難の対象となったことも否定できない。12世紀初頭にライン地方の修道院長ドゥイツのルーペルトは，『旧約聖書』「創世記」のカインによる都市建設の物語と対比させて，アブラハム，イサク，ヤコブたちが「都市も城も建てず，都市から逃れて家畜小屋で暮らし，神を称える祭壇を建てた」と述べ，都市を罪びとたるカインの創造物とみなし，都市を悪の場として非難している。また，シトー会修道院院長であったクレルヴォーのベルナールが，説教のためにパリへ赴き，パリの学校で学ぶ学生たちを修道院の付属学校へ導こうと試みた。彼は「(悪の巣窟たる) パリという悪の場 (バビロン) の真っただ中から (学生たちは) 飛び去って，自身の魂を救うべき」だと述べたのである。

紀元千年以降，商品=貨幣流通の拠点として，成立期の都市はキリスト教倫理との相克に直面せざるを得なくなっていった。カトリック教会は，「七つの大罪」のなかで，「傲慢」の罪に代えて「貪欲」を最も重大な罪とみなしはじめ，高利貸を中心とする商業・金融業にかかわる者たちに対して，貨幣を媒介とした富の蓄積を魂の救済の障害として厳しく非難した。そのため，都市の商人たちは，彼らの富の獲得をいかに正当化するかという課題に直面した。

この点で，12世紀末以降，「煉獄」（プルガトリウム）の観念が神学者たちによって導入されたことは，極めて重要であった[4]。「煉獄」は，生前に自身の犯した罪の償いを果たさずに死んだ者の魂が苦しみと審判を受ける場であったが，そこでは，たとえ罪人であっても生前に何らかの善行を行っていた者は，審判により「地獄」行きを免れ，救済される可能性が与えられるとされた。したがって，富者であっても，生前に貧者への喜捨を行った者は，その贖罪の行為により，死後その魂は，「煉獄」から「天国」へと導かれると説かれたのである。この論理を推し進め，都市の存在と商業・金融活動を肯定しながら都市民に向けた説教活動を行ったのが，13世紀に登場したフランシスコ会やドミニコ会などの托鉢修道会であった。

托鉢修道会は，設立当初から都市を舞台として説教活動を行った点に特徴がある。農村や人里離れた「荒野」に設立されることの多かったかつての修道会とは異なり，托鉢修道会は，何よりも「人の集まる所」をめざし，都市の住民に向けて司牧活動を行ったのである。こうした托鉢修道会の都市への立地と都市民に向けられた説教は，「悪徳の場」とされた都市のイメージに対して都市民の存在とその商業活動の正当化へと途を開くものであった。13世紀以降，都市の商人や富裕市民の多くが托鉢修道士の説教に共感し，フランシスコ会やドミニコ会に帰依して，自身の財産の多くを遺言で托鉢修道会に遺贈したことは偶然ではなかったのである。中世の都市が，「聖なる場」と「悪徳の場」という両義的な意味を付与されるなかで，托鉢修道会による商人と商業・金融活動の擁護，都市的空間への積極的進出は，中世社会における都市の地位の上昇に貢献したといえるだろう。

4　J. ル・ゴフ『煉獄の誕生』（渡辺香根夫・内田洋訳）法政大学出版局，1988年

(4) 聖人に守られた都市

それでは，12 世紀以来，都市は視覚的にどのように表現されていただろうか。当時，ヨーロッパの修道院で修道士により作成された世界図（マッパ・ムンディ）には，あいまいながら，都市がヨーロッパ世界における主要な場として姿を現す。たとえば，マインツのハインリヒにより作成された世界図（1150 年頃）では，キリスト教世界の中心としてのエルサレムを地図の中心として，三分された空間上の「ヨーロッパ」に，エルサレムのほか，ローマ，サンティアゴ・デ・コンポステラの三大巡礼地，そしてピサ，パリ，ルーアン，ケルン，トリーアが教会と思われる建築物によって表象されている。

13 世紀前半に北ドイツのエプシュトルフ女子修道院で作成された縦横それぞれ 3 メートルに及ぶ巨大な「エプシュトルフ図」では，より詳細にヨーロッパの都市群が描かれている。しかし，個々の都市は，ほかの世界図と同様極めて単純化され，十字架のついた教会や塔のある建物によって表現されているにすぎない。他方，13 世紀半ばに書かれたイ

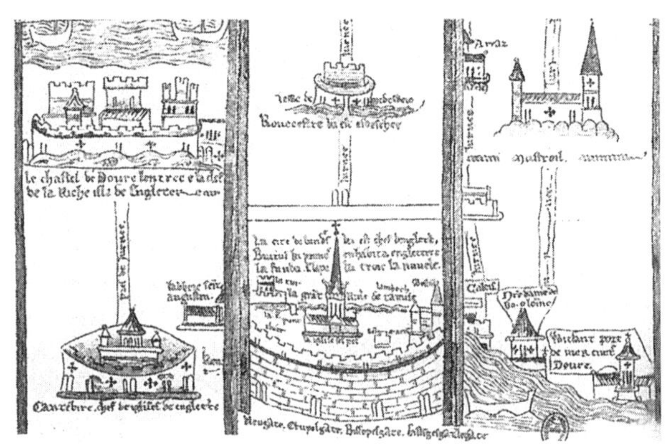

図 5－4　マシュー・パリスの絵図に見るロンドン（中央下段がロンドン）〔出典：河原温『都市の創造力』（岩波書店，p. 53）〕

ングランドの修道士マシュー・パリスの『大年代記』には，大陸ヨーロッパからエルサレムへむかう巡礼路に沿った一連の都市絵図が付されている。そこでは，ロンドンやドーヴァーなどイングランドの都市のほか，北フランスのランス，リヨン，北イタリアのパルマ，ボローニャ，そして海を越えたパレスティナの港市アッコンなどが描かれ，それぞれ都市を囲む市壁や主要な教会の建物の素描によって都市が表象されている。特に，ロンドンについては，楕円形の市壁と聖ポール（パウロ）教会をランドマークとして市壁内に複数の建物が描きこまれ，シンプルながら同時代の都市イメージを伝えるものになっている（図５−４）。

14 世紀に入ると，「聖なる都市」のイメージは，イタリアの祭壇画において聖母マリアや地元の司教など守護聖人によって都市全体が守られて

図５-５　タッデオ・ディ・バルトロ《聖ジミニャーノ》，ディテール（右）
〔出典：河原，堀越『図説　中世ヨーロッパの暮らし』（河出書房新社，2015，p.56）〕

いるという構図で描かれるようになった。そこでは，守護聖人は，都市の単なる霊的な守護者であるだけではなく，市壁で囲まれた都市空間全体の庇護者として現れる。たとえば，シエナ派の画家タッデオ・ディ・バルトロの祭壇画《聖ジミニャーノと彼の生涯の歴史》(1391/93 年頃）では，都市サン・ジミニャーノの守護聖人である司教聖ジミニャーノが，左手でこの都市のミニチュア・モデルを抱えている（図 5－5)。市壁に囲まれたこのミニチュアの都市内部には，市庁舎，広場，市門，そびえたつ都市貴族の塔など多くの建築物が詳細に描かれており，都市民の誇りがそこに反映されているように思われる。この図で，聖ジミニャーノは，神に対し都市の安全をとりなすというよりも，都市を保護し，祝福を与える存在が彼自身であることをその身振りによって示しているのである。聖人伝である『聖ジミニャーノ伝』によれば，彼はかつて，サン・ジミニャーノの町を霧で包みこむという奇跡によって東方の異民族の襲撃からこの都市を守ったとされており，超越的な存在というよりもむしろ都市の身近な守護者として立ち現れている。同様の構図は，トレヴィーゾを守護する聖女カタリーナやペルージャを守護する司教エルコラーノなどの祭壇画でも採用されており，中世後期のイタリア都市と守護聖人の強い絆を示しているのである[5]。

2. 中世の都市空間

(1) 都市のランドマーク

市壁

中世の都市は，市壁により周辺の農村領域から区別された固有の都市域を形成した。市壁は「中世都市の最も重要な物理的，象徴的要素だった」(J. ル・ゴフ) ことは否定できない。市壁により可視的な境界領域が成立し，都市の内部空間のもつ聖なる象徴的力がつくり出されたので

5 C. Frugoni, *A Distant City. Images of Urban Experience in the Medieval World*, Princeton, 1991.

あり,「囲む」行為は, 中世都市にとって本質的な意味をもっていた。1162年の神聖ローマ皇帝フリードリヒ1世によるミラノ, 1468年のブルゴーニュ公シャルル突進公によるリエージュの市壁破壊は, 諸侯権力による都市支配の具現化を象徴的に示すものであった。

都市にとって, 市壁の継続的な拡大や再建は, 実際的な防衛の必要性のみならず, 都市の成長を見越した対応策であった。11世紀から13世紀までの間に, 多くの中世都市で, 古くからの都市の核（キヴィタスやブルグス）がその周辺部と融合し, 二次市壁の建設によって都市域が拡大されていったのである。市壁はまた, 都市の統合と威信の象徴であり, しばしば都市の印章や貨幣の図柄として表されたように, 都市民の誇りの対象であった。北イタリアのパドヴァ（1318年）やネーデルラントのミッデルブルフ（14世紀）の都市印章では, 都市を囲む方形の市壁と市門が強調されている。また, 市壁に都市の守護聖人の姿や紋章を刻んだり, 華麗な意匠を凝らしたりして, 自らの都市の聖性や政治的, 経済的力量を誇示する象徴的機能が市壁に付与されることもあった。

図5-6　パドヴァの都市印章（1318年）〔出典：河原温『都市の創造力』（岩波書店, p.73)〕

市壁は, 防衛のため石や煉瓦で強固に積み上げられたが, その高さや大きさは, 都市の規模や都市の威信の度合いにより多様であった。国王フィリップ2世（オーギュスト）によるパリの市壁建設は, 国王都市パリの都市空間において王権が及ぶ可視的範囲を

図5－7　パリの市壁（写真）（杉崎泰一郎氏撮影）〔出典：S.ルー『中世パリの生活史』（原書房，2004）〕

初めて示したという点で重要である。1190年代から始まったセーヌ川右岸地域の市壁建設は，パリ市民が費用を負担して1200年に完成する。左岸地区の市壁は，王権により1220年までに建設され，右岸とあわせ，両岸に広がるパリの都市空間を囲い込んだ。市壁の周囲は5.3キロに及び，高さは8メートルあった。パリの市壁は，その後14世紀（シャルル5世期）にさらに拡張され，近世まで存続することになるのである。

市門

市壁の一部をなすとともに，都市の中と外をつなぐ役目を果たした市門は，しばしばキリスト教において象徴的な数字である12や7とされる場合も多かった。12という数字は，天上の都市エルサレムが12の門をもつ城壁で囲まれていること（「ヨハネの黙示録」第21章）に由来し，自らの都市と天上の聖なる都市とを一体化させようとする意図が働いていたと考えられる。市門に聖母マリアなど都市の守護聖人の像や聖遺物を掲げる慣習もあった。そうした措置は，市壁とともに市門が神聖な性格をもち，都市が守護聖人の保護下にあること，そして何よりも都市が宗教的共同体であることを意味していたといえよう。

都市は，市壁の外側にも周辺農村へつながる郊外地（フォーブール）や市外都市領域（バンリュウ/コンタード）をもち，戦時には近隣の村落の住民を都市内に受け入れることもあった。市壁は，都市と農村を可視的に区別しつつ，農民に対して都市の内部における市場活動や避難空間を提供するという両義的役割を担っていたのである。

広場

中世の都市空間は，私有空間と公共空間のせめぎあいによって構成されていた。私有空間は，都市住民の家屋や店舗，庭園，畑などからなり，公共空間は，誰もが立ち入れる教会，市場，広場，街路（通り），市庁舎，ギルド会館などであった。また，居酒屋・宿屋，娼家のような公と私の境界的な空間（グレーゾーン）も形成されていく。中世都市の多くは，都市計画に基づかず，有機的成長によって形作られたケースが多い。そのなかで，都市の本質的要素を構成したのが広場であった。

中世都市における広場空間形成の代表的事例として，イタリアのシエナとフランドルのブルッヘを取り上げよう。

ローマ的伝統の強かったイタリア都市では，広場は，もともと古代ローマのフォールム（公共広場）を起源とし，その記憶に基づいて形成された。しかし，計画された秩序空間としてのローマ時代のフォールムは，中世に入って実質的に失われた。12 世紀以降，都市自治体（コムーネ）が成立し，都市全体が再び公的な空間として再秩序化されていくなかで，広場の配置と意味も再編されていったのである。12 世紀以前，司教座聖堂（ドゥオーモ）前に位置していた中心広場は，都市政治の中心が司教座から都市自治体（コムーネ）に移行するとともにその位置を変え，商業と市場取引の中心となった市庁舎前の空間が中心広場を形成した。トスカーナ地方の諸都市では，聖俗が分離するかたちで新たな中心広場が市庁舎前に設けられた。シエナのカンポ広場がその典型である。

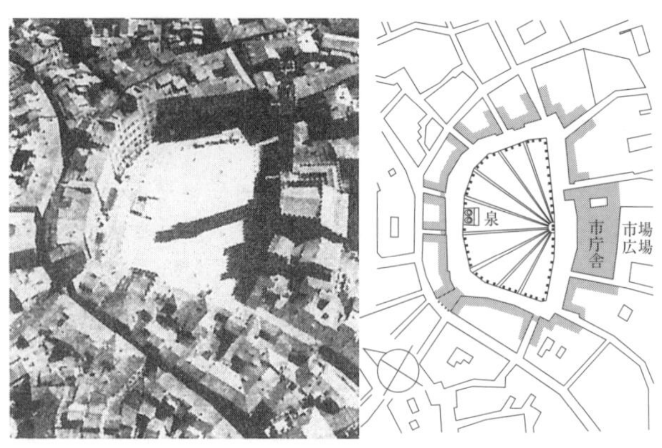

図5-8　シエナ，カンポ広場空間〔出典：河原温『都市の創造力』(岩波書店，p.79)〕

カンポ広場は，市庁舎（パラッツォ・プブリコ）との美的・構造的均衡を保ちつつ，13世紀後半から14世紀にかけてコムーネ統治者と都市民の公共性の自覚に基づいてつくり上げられたのであった。カンポ広場の象徴性は，この広場がシエナ市民にとって天上の世界と地上の現実的世界の融合する場，「都市の臍(へそ)」として意識されたことに表されているだろう。

カンポ広場は，4つの機能を備えていた。第1に商人と商業の交換の場，すなわち市場の機能である。第2に，都市自治体（コムーネ）から出される都市条例や裁判の判決の布告や処刑の行われる政治・司法の場であった。第3に，市民や貴族たちを熱狂させた模擬戦や騎馬槍試合，パリオとして知られる地区対抗の競馬，結婚式などシエナの都市民相互の紐帯を強化する社交と娯楽の空間としての機能である。そして第4に托鉢修道会士による説教の場，聖母被昇天の祝日などに行われた宗教行列（プロセッション）の聖なる空間としての機能である[6]。

同様の機能は，フランドルの商業都市ブルッヘの大広場（フローテ・

[6] 池上俊一『シエナ―夢見るゴシック都市』中央公論新社，2001年

マルクト）においても確認できる。ブルッヘでは，市庁舎に面したブルク広場ではなく，ギルド会館と鐘楼に面した大広場（フローテ・マルクト）が，定期市の開催の場となるとともに，政治的にはギルド成員の集会や，犯罪者，反乱者の処刑が行われる政治・司法の記憶の場となった。15 世紀のブルゴーニュ公国の支配期には，シエナのカンポ広場と同様，都市貴族やブルゴーニュ貴族たちの馬上槍試合（トーナメント）のイベントが開催される祝祭と娯楽の場ともなったのである。また，13 世紀末に生じたヤン・ブレイデルとピーテル・デ・コニンクを指導者とする手工業ギルドの反乱の記憶は，ブルッヘにおいて長く語り継がれ，19 世紀のロマン主義のもとで彼らの銅像が大広場に建てられ，中世都市の記憶が継承されることになった。このように，中心広場は，都市民のさまざまな社会的関係の結節点としての役割を果たす場であり，中世都市の最も重要な公共空間となっていた。

（2）都市空間の分割

小教区

都市民の居住・生活の場は，どのように秩序立てられていただろうか。中世都市の領域区分として重要であったのは，カトリック教会によりキリスト教化されたヨーロッパ世界に網の目のように張りめぐらされていった小教区である。小教区は，都市民にとって，教区教会を軸にして営まれた最も身近な生活領域の単位であり，ヨーロッパの多くの地域で 13 世紀までに整えられていった。教区教会に配置された司祭は，教区民の司牧にあたり，教区の住民の結婚（婚姻の秘蹟），子どもの誕生（洗礼の秘蹟），そして死（終油の秘蹟）と教区教会墓地への埋葬に至る人生の諸段階の節目の儀礼を司ったのである。

教区教会を軸に市壁の内外に複数の小教区が設けられた。イタリア，スペインなど一般に数多くの小教区が設けられた南欧の都市に比べると，ドイツや北フランスなどアルプス以北の都市では，小教区の数は少なかった。ブルッヘでは，もともと2つの小教区しかなかったが，12世紀以降の人口増加に伴う都市領域の拡大で教区が分割され，13世紀末の第3次市壁が建設された時には9つの小教区からなっていた。

北西ヨーロッパ第一の都市であったパリの都市領域は，上述した国王フィリップ・オーギュストによる市壁建設から1世紀を経た13世紀末までにシテ島に14，右岸に14，左岸に7の小教区が設けられた。小教区の広さは均一ではなく，住民構成も均質ではなかった。B・ゲレメクの研究によれば，小教区ごとに記録が残されている1297年のパリの最古の課税台帳からは，市壁に近い外側の教区ほど貧困層が多かったことが明らかとなっている[7]。

図5-9　ブルッヘの行政区（街区）〔出典：河原温『ブリュージュ』（中公新書，2006，p. 85）〕

行政区・街区

小教区とともに都市住民の日常的活動の単位となったのは，都市当局により市民に対する課税や軍役の動員のために設定された行政区や，住民の地縁的絆に基づいた街区（カルチエ）などであった。パリでは，15世紀に16の街区（右岸13，シテ島1，左岸2）が形成され，特に近世に入ると住民の政治的結集の場とし

7　B. Geremek, *The Margins of Society in Late Medieval Paris*, Cambridge, 1987

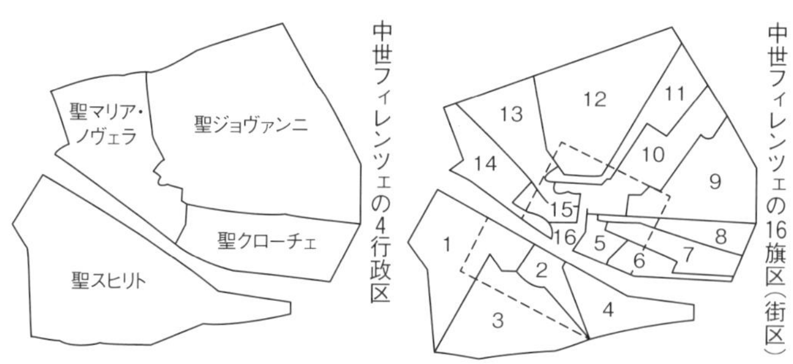

図5-10　フィレンツェの行政区と旗区（街区）〔出典：河原温『都市の創造力』（岩波書店，2009，p.84）〕

て重要な役割を果たすことになるのである。

ブルッヘでは，13世紀後半までに6つの行政区が，水路と市門を分岐点として設けられた。この行政区を単位として都市の課税台帳が作成された。14世紀末に残っている最古の課税帳簿によれば，パリの小教区の事例とは異なり，ブルッヘでは6つの行政区ごとの納税額に大きな差異はなかった。しかし，納税者の数は均一ではなく，地区ごとの住民間にはパリと同様富の格差が存在していた。行政区は，ブルッヘの市民の生活基盤であり，行政区長（ホーフトマン）は，当該区の有力家系から選出され，地区の秩序維持と戦時における市民兵の徴募・動員を担った（図5－9）。

イタリアでは，都市の領域区分として行政区のほかに街区が重要な役割を果たした。フィレンツェでは，62の小教区のほかに，コムーネにより4つの行政区（クワルティエーレ）とそれをさらに四分割した16の旗区（ゴンファローネ）がシニョリーア広場を中心に，ほぼ放射状に都市空間を分けており，それぞれ徴税や市民の軍事的動員の基礎となった（図5－10）。

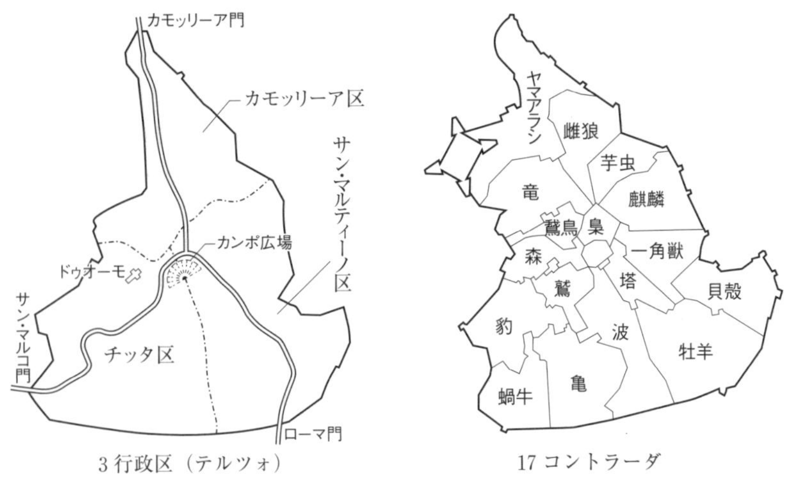

3 行政区（テルツォ）　　17 コントラーダ

図5-11　シエナのテルツォとコントラーダ〔出典：池上俊一『シエナ』（中公新書，2001，p.93，97）〕

シエナでは，12 世紀半ば以降，都市の中央に位置するカンポ広場の北側を基点に，3 つの行政区（テルツォ）がコムーネにより設けられた。行政区は，都市住民（ポポロ）の軍事・行政組織として機能した。こうした行政区のもとにあって，さらに市民の日常生活領域単位をなしたのが，「街区」である。シエナでは，テルツォが細分化された単位は，コントラーダと呼ばれ，シエナの小教区と一致した住民の地縁的結束の場となった。コントラーダは，元来ポポロの軍事的組織の地区単位として形成され，もともと 60 ほどあったといわれているが，14 世紀半ばのペストの流行以降の人口減少で，42 に減少し，18 世紀に現在の 17 になったという。こうした街区（コントラーダ）の住民の連帯と名誉を確認する祝祭イベントが，カンポ広場で行われたコントラーダ同士のさまざまな対抗試合であり，特にパリオとよばれる競馬レースはよく知られている（図 5－11）。

都市ごとに多様なかたちと広がりをもった小教区，行政区，街区など一部重なり合いながら重層的に形成された都市空間のなかで，都市民は，安全の確保と親密な人間関係の絆を地縁的な結合のうちに求めたのである。

3．善政と悪政の寓意：シエナのフレスコ画に見る都市イメージ

最後に，中世の都市イメージを体現している代表的な絵画として，シエナの画家アンブロージョ・ロレンツェッティ（1290頃－1348頃）が，シエナのノーヴェ（九人）政府の依頼によって市庁舎広間に描いたフレスコ画《善政と悪政の寓意と効果》（1338－40年）を見てみよう。

このフレスコ画は，中世後期のイタリアのコムーネにおける政治体制が都市とその周辺農村に及ぼす影響を寓意的な表象で描きだしている貴重な図像である[8]。

図5－12　《善政と悪政の寓意と効果》東側の《善政の寓意と効果》部分 1339－40年〔出典：河原，堀越『図説　中世ヨーロッパの暮らし』（河出書房新社，2015，p.5）〕

8　R. Starn, *Ambrogio Lovenzetti. The Palazzo Pubblico, Siena*, New York, 1994.

シエナの市庁舎広間（九人衆の間）の西側の壁には「悪政の寓意」と「戦争」（《悪政の効果》）が，東側には「善政の寓意」と「平和」（《善政の効果》）が描かれている。

《善政の効果》の場面は，平和と正義に包まれた都市シエナの内外の風景である。建物と塔が密集して立ち並ぶ都市の全面には，左手において結婚式の行列や，ゲームを楽しむ男達，ダンスをしている娘たちがおり，奥の建物の中には，靴屋，仕立て屋，金細工師など職人の店舗や授業をしている教師と学生たち，帳簿をつける商人，馬に乗ってきた人物が見える。右手の食糧品の店の奥に，薪を積んだ家畜と農民の姿が，手前には，羊の群れと頭に荷を載せた女性がいる。また，建物の屋根の上では，建築職人たちが修理をしている。

都市の門は開かれており，馬で狩りに向かう一行と豚やラバを連れた農民たちがすれ違っている。都市の外には，丘が広がり，その中で労働にいそしむ農民たちの姿が遠目に見え，黄金色に輝く小麦畑やオリーブの木々，整序された畑と川の流れが描かれている。

市門の上に浮かんでいる翼をもつ女性（安全の女神）が手にもつ巻物には，

> あらゆる人々は怖れることなく自由に歩き，あらゆる人々は働き，種子をまく。この都市が，この女性（《安全》の女神）を権威の座にとどめる間は。なぜなら，彼女はあらゆる権力を悪から取り上げるからである。

と記されている。

壁の西側には，悪政と戦争により荒廃した都市と危険で不毛となった周辺農村の暗い風景を描く《悪政の効果》が《善政の効果》に対峙している。《善政の効果》は，明るく光と色彩に満ちた都市内部と周辺の農村世界を提示し，安全で脅威のない平和と叡智で満たされた理想の都市共和国シエナのあるべき姿を示している。都市内部の建物の配置の作為性，畑の風景や農作業が四季の区別を問わずに描きこまれているように，このフレスコ画は，都市シエナとその周辺世界を写実的に描いているわけではない。しかし，寓意的な描写でありつつ，人びとの服装や建物のたたずまい，木々や動物の姿などは，14 世紀のイタリアの現実世界が写しとられているといえよう。1330 年代末のイタリアは，飢饉や戦争により脅かされた不安な時代をむかえており，「善政の効果」に示されるような理想にはほど遠い世界であったと思われる。画家の筆が描き出したのは，そうした時代にシエナの都市政府が実現することをめざした都市の「あるべき姿」であったといえるだろう。

その後数年して，イタリアをはじめとするヨーロッパ世界は，黒死病（ペスト）の流行による深刻な社会変動を経験する。黒死病の打撃を経た 15 世紀のイタリアでは，ルネサンスの新たな息吹とともに都市に対する新たな観念が生じることになるのである。

参考文献

池上俊一『シエナ―夢見るゴシック都市』中央公論新社，2001 年
池上俊一『公共善の彼方に―後期中世シエナの社会』名古屋大学出版会，2014 年
大黒俊二『嘘と食欲―西欧中世の商業・商人観―』名古屋大学出版会，2006 年
河原温『ブリュージューフランドルの輝ける宝石』中央公論新社，2006 年
河原温『都市の創造力』（ヨーロッパの中世 2），岩波書店，2009 年
河原温・堀越宏一『中世ヨーロッパの暮らし』河出書房新社，2015 年
高山博・池上俊一編『宮廷と広場』刀水書房，2002 年
ジョセフ & フランシス・ギース『中世ヨーロッパの都市の生活』（青山淑子訳）講談社（学術文庫），2006 年
ポール・ズムトール『世界の尺度　中世における空間の表象』（鎌田博夫訳）法政大

学出版局，2006 年
キアラ・フルゴーニ『ロレンツェッティ兄弟』(谷古宇尚訳)，1994 年
ルイス・マンフォード『歴史の都市 明日の都市』(生田勉訳)，新潮社，1969 年
J. ル・ゴフ『煉獄の誕生』(渡辺香根夫・内田洋訳)，法政大学出版局，1988 年
シモーヌ・ルー『中世パリの生活史』(杉崎泰一郎監修/吉田春美訳) 原書房，2004 年
R. Starn, *Ambrogio Lorenzetti. The Palazzo Pubblico, Siena*, New York, 1994

研究課題

(1) 中世都市は，キリスト教とどのように結びついて形成されたか，考えてみよう。
(2) 都市讃歌とはどのようなテクストであったか，考えてみよう。
(3) 托鉢修道会は，中世都市の発展にいかに寄与したか，考えてみよう。
(4) 中世都市における広場の役割とは何であったか，考えてみよう。

6 中世都市の統合とアイデンティティ

河原 温

《目標&ポイント》 中世都市において人々をむすびつけた社会的絆のあり方を見ていくなかで，地域共同体，宗教共同体としての都市の果たした役割について学ぶ。
《キーワード》 聖人崇敬，托鉢修道会，ギルド，兄弟会，祝祭，儀礼，都市条例，都市景観，暴力

1．都市の人的絆

都市は，3つの職分（「祈る者」「戦う者」「働く者」）からなるとイメージされた中世ヨーロッパ社会の枠組みのなかで，とりわけ「働く者」にとって新たな社会的，空間的絆を生みだした。都市の成長に最も貢献したのは商人と手工業者（職人）である。彼らは，相互扶助を目的とするギルド組織を通じて集団としての力を高め，13世紀以降，都市内において富裕商人をはじめとする都市貴族層と競合しながら都市政治に参与していった。こうした都市の社会集団は，彼らの人的，社会的絆をいかに形成していったのだろうか。

（1）「家」・世帯・家族

中世社会において人々の日常的生活のもとになっていたのは，個々の「家」であり，「家」を中心に家族，親族，友人，知人関係の網の目が広がっていた。都市では，農村と異なり，ほかの地域から都市へ新たに移

り住んだ単身者（独居者）も多かったが，親子からなる核家族だけではなく，一つ屋根の下で複数の家族が共住する大家族や，兄弟親戚を含む拡大家族，血縁者以外の「朋輩」や「奉公人」などを含む複合世帯とよぶべき「家」もあった。こうした中世都市の世帯構造が明らかとなる史料は限られているが，フィレンツェとその周辺支配領域（コンタード）における1427年のカタスト（資産台帳）の記録から，フィレンツェでは，夫婦と子どもという核家族（単純家族）世帯が半数以上を占めていたことが知られている。

表6－1　フィレンツェのカタストから見る世帯構造〔出典：河原温『都市の創造力』（岩波書店，p. 126）〕

世帯のカテゴリー	割合(%)
独居者 （寡夫，寡婦，独身者など）	20.3
家族的構造をもたない世帯 （兄弟姉妹の共住）	4.8
単純世帯 （夫婦，夫婦と子どもなど）	59.7
拡大世帯 （父母，祖父母，孫，甥，姪，兄弟，姉妹の共住）	7.4
多核世帯 （複数の兄弟姉妹が夫婦・家族で共住）	7.8
合　計	100.0
対象世帯数(戸)	9821

世帯当たりの人口規模は，1427年のカタストの記録からわかるフィレンツェの場合3.8人であるが，そのほかの都市では，プラート（15世紀後半）で4.3人，ヘント（14世紀半ば）で3.6人，ヨーク（14世紀後半）で4.1人，カルパントラ（15世紀後半）で5.2人などと見積もられており，地域差や階層差は見られるものの，比較的小規模な核家族を中心とする世帯構成が主であったことがうかがえる。

商工業者の世帯が住む都市の家屋は，その多くが仕事場と居住の場を兼ねていた。通りに面した建物は，ブロックごとに連続した長屋式の建築が一般的であった。建物の1階は仕事場や店舗として使用され，中庭に向かう奥の小部屋や上階が居住空間となっていた。多くの都市では，低層の木造家屋が一般的であったが，パリやヘント，フィレンツェなど人口稠密な大都市では，13 世紀以降，高層建築が増加し，通りのブロックごとに 4〜5 階建ての木造住宅が建てられていった。こうした個々の住居を中心に，都市民は小教区や街区といった一定範囲の地縁的な近隣関係を生活と社交の基盤としていた。それらの生活圏には，教区教会や墓地のほか，公共の井戸（泉）や居酒屋などが人々の共同生活を結ぶ核として存在していたのである。

他方，都市の有力者（都市貴族）は，個々の家系の威信と名誉を象徴する塔を備えた石造りの邸宅を構えた。13 世紀以降，イタリア都市では，都市貴族が競って塔状邸宅（カーサ・トーレ）を建てていった。フィレンツェでは 14 世紀に 200，ローマでは 300 をこえる塔が林立したといわれている。しかし，都市貴族の威信を表現した尊大なシンボルは，都市共同体の象徴であった市庁舎の塔（鐘楼）の高さを超えるべきでは

図6-1　14 世紀パリの住居（写真）〔出典：S. ルー『中世パリの生活史』（原書房，p. 172），撮影：杉崎泰一郎〕

図6-2　サン・ジミニャーノの塔のある風景（現在）〔出典：河原，堀越『図説　中世ヨーロッパの暮らし』（河出書房新社，2015，p. 56）〕

ないとされ，塔の高さを制限したり，解体したりすることが都市条例で命じられることもあった。

（2）近隣団体・地縁団体

12世紀以来，商業活動で栄えたイタリアの港市ジェノヴァでは，狭小な都市空間のため多くの家屋が3階建て以上で，密集した空間に数多くの都市貴族の塔が林立していた。有力な都市貴族とその血縁者およびその庇護を受けた者たちからなる集団が，拠点となる地区（街区）を中心に隣り合って居住し，強固な人的つながりをもって生活していた。このように都市の街区においてそれぞれ近隣団体を形成した家集団は，イタリアではコンソルテリーアとよばれており，安全の確保と親密な人間関係によって互いに結びつけられていた。コンソルテリーアがさらに集まって，アルベルゴ（ジェノヴァ），コンプレッソ（ローマ）とよばれる数十の家系集団が形作られることもあった。

フィレンツェでは，中小の手工業ギルド（アルテ）や下層労働者にとって，小教区が社会生活の最も重要な結合の場であった。他方，政治的有力者層は，旗区（ゴンファローネ）を重要な社会的絆の要としており，政治的活動の軸として利用するとともに，配下の都市民の軍役割り当てや都市の祝祭における宗教行列（プロセッション）動員の基本的単位としていた。14世紀フィレンツェの有力な毛織物商であったコルシーニ家の場合についてみると，同家の人的絆は，隣人，親戚・縁者，友人，ビジネス・パートナー，市政役職者，配下の職人など多様な人的ネットワークからなっており，その社会的絆は，小教区，旗区といった地縁的境界を超えて，都市全体へと広がっていた。

アルプス以北の都市では，イタリアにおけるほど強固な近隣団体は知られていないが，北フランスやドイツの諸都市において，都市貴族家系の親族集団（クラン）が，都市の一定の地区で数ブロックにわたり集住していたケース（ランスのコーション家やケルンのオーヴァーシュトルツ家）や，婚姻関係で結ばれた「パレージュ」とよばれる親族集団が，郎党として擁する市民を傘下に加えて一つの地区（街区）に集住していたケース（メッス）などが知られている。このような近隣団体的結合から生じる連帯意識が，中世の都市生活においてさまざまなレベルで醸成された一方で，後述するように都市住民間の紛争もしばしば引き起こされており，暴力沙汰は日常茶飯事であった。都市当局は，そうした都市内における物理的な暴力（喧嘩，殺人，復讐，反乱など）や言葉の暴力（瀆神，中傷など）の問題にさまざまに対処しなければならなかったのである。

2. 都市の宗教的な絆―市民的宗教の展開

（1）兄弟会

中世の都市民は，守護聖人への帰依を媒介とする聖人信仰によっても互いにむすびついていた。兄弟会（信心会）は，そうした聖人崇敬の絆によって相互にむすばれた自発的な俗人の集まりであり，上述した街区や小教区などの地縁的空間における人と人のつきあいを基盤としつつ，形成された宗教団体である。兄弟会は，農村でも生まれたが，都市ではより多様で数も多く，12 世紀後半から南欧世界を中心に，ヨーロッパ全域でその活動が知られている。兄弟会は，同業組合（ギルド）とも重なり合いながら，必ずしも同一の職種，血縁，身分関係などに限られることなく，共通の守護聖人への信仰に基づき，善行を通じて死に備え，来世での魂の救済をもとめた信心と慈愛のためのネットワーク的団体であった。職人や聖職者だけがメンバーの兄弟会や，都市の小教区にメンバーが限定された地縁的兄弟会も存在したが，一般には毎年入会金を支払うことで，身分，職業，居住地域，男女，老若の区別なく参加することができたという点で，同業ギルドよりも広がりをもつ団体であった。

兄弟会の活動は，第1に，典礼的生活と信心の業であった。兄弟会は，特定の守護聖人と彼らが帰依する聖人を祀る祭壇を都市内の教会や修道院にもち，年間を通じて定期的なミサ・祈禱を行うとともに聖人の祝日には宗教行列（プロセッション）を行って聖人の功徳を称えた。

第2に，現世と来世をむすぶ慈愛の行為の実践である。兄弟会は仲間，隣人，同胞の死に際して葬儀と埋葬を共同で実施し，仲間の家族・近隣の病人や貧者，孤児などへ金銭的援助を行った。

第3に，身分や職業を超えた社会的絆の形成である。兄弟会は，それぞれ独自の組織と規約をもち，入会金や年会費の納入，定期的な会合，宴会，守護聖人の祝祭の準備などを通じてメンバー相互の親睦を保つとともに，宗教行列（プロセッション）をはじめとするさまざまな宗教的行事を通じて，教区教会や街区組織，市政組織ともかかわって，都市内の多様な社会集団間の水平的な連帯を促進したと考えられるのである。

兄弟会組織が都市で広がった背景には，中世の民衆的信仰の中核をなした聖人崇敬の隆盛があった。兄弟会の活動の中心には，亡くなった仲間とやがて死すべき自己の魂の来世における救いという目的があり，彼らの帰依した聖人は，そうした救済のための「執り成し人」であった。聖母マリア，「聖霊」，「聖体」（キリストの聖なる身体），キリストの12使徒，そして外敵，災難，疫病からの守り手であるローカルな守護聖人たちに向けられた人々の崇敬熱は，都市社会における「執り成し」と「安全」の願望の大きさを物語っている。

とりわけ人気のあった守護者は，聖母マリアである。シエナやブルッヘをはじめとして聖母マリアを守護聖人とする都市が多かったこともその背景にあるが，マリアは何よりも，人々の苦しみを癒し，罪を悔いて改悛する者の「執り成し人」として人々の心を捉えたのである。マリア崇敬の兄弟会（マリア兄弟会）は，都市全体からメンバーを集め，聖母マリアの祝祭日を中心に，マリアのための讃歌詠唱やミサ，プロセッション，物故メンバーの埋葬や追悼ミサ，弱者への慈善（喜捨）などを主たる活動とした。こうした「讃歌兄弟会」は，13 世紀以降フィレンツェなどイタリア都市をはじめ，スペインやフランス，ネーデルラントなどヨーロッパ各地で相次いで誕生した。

フィレンツェで最大の讃歌兄弟会であったオルサンミケーレ兄弟会は，14 世紀に 3,000 名のメンバーを擁し，1427 年のカタスト評価において，15,000 フローリンの資産を有していた。この兄弟会の主要な活動は，マリア崇敬の促進とともに，フィレンツェ市内全域の貧民救済にあり，1347 年の会計記録によれば，女性や孤児といった「キリストの貧者」のみならず「貧困に陥った世帯」3,770 戸や住居をもたない「無産者」13,000 人にパンや衣類などの施しを行った。そうした救済活動は，フィレンツェの 4 つの行政区ごとに選ばれた兄弟会の担当者によって選択的になされており，非公式な近隣社会のネットワークに基づいていたのである。

フランドルの都市ブルッヘにおいても，14 世紀後半から 15 世紀にかけて「雪のノートル・ダム兄弟会」に代表されるマリア崇敬の兄弟会が 1,000 人を超える市民をメンバーとして発展した。ブルッヘのマリア兄弟会は，マリアの祝祭日だけではなく，ギルドの守護聖人の祝日など都市のさまざまな祝祭日のプロセッションにもかかわるとともに，支配君主であったブルゴーニュ公を兄弟会のメンバーに加え，宮廷と都市の祝祭行事（ブルゴーニュ公の都市入市式など）においても中心的役割を果たしたのである。

他方，聖人の称揚よりもむしろ，現世における人間の罪深さを強調し

図6－3　ヴェネチアのサンタ・マリア・デラ・カリタ兄弟会〔出典：G. Volpe, *La Vita medioevale Italiana*, Rome, 1966〕

て，キリストの苦しみを追体験し，来世での苦しみを和らげるために改悛と贖罪の行為（鞭打ち苦行）を行った「鞭打ち苦行兄弟会」が，イタリア都市において数多く現れた。この兄弟会は，ペストの流行した14世紀後半以降増加し，15世紀のフィレンツェでは，「讃歌兄弟会」とともに兄弟会の半数近くを占めるほど隆盛を極めた。

さらに，兄弟会の構成員の相互扶助にとどまらず，橋の建設（アヴィニヨンの「橋の兄弟会」）や行き倒れの旅人の世話と埋葬（ハンブルクの「慈善兄弟団」），貧者と特定の修道院における奉仕活動（ノリッジの「貧者の兄弟会」）など，他者への援助と救済を目的とする兄弟会も多種多様に存在していた。個々人の来世における救済と現世における利益がむすびつくなかで公共的事業が営まれたところに中世都市の人間関係の特異性を見ることができる。多くの都市において，兄弟会は人々の社会的，地縁的所属の枠を超えて機能し，都市民の日常生活に即した信仰の日常の一つのかたち，すなわち「市民的宗教」を生み出したといえるだろう。

（２）托鉢修道会と兄弟会

「讃歌兄弟会」や「鞭打ち苦行兄弟会」の多くは，13世紀以来都市において積極的な司牧活動を始めた托鉢修道会（フランシスコ会やドミニコ会）の教会に祭壇をおいており，托鉢修道会と密接にかかわっていた。托鉢修道会は，その出発点において，清貧の理念のもと一切の資産をもたず，托鉢行為によって生活しながら都市民に向けた説教を行った新たなタイプの修道会であった。托鉢修道会士は，説教のなかで都市民の経済的諸活動を肯定的に捉え，商業がもたらす利潤や報酬は正当な対価であることを説き，貨幣経済に対してカトリック教会が示してきた否定的見解を修正し，来世における救済に対する人々の不安に応えようとした。特にフランシスコ会は，市民の罪の告白を聴聞し，市民たちの遺言書を通じて彼らの財の遺贈先となるなど，市民の霊的な救済と信仰の内面化に貢献したのである。

托鉢修道会は，また都市における市民層内部の党派的紛争や騒擾が生じた時に，当事者たちに交渉の場を提供して仲裁役を務めるなど広範な市民層の信頼を得て，さまざまな利害集団から構成されていた都市共同体をまとめる役割の一端を担っていた。托鉢修道会は，自発的かつ相互救済をめざした兄弟会による新たな市民的，民衆的信仰の高まりをカトリック教会体制の側から支えたのである。

（３）都市の祝祭と宗教儀礼

中世都市は，演劇的空間を構成していたといわれている。都市民は，都市貴族であれ，商人，職人であれ，日常的にそれぞれの役割を演じつつ生きていたからである。市壁に囲まれた狭小な空間の中で，多様な人々を包摂していた都市では，市民たちは彼らの身分や職業を，服装や言葉，身振りなどを通じて表現していた。市民たちの日常生活のかなりの時間は，街路や広場などの戸外空間や，教会や居酒屋などさまざまな人の行きかう空間で費やされていた。彼らはまた，都市におけるさまざまなイベントの担い手となるとともに観客となった。冠婚葬祭もまた，小教区や街区といった社会空間で営まれたのである。

中世都市の暦は，年間数多くの祝祭日とそれに伴う宗教的儀礼に満ちていた。中世における都市の祝祭は，毎年繰り返される儀礼行為を通じてその都度記憶されるべきメッセージをつくり出すものであり，人々の集合的記憶の中に印象づけるべく意図され，演出された。なかでも都市の守護聖人の祝日に行われた祝祭は，外敵からの都市の自由の守り手として崇められた特定の聖人を称え，さらなる「執り成し」を求める一大イベントであった。都市の聖職者や市民は，守護聖人の祝日に聖人の聖遺物を伴ったプロセッション（宗教行列）という儀礼を通じて都市内をねり歩き，共同体としてのアイデンティティや名誉を称揚した。

たとえばヴェネチアでは，毎年6月25日に守護聖人である聖マルコの聖遺物（遺骨）のアレクサンドリアからの移葬を記念するプロセッションが行われた。都市の代表者（元首）であるドージェを筆頭にヴェネチアの聖職者，貴族から民衆に至る長い行列が，サン・マルコ広場を中心に展開された。そこでは，行列の順序においてヴェネチアの住民たちの階層的序列が明示されるとともに，サン・マルコ広場を中核とする都市住民と都市との一体性が確認されたのである。

アルプス以北の都市でも，プロセッションは，守護聖人のみならずキリストを象徴する聖遺物を崇敬する兄弟会によって盛大に行われた。とりわけ「キリストの聖体」や「キリストの聖血」のプロセッションは，都市の全市民が参加して一定のルートで都市をねり歩く祝祭として，都市外からも多くの人々を都市に引き寄せた。ブルッヘでは，13世紀半ば以降，毎年5月3日に都市の保持する「キリストの聖血」の聖遺物が開帳され，この聖遺物を先頭に，聖職者，都市役人，都市貴族，ギルド・メンバーたちが，ブルッヘの中心をなすブルク広場から出発して，市門を何度も出入りし，都市の市壁の内と外を一周するプロセッションを行った。このプロセッションは，単に都市の内外をねり歩いて人々に聖遺物を開示しただけではなく，都市の市壁の内と外を通過することで何よりもブルッヘという都市空間と都市共同体を「キリストの聖血」によって浄化するという象徴的役割を果たしていたと考えられる。共同体の所有する聖遺物とともに都市をめぐることで，この宗教儀礼は，市壁の外部世界から招来するとみなされた疫病や悪霊，戦争などの災厄から都市共同体を守るという聖なる機能を果たしたといえよう（図6－4）。

プロセッションは，聖人の祝日だけではなく，都市の平和や降雨などを願う「祈願行列」としてもしばしば行われた。ブルッヘでは，そうした「祈願行列」が15世紀の間に80回以上記録されている。このようにプロセッションは，教会暦に基づく諸聖人の祝日に恒常的に行われるとともに，都市の政治的，社会的状況を反映して，その都度都市民を動員して行われており，都市民にとっては，都市共同体への帰属ないし一体性を確認する可視化された儀礼であった。

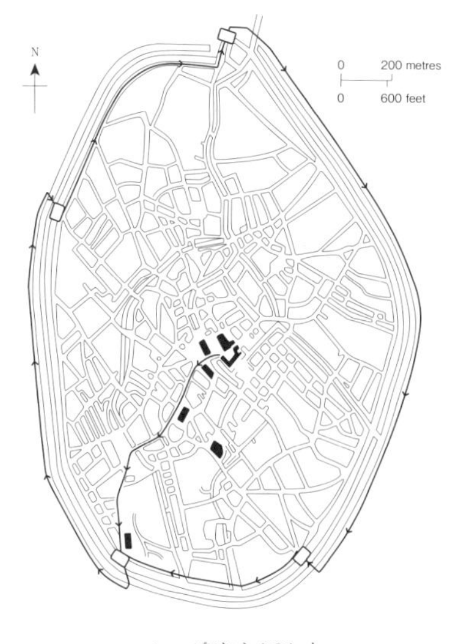

図6－4　中世ブルッヘの《聖血のプロセッション》のルート〔出典：T. A. BoogaartⅡ, *Our Saviour's Blood : Procession and Community in Late Medieval Bruges*, K. Lilley, 2009, p.79〕

3．秩序と無秩序

中世後期の都市では，兄弟会の活動に見られるような都市民の統合とアイデンティティの強化がなされる一方，14世紀半ばの黒死病（ペスト）の襲来や百年戦争などの戦禍を被った。都市経済も財政難に直面し，毛織物工業をはじめとして各部門で落ち込み，収縮経済の時代を迎えることになった。このような都市の経済的危機や市政の寡頭政的体制への不満などを背景として，ヨーロッパ各地の都市で暴力を伴った激しい騒乱が生じたのである。

（1）社会的不和

S・コーンの研究によると，1200年から1348－50年のペスト流行の時期までの150年間にイングランド，フランス，ネーデルラント，イタリアを中心に470件（年平均3.1件），1350年以降1425年までの75年間に621件（年平均8.3件）の都市騒乱が生じており，14世紀後半に蜂起の波は頂点に達したとされている[1]。とりわけ1378年から1382年にかけての5年間は，「民衆革命」とよびうるような民衆反乱の頻発した時期であった。

フランスでは，王権のもとで過酷な徴税を行った国王役人に対する政治的反乱が1378年から，ルーアン，ディジョン，ル・ピュイ，カルカッソンヌ，トゥールーズ，ニームなど北から南までフランス各地の都市で生じた。パリでは，物品税の徴収をめぐる国王役人の専横に対して1382年にマイユ（木槌党）の反乱がおこり，アミアンやランスなど北フランス一帯の都市へと暴動が広がった。同時期のフランドルにおいても，ヘントの手工業者による内部闘争を含みながら，フランス王権に対する反乱（1379－85年）が生じている。

イタリアにおいては，フィレンツェの毛織物商人組合の政治的支配と徴税システムに抗議した梳毛工（チョンピ）を中心とする下層賃金労働者の蜂起が生じた。ドイツでは，1380年代初頭に，リューベックなど北部ハンザ都市やライン都市ケルンにおいて，肉屋を中心とする中産手工業者（アムト）層が下層民を取り込んで蜂起している。イングランドでも，ワット・タイラーの乱（1381年）に端を発した民衆蜂起は，ロ

1　S.K. Cohn, *Lust for Liberty. The Politics of Social Revolt in Medieval Europe, 1200-1425*, Cambridge, 2006, pp.228-229.

ンドン，ウィンチェスター，オックスフォードなど周辺都市に及んだ。

このように，この時期，ヨーロッパ各地で同時多発的に広範な都市民衆反乱が生じたが，反乱の担い手が下層民というよりも肉屋，大工，公証人，代訴人など中産市民層がリーダーとなったケースが数多く見られ，14 世紀後半における都市社会の不穏な状況を示唆している。

15 世紀に入っても都市反乱は絶えることはなかった。フランスでは，富裕商人，法曹家，国王役人らによる都市の寡頭専制的支配に対する中産層以下の市民の不満が爆発したといわれている。暴動は街路から生まれ，暴力は財産や権力の保持者に対して振るわれた。憎悪の対象は，都市の名望家，徴税請負人，高利貸（ロンバルディア人），ユダヤ人，富裕な聖職者などに向けられたのである。

（2）都市環境

一般に市壁に囲まれていた中世都市は，狭小な空間に多くの人々が集住しており，都市当局は治安の問題とともに，道路や建物の状態や衛生環境，隣人関係など生活の諸領域に関して対策を必要とした。「市壁によって閉じ込められた都市は，塵芥の中で孤立する」（B・シュヴァリエ）といわれるほどに，中世の都市環境が極めて不潔な状態であったことは疑いのないところである。

街路

とりわけ多くの人間が行きかう都市の街路は，泥や汚物やごみで極めて不衛生な状態にあった。フランス王権の都となっていた 12 世紀末のパリの街路について，『サン・ドニ年代記』に記述された有名なエピソードをここで挙げておこう。

> ある時，国王（フィリップ2世・オーギュスト）は，（シテ島の）王宮にいて，なすべき仕事について考えに耽っていた。彼は，部屋の窓のひとつに近づき，ときおりそうするように，セーヌ河を眺め，気分の転換をはかった。その瞬間，道を通行する二輪馬車や四輪馬車が街路を駆け抜けていき，道路に充満していた泥や汚物をかき混ぜ，巻き上げたので，耐えられないほどの悪臭が沸き起こり，王の居る窓辺にまで立ち昇ってきた。このひどい悪臭を嗅いだ時，彼は胸がむかつきそうになって，窓際から離れた。…そこで，パリの奉行（プレヴォ）や市民（ブルジョワ）を呼びだし，彼らに，この町のすべての街路と道路を大きく堅固な砂岩で十分かつ念入りに舗装することを命じた。

実際，フィリップ2世の命令により，パリの右岸の主要な街路は，舗石により舗装された。また，ロンドンのメイン・ストリートの舗装も，13世紀末のエドワード3世治下で行われている。街路の舗装の必要性は，13世紀以降活発となった都市の食糧や手工業製品・原料の荷馬車輸送の需要に応じるためであったといわれている。頻繁な交通に耐え得る堅固な舗道の維持は，市壁や市場（広場），橋などの公共施設とともに，都市当局にとっては，道路税や通行税で賄うべき都市財政の重要な費目となっていった。とはいえ，パリをはじめ多くの都市では，15世紀においても限られた主要な道路以外，狭さと不衛生により街路は常に問題を孕んでいた。

衛生問題

また，肉屋や蝋燭製造，皮なめし，織物の染色や縮絨など，都市の主要な産業による悪臭や河川の汚染は，都市の環境を著しく損なうものであった。さらに，都市の衛生環境において問題であったのは，豚をはじめとする家畜が都市でも飼育され，放し飼いにされていたという農村的慣行である。豚は，汚物やごみも貪欲に食べるため，道路の清掃に役立ったが，同時に交通にとっても，その臭気と不潔さによっても危険な存在であった。そのため，都市内での豚の飼育を禁止する王令や都市条例が 14 世紀以降フランス都市において頻繁に出されたのである。

都市の住民が塵芥や排泄物を街路や河川に投げ捨てたため，都市の汚染が著しかったことも都市文書においてしばしば記録されている。都市生活にとって欠かせない飲料水と下水の問題も都市当局による管理の対象となっていた。こうした街路・河川の汚染や，水の管理，居住地域の隣人関係などにかかわる「公衆衛生」問題に対してヨーロッパ各地の都市当局は，13 世紀以降さまざまな法令（条例）を通じてその改善をめざした。とりわけ，都市環境にかかわる規定がいち早く，詳細なかたちで公布されたのは，古代ローマ以来の都市的伝統をもつイタリア都市であったことは偶然ではないだろう。シエナ，ボローニャ，フィレンツェなどでは，13 世紀から上述したごみ処理問題や，道路管理を担当する都市役人が存在し，都市条例（シエナ：1262 年，ボローニャ：1288 年など）によって，街路や河川の衛生管理を行い，公道や河川へ汚物その他不潔なものを不法に投棄したり，汚水を流したりすることの禁止と違反者に対する科料が詳細に定められたのである。

建築規制

中世都市と今日の現代社会に通底する問題として，都市の住居問題を挙げることができる。中世都市では狭小な道が多く，密集して建てられた建物の隣人間で生じたトラブルをめぐり，イタリアやドイツの諸都市では 13 世紀末以降，建築条例が発布され，さまざまな規制が行われた。都市自治の進展とともに，建物を管理する部局が都市当局のなかに設けられ，都市建築の過密化に伴う弊害を緩和し，除去することがめざされた。都市生活における最大の問題の一つは，都市で頻発していた火災による家屋の延焼であった。そのため，耐火性の建築材料の使用や防火壁の設置など防火を促す規定がさまざまに盛り込まれた都市条例がヨーロッパ各地の都市(リューベック，ブルッヘ，チューリヒ，ルッカなど)で出されている。都市の過密化は，また日照，悪臭，騒音，廃水などをめぐる近隣住民同士の紛争を引き起こしたが，こうした建築条例には，日照権や採光権，下水処理などの問題について各種の制限や解決のための手続きが盛り込まれ，都市当局がそうした住民間の問題解決を意識していたことをうかがわせる。

都市景観と美観意識

都市の過密化により損なわれやすくなった都市の景観や美観の保持に関する意識が，中世後期のイタリアやドイツの建築条例に見出されることも注目すべきことであろう。たとえばフェッラーラの 1287 年の都市条例の前文では，「人々の健康のために，そしてコムーネの美のために」条例を定めると明記されており，コムーネの都市の美観に対する関心の強さを知ることができる。シエナの 1297 年の建築条例は，カンポ広場周辺の家屋の高さ，幅，色を統一して規制し，防火のための建築材について詳細な規定を含んでいた。ドイツでも，15 世紀のウルムやニュルンベルクなどの建築条例において，新築の建物の高さや階数を抑え，屋根の高さやかたちをそろえること，敷地の細分化や家屋の細分化を抑制するといった都市の美観維持を意図した措置がとられた。都市環境の公共性を意識したそうした条令の発布は，いまだ都市空間の計画的整備といった全体的視点に立つものではなかったにせよ，都市景観の改善を促す要因となったといえるだろう。

(3) 暴力の抑止とモラル規制

都市の暴力

都市は，人々の社交の場，コミュニケーションの場として機能しており，広場，教会，ギルドホール（会所)，市庁舎などの公共的空間のほかに，数多くの宿屋・居酒屋，公衆浴場，娼家が存在した。ヨハン・ホイジンガは，著書『中世の秋』において中世の人々の「衝動的，激情的性質」を強調している。そうした気質を背景に，暴力行為が中世都市の犯罪において高い割合を占めていたことは，中世都市の秩序の問題を考えるうえで重要である。居酒屋と公衆浴場に代表される「遊興の世界」は，暴力と不法な賭博の場であった。飲酒と遊蕩にふける興奮のなかで，その場限りの連帯から多くの騒乱や夜間の犯罪が行われたのである。中世後期の都市において，日々の暴力と犯罪は，異なる階層の者同士ではなく，むしろ同じ境遇の人々の間で生じており，都市統治者側の徴税システムに対する都市蜂起に見られたような広範な住民を巻き込んだ連帯意識が，賃金労働者などの「下層民」たちの間で常に醸成されていたわけではなかったことにも注目しておこう。

中世都市では，「戦う者」としての騎士ばかりでなく，商人や職人なども何らかの武器（短剣やナイフ）を携行することが一般的であった。教会の聖職身分の者でさえ，武器携行の慣習から無縁ではなかった。独身の若者集団である大学に集う学生を含めた聖職者もしばしば街路での喧嘩沙汰にかかわっており，俗人であれ聖職者であれ，若年人口の割合の高い都市において暴力行為の脅威は極めて大きかった。こうした都市の犯罪と暴力に対処すべく，パリでは 13 世紀以来王令によって，騎馬と徒歩の警吏がシャトレ裁判所の管轄下で編成され，同業組合のメンバーとともに日中の見回りを行った。

特に，夜間の都市には多くの危険が潜んでおり，公的秩序の転覆の可能性を秘めていたため，王権や都市当局によって治安の維持が図られた。多くの都市では，夜警隊（夜回り）や警備隊が組織されていった。市壁の警備と市内の通りの夜の巡回は，市民の義務であり，同業組合のメンバーにより交代で警備が行われたのである。パリでは，国王の命により

図6－5　15世紀シエナにおける托鉢修道会士聖ベルナルディーノの説教〔出典：河原，堀越『図説　中世ヨーロッパの暮らし』(河出書房新社，2015，p.107)〕

組織された夜警隊が同業組合の夜警を支援したが，大都市パリの治安を十分に維持することは困難であった。都市の警察機構が制度化されるには，フランスでは16世紀後半のムーランの王令（1567年）を待たなければならない。

暴力行為を回避するためには，都市内の人的絆も重要であった。北フランスやフランドルの都市では，喧嘩や殺人などの当事者たちの間で和解を仲介する「調停人」「仲裁人」の制度があり，また同業組合や兄弟会による仲間内での敵対行為，暴力を抑制する試みも行われた。中・北部イタリアのコムーネでは，小教区ごとに教区民から選出された「監視役」（カペラーノ・デ・ポーポロ）が教区における暴力行為をコムーネの司法長官であるポデスタに告発する役目を負っていた。

都市当局は，毎年托鉢修道会の説教師にも悪徳に対する非難と平和のための説教を依頼していた。15世紀のフランシスコ会士シエナのベルナルディーノによる説教は，とりわけ有名である(図6－5)。ペルージャにある彼を祀った礼拝堂には，ベルナルディーノが，暴力の犠牲者に奇跡的な治癒や蘇生を施している図像が残されており，聖人による都市の守護という，前に述べた中世のトポス（定型表現）がここでも見出せる。

犯罪と社会規制

上述したような身体的暴力行為とともに，窃盗，偽証，嬰児遺棄，讀神，冒涜行為など種々さまざまな「犯罪」に対して，都市は王権や領邦君主とともに，その対応を迫られた。フランスでは，13世紀以降，王権により罰金刑，身体刑，追放刑を骨子とする刑罰の体系が整えられはじめ，都市における社会的規制の強化がめざされた。B・ゲレメクは，14世紀末のパリのシャトレ裁判所の犯罪審理記録（1392－94年）から窃盗の処罰の比率の高さや，処罰された犯罪者に手工業者や奉公人が多いといったパリの中下層民の犯罪傾向を読みとっている[2]。

都市における犯罪の増大は，14世紀以降頻発したペストや戦乱などの災厄による社会的，経済的危機を背景に，農村から流入した多くの未熟練労働者が都市で職や住居をもたない浮浪の民となっていくという状況を反映していた。物乞いは，中世初期以来「キリストの貧者」とされ，犯罪者とはみなされてこなかった。しかし，14世紀半ば以降，物乞いは，働かない浮浪者として犯罪者と同一視され，ヨーロッパ各地で彼らを規制する法令が発布されるようになった。1351年に出されたフランス王ジャン2世の勅令は，その代表的なものである。

> 多くの人々が，男も女も，パリ市内において…無為に過ごし，また何らかの仕事をするために自分の体を使うなどという意思もなく，物乞いをしており，また他の者は，居酒屋や娼婦宿に入り浸っているので，以下のことが命じられる。あらゆる種類の無為徒食の輩，賽子博徒，街頭の歌唄い，浮浪者，物乞いは，…男であれ女であれ，身体および四肢が健全である限り，この（勅令）の呼び触れから三日以内に収入を得ること

2　B. Geremek, *The Margins of Society in Late Medieval Paris*, Cambridge, 1987, pp 47-53.

ができるような必要な労働に就くことを求められ，さもなければ，パリ市内から立ち退くべきである。

イングランドでは，エドワード3世の労働勅令（1349年）が，60歳以下の労働可能な男女に働く義務と定められた賃金での労働を課すとともに，労働を拒否する身体健全な物乞いに喜捨を施すことを禁止し，不服従の者に厳しい罰を定めている。カスティリャ王国，ポルトガル王国，ドイツの領邦君主たちもまた同様の勅令を発布した。

王侯権力に続いて，都市も個別の都市条例において物乞い，浮浪行為に対する規制や労働義務を明文化し始めた。1370年に発布されたニュルンベルクの「喜捨条令」（10か条）は，都市当局により物乞いが認められた貧民とそうでない者の区別，都市の「物乞い監督官」による貧民の登録と取り締まり，よそ者の物乞いに対する対処などを規定しており，都市当局による貧民の限定と規制が意図されていた。法令の効果の実効性はともかく，中世社会で長らく称揚されてきた「貧困」と「物乞い」の理念は，この時期以降ネガティブな存在へと変容する。身体的弱さのために援助に値する「良き貧民」と身体壮健な物乞いという援助に値しない「悪しき貧民」の間で道徳的区分がなされ，労働の義務が新たなモラルとして意識されていった。こうした法令は，何よりも都市における貧民の増大を反映し，貧民との緊張関係において制定されたものであり，共同体の秩序と安定した人間関係の維持が意図されたのである。

モラル規制

中世都市における社会規制の試みとして，キリスト教の教義と密接にかかわったのは，性道徳をめぐる問題であった。アウグスティヌス以来の神学者・聖職者により，売春行為は「罪」であるとしながらも，「より悪しき罪」から免れるための必要悪として黙認されてきた。都市当局もまた，教会イデオロギーに従い，13 世紀から娼婦の活動を都市の一定領域に限定しつつ，公的管理のもとに統制しようと試みた。公営の娼館の設置は，その方策を体現したものであった。実際，14 世紀半ばから 15 世紀にかけて，イタリア，ドイツ，フランスなどで，都市当局の管理する娼館が設置されていった。都市当局にとって，公営の娼館は都市の収入源となる一方，中世後期における都市の平和と秩序の維持すなわち「公益」（bonum communem）の一環として観念されたのである。そこには，売春を「罪」としながらも，「犯罪」とはみなさず，実利を得た中世後期の都市エリート層の両義的モラル意識がうかがえるのである。このように都市社会の一部に組み込まれたとはいえ，娼婦自身は，一般の「名誉ある女性」とは衣服のコードの差異化などを通じて区別され，都市社会における周縁的な存在となっていった。

性道徳をめぐり，より厳しい扱いを受けたのは，男色（ソドミー）行為である。男色は，14 世紀以降の甚大な人口減少を背景として，神により定められた生殖の摂理に反し，社会の再生産を危機に陥れる反社会的行為，神に対する冒涜行為とみなされた。13 世紀以降，男色行為は，異端とむすびつけられ，領邦や都市の世俗当局者も教会の要請に応えて処罰（火刑）を定めていった。15 世紀には，フィレンツェ，ヴェネチア，ブルッヘなどにおいて男色の罪で数多くの訴追がなされた。こうした「性的逸脱行為」への処罰は，それが賭博や瀆神行為とともに，キリスト教共同体としての都市において公的秩序を揺るがす脅威と意識されたことを示している。

以上，見てきたように，中世都市は，何よりもキリスト教的共同体としての理念によって統合されるべき空間であった。その共同体的理念にとって不適合な「他者」は，周縁化され，排除の対象となった。上述した物乞いや娼婦，男色者のほか，ユダヤ人やレプラ患者（ハンセン病者）

などさまざまな負の印（しるし）（スティグマ）を負った人々がそうしたカテゴリーに組み込まれ，差異化されていった。排除というかたちの暴力は，キリスト教徒内部の統合と差異化された他者に対する怖れを通じて中世後期の都市社会を覆った。それは16世紀の宗教改革期に入るとさらにキリスト教徒内の教義をめぐる争いとして，また新たな無秩序と動揺を都市にもたらすことになるのである。

参考文献

池上俊一・高山博編『宮廷と広場』刀水書房，2002年
池上俊一『公共善の彼方に―後期中世シエナの世界―』名古屋大学出版会，2014年
河原温『ブリュージューフランドルの輝ける宝石』中央公論新社，2006年
河原温『都市の創造力』岩波書店，2009年
河原温・堀越宏一『図説中世ヨーロッパの暮らし』河出書房新社，2015年
河原温・池上俊一編『ヨーロッパ中近世の兄弟会』東京大学出版会，2014年
斎藤寛海・山辺規子・藤内哲也編『イタリア都市社会史入門―12世紀から16世紀まで』昭和堂，2008年
徳橋曜編著『環境と景観の社会史』文化書房博文社，2004年
ヨーロッパ中世史研究会編『西洋中世史料集』東京大学出版会，2000年
ジャン・ヴェルドン『図説 夜の中世史』（池上俊一監修）原書房，1995年
ニコル・ゴンティエ『中世都市の暴力』（藤田朋久・藤田なち子訳），白水社，1997年
エルンスト・シューベルト『名もなき中世人の日常―娯楽と形罰のはざまで―』（藤代幸一訳），八坂書房，2005年
シモーヌ・ルー『中世パリの生活史』（杉崎泰一郎監修/吉田春美訳）原書房，2004年
ジャン=ピエール・ルゲ『中世の道』（井上泰男訳），白水社，1991年
ジャック・ロシオー『中世娼婦の社会史』（阿部謹也，土浪博訳），筑摩書房，1988年
S. K. Cohn, *Lust for Liberty. The Politics of Social Revolt in Medieval Europe, 1200-1425*, Cambridge, 2006.
B. Geremek, *The Margins of Society in Late Medieval Paris*, Cambridge, 1987.

J-P. Legay, *Vivre en Ville au Moyen Age*, Renne, 2012.
K. D. Lilley, *City and Cosmos. The Medieval World in Urban Form*, London, 2009.
M. Rubin, *Cities of Strangers. Making Lives in Medieval Europe*, Cambridge, 2020.

研究課題

(1) 中世都市で兄弟会が果たした役割とはどのようなものだったか，考えてみよう。
(2) 中世都市における暴力は，都市民にどのような結果をもたらしたのか，考えてみよう。
(3) 中世都市では，どのような社会的規制が都市民に科されたのか，考えてみよう。

7 中世都市と学問

池上俊一

《目標＆ポイント》 大学と読み書き算盤を教える初等学校を中心に，知・学問のセンターとしての都市について考える。
《キーワード》 パリ，ボローニャ，アベラール，修道院，司教座聖堂付属学校，大学，法学，自由学芸，ゴリアール，托鉢修道士

1．はじめに

この章では，中世都市と学問の関係について考えてみよう。

古代ギリシャでは，ポリスの政治形態や社会制度と学問が緊密にむすびついていた。中世ヨーロッパにおいても，13 世紀から主要都市につぎつぎ設立された大学が，中世初期の修道院に替わって学問のセンターになったばかりか，都市文明展開の主要な動因にもなった。

もともと教育は，古代末期より教会の専権であった。12 世紀の公会議は司教座聖堂付属学校を普及させることを定め，司教座聖堂参事会の聖職禄の一つが学校教師に割り当てられた。司教座聖堂付属学校は都市内の聖堂参事会の禁域の中にあった。そのいくつかは輝かしい成果を挙げ，大学のもとになった。また托鉢修道会にも多くの studia（学院）がつくられて，そこでラテン語，論理学，神学，歌謡を教授して修練士を養成した。

大学は当初から教皇や公会議，そして君主の関心を惹（ひ）いてきた。だが大学の設立・運営が，地域権力と私的イニシャチブに任されることもし

ばしばあった。また各都市には，こうした普遍的で高度の教養を習得させる大学だけでなく，いわば実学として，文法・修辞などの個別教養諸学を教える学校ができたし，契約書や証書作成で需要が高まってきた公証人の養成学校もあった。

2．修道院から都市へ

では，大学はいかなる経緯をたどって都市の中に成立したのだろうか。

（1）修道院での教育内容

5世紀後半，ゲルマン民族が移動してきてローマ帝国の西半が解体すると，教育諸制度におけるキリスト教会の役割はいよいよ大きくなり，やがて修道院がヨーロッパで唯一の知のセンターとなった。そこでの教育は神に仕えるための霊的教育であり，黙想を通じて神の観想にたどり着くことが目標に掲げられた。修道院に預けられた子どもは読み書きを学び，その後聖書テクストの学習に移行する。彼らは宗教儀礼に参加できるよう，詩篇集を諳（そら）んじた。

修道士や司教ら教会人は，世俗文化や異教文化とキリスト教文化の両立不可能性を感じたため，大半の修道院においては聖書や教父作品の学習のみが認められた。しかし中世初期の政治家・著述家であるカッシオドルス（485頃－580年頃）が設立したヴィヴァリウム修道院での教育のように，一部の修道院では古典文化も学ばれた。6世紀からは布教活動・福音化がまた新たに進んで異教の文物への反発が拡大したため，説教師は修辞家・雄弁家である必要はなく，田舎じみた表現でも，単純な神の仔羊たちに天の栄養を与えればよいという，アルル司教カエサリウスのような考え方が広まった。ただし古典文化・自由学芸は，若者が行政・管理職に就くには大いに役立ったので，ラテン語の文章とレトリックなどの使用を求める気運も根強かった。古典文化をどう扱うかは，当該王国・地域の君主の方針によって変わったのである。

(2) カロリング・ルネサンスと修道院付属学校

フランク王国における「カロリング・ルネサンス」は，ピピン短躯王のもと，聖ベネディクト戒律を普及させ，布教を拡大しようという宗教改革から始まり，カール大帝に引き継がれていく。カールは聖書を改訂・再検討させ，バラバラだった典礼を統一しようとした。また彼は，人民の知的・道徳的レベルを上げることをめざし，カピトゥラリア(法令集)を発して，修道院付属学校，司教座聖堂付属学校，小教区学校をつくらせた。これらの学校は聖職者にも俗人にも開かれた。

この時代，以前とは異なり修道士は古典文化にも接近できるようになった。彼らは古典テクストによって，ラテン語の語尾変化や動詞の活用を覚えたのである。質の高い教育をするために，修道院学校と並んで，宮廷学校が設立され，そこにイタリア，スペイン，アイルランド，アングロ・サクソンの一流の学者らが招聘(しょうへい)された。

カロリング・ルネサンスから11世紀まで，修道院付属学校はヨーロッパの知の光源となり，修道院が古代文化の守り手としての役割を果たした。その写字室では，古代の写本が筆写され図書室で保管された。異教のテクストもキリスト教のテクストも，ともに保存されたことが重要である。当時最も令名をはせたのは，ノルマンディーのベック修道院，ブルゴーニュのクリュニー修道院，パリのサン・ヴィクトル修道院やサント・ジュヌヴィエーヴ修道院などであった。

(3) 司教座聖堂付属学校の繁栄

ついで12世紀には都会にある司教座聖堂付属学校が栄え，修道院学校を凌駕していく。司教座聖堂付属学校は聖堂参事会員の養成に役立った。そこの教師は，「教授免許」licentia docendi を得た学者であり，12 世紀末にはこの許可は，司教座聖堂のカンケラリウス（文書局長）によって付与された。彼はまた学生・教師に対して強い裁治権をもっていた。原則として授業料はなかったが，学生らは代わりに教師にプレゼントを贈った。

シテ島にあったパリの司教座聖堂付属学校では，学生らの一部はますますカンケラリウスや司教の権威，そして厳しい規律が我慢できなくなった。12 世紀から外国人はもう学校に宿泊せず，別の所に住み，そこで復習教師のサービスを受けることが多くなった。彼らは居住地からセーヌ左岸に通うようになり，こうしてシテ島の司教座聖堂付属学校に対抗する「大学」が，左岸の学生と教師によってつくられていくのである。生活のため物乞いを余儀なくされた学生もいたが，多くは彼らのために設立された奨学金・給費に頼った。13 世紀から奨学生は学寮（コレギウム）で共同生活を送ることになった。そのうち最も古いものの一つがロベール・ド・ソルボンが神学部学生のためにつくった「ソルボンヌ」学寮である。1208 年頃，パリでは勉学をする若者にボン・ザンファン（良き子どもたち）という名が与えられ，2 つの「ボン・ザンファンのコレギウム」があった。

もう一つのフランスの卓絶した司教座聖堂付属学校はシャルトルのもので，これも後の大学へとつながっていく。この学校は，1020 年頃，司教フルベルトゥスが建て，そこには，シャルトルのベルナルドゥス，シャルトルのティエリ，コンシュのグィレルムス，ソールズベリのヨハネスら著名な学者が集った。シャルトルでの研究・教育は，自由学芸のうち 4 科（算術・幾何・音楽・天文）と，自然学に力点があった。だが，増えつづける学生を支えきれず，ほかの学校のような自律性ももち得ずに，12世紀後半には衰退していった。

3. 大学の誕生

都市においては，11・12世紀になると，学問・知識習得への欲求が広い市民の間に高まっていき，専門的な学校も含めて，諸種の学校ができた。そして「12世紀ルネサンス」と称される文化運動とそれを支えたアラビア語からラテン語への翻訳活動とともに，高度な学芸が発展していった。上述の司教座聖堂付属学校以外でも，サレルノでは医学，ラヴェンナではローマ法が復興して体系的な研究が始まった。

(1) 法学教育の重視へ

11世紀後半から12世紀前半にかけて，神聖ローマ皇帝をはじめとする世俗君主とローマ教皇が対峙した「叙任権闘争」では，帝国・王国と教会の関係を決めるべく法学（ユスティニアヌス法）が重要になった。また都市は，自治権を獲得・拡大していくなかで，皇帝や教皇などの上級領主からの自律をめざして法学を活用しようとした。都市内部においても，ギルドをはじめとする諸団体が叢生して，それらの実定法（都市条例など）による規定もしなくてはならなかった。契約や証書作成のために公証人がますます数多く必要だったし，司法官の需要もあり，彼らの養成には，都市における法学教育が欠かせなかった。

(2) 大学誕生の2パターン

こうして神学に加えて，必要性が痛感されるようになった法学を教授する「大学」として，パリ大学とボローニャ大学がまず最初に誕生した。はっきりとした年代は不明だが，制度として実現したのは12世紀後半だとされる。パリ大学が教師中心，ボローニャ大学は学生中心にできたことが知られており，ほかの各国の多くの大学は，これら 2 大学をモデルとして派生した。パリ大学の影響を受けたのは，オクスフォード，オルレアン，アンジェ，ランスなどであり，ボローニャ大学からは，ヴィチェンツァ，アレッツォ，パドヴァ，シエナ，ペルージャ，フィレンツェ，ピサなどの大学が生まれた。たとえば 1240 年に大学が設立されたシエナでは，ボローニャでの 1321 年の騒動によりそこの大学の教師・学生らが亡命してきた結果，大学が発展していった旨，都市年代記などに記されている。

こうした「派生」によるもののほか，普遍権力として自信を深めた皇帝および教皇が，互いに対抗しつつ「設立」する大学も，13 世紀には現れた。皇帝フリードリヒ 2 世が設立したナポリ大学（1224 年），そして教皇グレゴリウス 9 世が設立したトゥールーズ大学（1229 年）がその代表である。14 世紀にはさらに傾向が変化して，両普遍権力による允許（いんきょ）を得つつ，コムーネや君公による設立も多くなっていった。

最初期の代表的大学として，ボローニャ大学とパリ大学を検討してみよう。

（3）ボローニャ大学

大学の「起源」は，11 世紀末のボローニャにあるといわれてきた。というのも，まだ制度は固まっていなかったものの，実質的に教会の学校から独立した自由な高等教育がボローニャで始まったのが 1088 年だからである。この町でもともと文法・修辞・論理の教師だったが，新たに法学を学び講義し始めた最初の人物としては，イルネリウスが知られている。彼のローマ法の教授・注釈者としての活動形態は，すぐにボローニャを越えてほかの都市にも伝わった。

1158 年には，イルネリウスの弟子とされる 4 名の法学者が，フリードリヒ１世によりロンカッリアの議会に招かれて意見を開陳したが，うち３人が繊細な註釈をもって帝国に好意的意見を述べた結果，バルバロッサ（フリードリヒ１世）はハビタ憲法を発して，学生団体としての大学の設立を認めた。また帝国としては，勉学のために旅する学生をあらゆる政治権力の侵害から保護することを決めた。かくして大学は他の権力から独立した研究の場となり，それは大学史にとって重要なステップであった。

ボローニャ大学の誕生については，児玉善仁の詳しい研究がある（『イタリアの中世大学――その成立と変容』名古屋大学出版会，2007年刊）。しばしば遠くの地域からボローニャ大学にやって来た学生たちは，市民としての保護・特権はもちろんなく，法的保護の代わりに，学生たち同士が支え合う互助組織すなわちコンソルティアを結成して身を守った。この組織は，宿屋の確保，教師やさまざまな商人との交渉に際して頼りになった。

もう一つソキエタスという組織もあった。こちらは教授契約を中心とする教師と学生の組織であり，いわば教師を「父」とし，周りに「子ども」としての学生たちが集まる家族的な組織であった。当初，これら２つの組織は並存していたのだが，やがておなじ言葉を話し，おなじ国や地域出身の学生が集うことが利害保全のために必要となって，コンソルティアの発展形態としてナティオ（国民団）ができる。また教師を中心とするソキエタスはこうした流れのなかで弱体化していった。

このナティオから，ウニウェルシタス（大学）が発展していくのである。ナティオは，もともと病気・怪我や死亡時の相互扶助，困窮者の救済，団員間の友好・親睦のためにあり，教育や研究はそこに含まれていなかった。一方ウニウェルシタスには，教育をめぐる事柄，その統制のための目的もあって，学生らが団結したのである。ウニウェルシタスはナティオの代表者が運営する団体だが，団体として教師と契約するかたちになり，個人対個人ではなくなった。しかし次第にコムーネによる介入を受けるようになり，学生が自由に教師を選出することができなくなっていった。

ボローニャでは，12世紀末から13世紀初頭にかけて，教育への権限をもつ大学（団）が法人組織として形成されると，それにつづいて13世紀半ばにかけて2つのコレギウム（学寮）ができた。市民法およびカノン法のコレギウムである。そこでのコレギウムとは，地方都市権力とむすびついた学位授与を行う組織であり，ウニウェルシタスが，神聖ローマ皇帝やローマ教皇の普遍的権威による保護・後見を受けるのとは対照的である。コレギウムは後に「学部」へと転身していく。

その後ボローニャでは，14世紀からは法学生のほかに，自由学芸生artistiという，医学，哲学，算術，天文，論理，修辞，文法を学ぶ学生がいた。1364年からは神学教授も始まる。さらに15世紀にはギリシャ語とヘブライ語の講座ができ，16世紀になると自然魔術＝実験科学も登場した。哲学者のピエトロ・ポンポナッツィは，1511年からボローニャ大学で自然哲学・道徳哲学を教えた。当時ボローニャで活躍した今一人の代表的学者はウリッセ・アルドロヴァンディで，彼は研究対象を当初の論理学・哲学から薬学や動物・化石，自然の驚異にまで広げ，また標本を蒐集分類したことでも知られている。

（4）パリ大学

パリ大学も，その誕生の年月を明確に定めるのは不可能である。目安となる年代を挙げてみると，12世紀初頭，スコラ学者ピエール・アベラール（1079－1142年）のため，フランス王国文書局長エティエンヌ・ド・ガルランドが，サント・ジュヌヴィエーヴ修道院の中に司教権から免れた学寮（コレギウム）をつくった。1200年にはフィリップ尊厳王が教師と学生に司法特権を与え，彼らは兵役やいくつかの課税を逃れた。1215年には，教師と学生の共同体が規約を手に入れた。それは司教座聖堂のカンケラリウス（文書局長）のロベール・ド・クルソンが，教師の身分や，学科とプログラムを定めたものであった。こうして実質的にパリ大学が生まれた。さらに1229年には司教とフランス王妃に対峙する学生のボイコットと教師のストライキがあった。そのため大学は2年間麻痺したが，1231年になるとグレゴリウス9世が教勅で，教皇のみに所属しその保護下に入ることを定め，教師と学生に知的・法的な独立の特権を与えた。「パリ大学」Universitas parisiensis との表現は，1260年にようやく出現する。

当初このパリ左岸の「大学」は，特定の建物に依拠しないウニウェルシタス，つまり教師と学生の「共同体」としてしばらくつづいた。物理的実体がないのは，弱点のように思えるが，特定の建築物がないからこそ何処にでも好きに移動できたし，共同体の凝集性を高める動機にもなった。

それでもウニウェルシタスは空間に位置づけられた。すなわちそれは，まさに「都市的空間」にであり，それが田舎にぽつんとある修道院付属学校と異なる点であった。すでに12世紀のアベラールは，知的活動と都市生活との結びつきを引き合いに出していた。彼の学生たちは，パラクレ修道院（フランス中北部，現在のオーブ県にあった）にいる時には，退屈し都会を恋しがったというのである。学問と都市との結びつきこそ，都市社会の発展の一様相であるとともに，そこで行われねばならない知的労働の定義の一部を成した。都市でも田舎でも行われる，肉体労働との違いである。大学には，当初，特別な固定した場所はなかったが，それはともかく都会のものなのである。

しかし都市内で大学の占める空間は徐々に固定していき，パリではやがて 20 人以上の教師が，その教導権をプチ・ポンとモーベール広場の間の空間，カテドラルと丘の坂の 2 つの修道院との間で行使するようになった。ソールズベリのヨハネスは『メタロギコン』で，この一定の場を埋める若々しい人々の運動の様を描いている。

12 世紀末からあった学寮の数は，13 世紀半ば以降になると，ますます増えていく。学寮はすべて，川の南（左岸）にあった。最初は律修聖職者の施設だったのが，やがて 1250 年からは俗人による設立の波が拡張していく。1250－1300 年に 12 の施設ができ，ついで 1300－1350 年にも 27 以上ができた。その後この勢いは弱まるが，それは政治的不安定や時代の災厄のせいであった。

学寮（コレギウム）は教育カリキュラムや学習段階の認定を行っていたが，そこから進んで教師の任命権をも有する現職教師の会議・団体になったのが学部（ファクルタス）である。学部としては 4 学部すなわち神学，法学，医学，自由学芸がパリ大学にはあった。自由学芸の学部は予備的知識を授けるものとされ，ほかが上級 3 学部に位置づけられる。授業は教科書講読が基本で，それに加えてその理解を助けるための註解書講読があり，また講義のほかに討論を通じて問題を掘り下げ，弁証法の原則，推論の方法を実地に練習した。

学位を授けられた者は，その分野を教えることができるようになる。学位は，大学での教授ポストを得る以外に，司法官，行政官になるに際しても役立った。最初は学士の学位しかなかったが，ついでより上位の博士号ができた。これらの学位は審査でパフォーマンスを繰り広げて得られた。大学は学位を授けることで，所有者の知的能力を保証し，教育を批准した。

初期の大学ではキャンパスや大学独自の建物はなくとも，コレギウム設立が大学制度・組織の可視性を高めていった。また大学は，次第に重要な権力をもつようになる。まず，いくつもの関連職業，つまり羊皮紙業者，製本業者，写字生，彩飾者，本屋，ついで紙屋などが，大学の「宣誓ギルド」métiers «jurés» として大学当局の管理に服するようになったのである。彼らは宣誓するときに保証金を払い，彼らの職業にかかわる係争は学長の裁判所に属した。そして大学は左岸で，裁判権を行使できることになっていくのである。

4．放浪学僧と托鉢修道会の役割

学生たちは，都市においてどんな生活をしていたのだろうか。もちろん勉学熱心で，めでたく学位を手にする学生も少なくなかったであろうが，説教師は，たいてい，学生たちを強く非難している。曰く――学生らの心は泥沼に浸かり，もっぱら司教座聖堂参事会員としての収入と世俗的な事柄，また己の欲望に向けられている。訴訟・喧嘩好きな彼らの間に平和はない。多くは武器をもって町を歩き回り，市民を攻撃し家に押し入り女たちを辱める。犬や女，その他いろいろなものについて仲間内で争い，タンバリンやギターの音，下品な言葉をまき散らす。大学へ行っている間の自分の受け取る収入だけ望んでいる学生もいる。教室で居眠りをし，残りの時間は居酒屋で飲んだり，夢想している。一度として家に帰らず怠惰のうちに聖職禄（学生への給費）の利益を得つづける…と。

（1）ゴリアールのプロテスト

しかしこうした学生たちのうちに，一種の青春賛歌を歌う詩人・歌人がいた。住居を定めずあちこち放浪しながら生活の糧を見つけ，苦学する貧しい放浪学僧，いわゆる「ゴリアール」と称される者たちであった。

彼らは，12 世紀に出現し，13 世紀の後半まで盛んな活動をした。

彼らのつくる詩作品としては，『酒飲みのミサ』や『博打打ちのための聖務日課』のように，聖書，聖母マリアの讃歌，ミサ典文などの教会の聖なるテクストをパロディにするものが目立った。ほかによく知られた作品は，『マルク銀貨による福音書』という題目の教皇への風刺，高位聖職者の高慢と無精と欲張りを描いた『司教ゴリアスの告白』，女性蔑視の風刺詩『持つべきではない妻について』などである。

彼らの活動の場は，大学周辺，都市の酒場であり，やはり「都市的環境」と不可分であった。ゴリアールらの詩は，常に生彩溢れてきびきびしている。彼ら血気盛んで知識もある若者は，権力を笠に着たり陋習に染まった大人たちが許せなかった。特に彼らは教会の一員であったからこそ，なおさら教皇や高位聖職者，修道士らを辛辣に非難したのであり，だから彼らの歌は，ヨーロッパ最初の教会への「反抗の歌」と評価できるのである。

それが可能だったのは，なによりも都市が発展してそこに国際的な知的センターとしての大学ができ，多くの若く貧しい若者が集まって，才能と情念をぶつけあっていったからだろう。教会当局は 13 世紀前半から，フランスでもドイツでも，教会会議を開催して彼らを厳しく譴責し，聖職を取り上げさえしている。彼らは学生・聖職者というより，あちこちさまよい歩く放浪者・無頼漢であり，芸人・遊び人であり，道化であると追及された。

(2) 托鉢修道会とその神学校

ゴリアールとはうって変わって，勉学熱心な集団として大学にかかわったのが托鉢修道士らであった。托鉢修道会は 13 世紀前半に誕生後，すぐに学問を非常に重視するようになった。ドミニコ会の創始者聖ドメニコは学問をその戒律の中心におき，教えを広め信徒たちを救済するためには，勉学で準備すべきで，文法，哲学，神学を学ぶことが霊的生活を支えると考えていた。説教活動に役立つのは神学のみであったとしても，修道院での勉学では，修道士らは自由七科や自然学も学んだ。

パリでは，若い勢いの大学の魅力に引かれて，ドミニコ会とフランシスコ会が定着する。彼らは在俗聖職者同様，司教権からは距離を取りたくて，左岸に居を定める。神学教師のジャン・ド・バラストルが彼らにサン・ジャック門近くの家を譲って，ドミニコ会の定着を後押しし，そこには間もなく彼らの修道院ができた。フランシスコ会はより西，アルプ通りの反対側に，居住場所が見つかった。豪華ではないが，宏壮で多くの人が住み着いたこれらの修道院は人々のイマジネーションを刺激し，パリ大学の神学教師ギョーム・ド・サン=タムールなどは，それを「高邁なる建物」Alta aedificia と表現した。彼らの教育の卓越と野心は，やがて大学の在俗聖職者との競合・対立を招いた。

パリには優秀な学生用に托鉢修道会の神学校ができたが，ほかにオクスフォード，ケルン，ボローニャ，ナポリにも同様な神学校があった。これらの学校はそのヒエラルキー，教育実体，プログラムなどが大学の引き写しであり，しかも大学制度と一体化しようとした。その要望は，教皇の支援もあって受け容れられた。だが托鉢修道会士らは神学部にのみ属し，そのうえずっと自分の修道会から抜けることはなかった。つまり彼らは大学の指示に従わず，修道会の長にのみ従うので，在俗教師の職や学生を不当に奪うように思われて，在俗教師は不平を唱えて司教らに訴えた。

13 世紀から新しい托鉢修道会の修道院の多くは，1 名ないし 2 名の講師を擁して，彼らが「学院」で教えた。もともとは自分の修道会の修道士に対して教育していたが，大学の学部の聴講生も聴講できるようになった。ドミニコ会やフランシスコ会の学院のうち最も重要なものが大学の神学部と統合された。学院には多くの学生が通い，その博士らは栄光に満ち尊敬されていた。両修道会の幹部は神学博士・学士の称号をもっていたし，分院長，管区長，修道会顧問，説教師もそうであった。

5. 市民の教養向上

都市での教育は，大学の高等教育のみではなかった。商業を営む家では，読み書き算盤の初等教育の必要性が痛感されるようになった。そこで最初は教師が自分の家などを私塾として商人・手工業者の子弟を教えていたが，やがて学校が開校すると，子どもたちはそこに通うようになった。12世紀半ば以降，市民の子どもらの教育のため読み書き算盤の知識を広めようと，都市当局のイニシャチブで学校設立が進められたのである。フランドルやイタリアなどの商業先進都市では，初等学校の設立が顕著であった。

（1）フィレンツェの初等教育

とりわけ有名なのはジョヴァンニ・ヴィッラーニの語るフィレンツェのケースである。彼が記しているところでは，1338－39年，8千から1万人の男の子・女の子が読み書きを習い，算盤・算術については男の子が1,000ないし1,200人，6つの学校で習っているという。13世紀から，フランスやドイツでも大きな町には必ず初等学校があった。

しかし全体からすると，教育を受けられる子どもの数は多くはなかっただろう。教育に恵まれた子は，6歳くらいから読み書きを始めて数年間がんばり，2年ばかり算術学校で学んでから徒弟として親方に入門するのが通常のルートであった。ちなみに当時の「算盤」とは，木板や石板などに縦横の刻み目を入れてそこに小さな玉をおいて計算する道具である。女性にはあまり教育は勧められなかったが，それでも，彼女らも母親として子どもたちの教育に貢献した。すなわちお菓子や果物の切れ端で文字をつくったりして，子どもに文字を教えたのである。

（2）市民に広まる書記文化

こうして読み書きの需要とともにその能力のある者が増えていくと，書記文化が発展し，それと同時に人々の書物に対する考え方・感じ方も変化していった。都市においては，哲学や論理学，神学だけでなく，医学や法学，幾何学，天文学などあらゆる学問分野の研究が，書物・テクストに頼って行われるようになった。必ずしも知的エリートではない商人家庭でも，ミサ典書や聖人伝・時禱書（俗人のための個人用祈禱書）などの宗教関連書ばかりか，俗語文学や技術書などの書物が好んで読まれた。さらにイタリアでは，「覚書」と総称される，家計簿と日記に子どもたちへの訓戒を兼ねたような書物を，家長自らが書き記すようになったのである。

もちろん手写される「本」が知識人らの養成にかくも重視されるようになったのは，大学での購読を主体とする授業方法と分けては考えられなかった。大学で使われる本は，かつての修道院や教会所有の宗教関連書と異なり，「ペキア」という分冊形式のものであった。学生は書籍商から必要な本のペキアを借り，数人で分業して筆写した。そしてそれらが流通し，分散して広まっていったのである。貸し出し用の模範本を所有する「教科書業者」stationarius が，大学やそのメンバーと連携し，都市組織の中にしっかり組み込まれて営業した。

かつて修道院での写本作りは，神に仕える敬虔なる行為であり，贖罪の業でもあったが，都市の大学と結びついた本屋・印刷所の仕事は，商売であり，まったく意味が変わってきた。12 世紀から 13 世紀にかけて，分業体制で大量の文書・書物がつくられて，社会に広まるようになった。こうして13世紀以降の都市においては書記文化が成長し，大学やその学生，あるいは伝統的に書記と結びついた職業(判事，公証人，聖職者)の枠を越えて急拡大していった。ラテン語に加えて，俗語が書き言葉の言語になったのももちろん読書の拡大を後押しした。ここに一般市民すなわち，商人や職人，芸術家，そして女性たちまでが，読者層の環に加わるのである。

大学での勉学を途中で放棄した膨大な数の人々，あるいは小さな文法学校のみで学んだ者，さらには学校の教師，外科医，理髪師，代訴人，弁護士，司祭，あらゆる種類の書記，公証人らがいた。彼らこそ，学問的教養の適用から生ずる影響を日常生活で体験し，圧倒的多数の民衆と常住触れ合っていた者たちであった。こうした小さな教養を積んだ人々が夥(おびただ)しく現れることによってこそ，都市の文化は飛躍し成熟していったのである。

参考文献

ジャック・ヴェルジェ（野口洋二訳）『ヨーロッパ中世末期の学識者』，創文社，2004年
児玉善仁『イタリアの中世大学——その成立と変容』名古屋大学出版会，2007年
清水廣一郎『中世イタリア商人の世界——ルネサンス前夜の年代記』平凡社，1982年
C. H. ハスキンズ（青木靖三・三浦常司訳）『大学の起源』法律文化社，1970年

研究課題

(1) 大学はどのような状況下で成立したのか，考えてみよう。
(2) 放浪学僧（ゴリアール）の主張について，考えてみよう。
(3) 都市と学問の密接な結びつきについて，考えてみよう。

8 中世都市の音風景

池上俊一

《目標＆ポイント》 農村とは異なり，中世都市は音に溢れていた。とりわけ信号音に着目して，都市の音風景を考察する。
《キーワード》 パリ，ブルッヘ，環境音と信号音，鐘，喇叭，都市楽師，触れ役，呼び売り

1．はじめに

車も飛行機もまだ発明されておらず，テレビやオーディオ器機もない中世においては，いわゆる「環境騒音」は今日よりずっと少なかっただろう。しかしだからこそ，風の音や獣の鳴き声，樹々の葉の擦れ合う音さえもが，くっきりと聞き分けられるほど，人々は音に敏感になっていたと考えられる。

都市は多数の人間が集まっているだけあって，農村部よりもはるかに雑多な音がどよもしていたはずだ。行商人らが町中を歩き回って大声で商品の宣伝をしたし，人々の話し声も，市場や教会でそれが多く重なればうるさく響いたことだろう。祭りともなれば，歌舞音曲や観衆・聴衆の喚声が，耳を聾するほどだったはずだ。ほかに人間や動物の足音，動物の鳴き声，職人工房からの音，建築現場や舗装のための工事の音などが鳴っていたことだろう。さらに水流近くでは，水車の回るカタコトという音も絶えず聞こえていたと想像される。

こうした環境音のほか，言葉に代わるメッセージとしての音，すなわ

ち「信号音」も，中世の都市では不可欠であったし，相当大きく響いていたことだろう。最も重要で遠くまで伝えられる信号音が，宗教的用途から発生した「鐘の音」であり，それに加えてやや遅れて現れたのが，もっぱら世俗的な「喇叭(ラッパ)の音」であった。これは夜警や門番などの警護者における合図というだけではなく，儀礼やお触れなどに伴って，権力者の意志を伝える役を担っていた。そしてこれら鐘や喇叭を補足するのが，人間の「声」であった。

都市における信号音を，鐘，喇叭，声の順に眺めていこう。

2. 鐘の音

ヨーロッパを旅行していて，異郷にやって来たと強く感じるのは，朝夕，遠く近くの教会から鐘の音が聞こえてくる時だ。日曜や祭日にはより華やかな音の共演がある。この鐘の音はまさに中世に遡(さかのぼ)る，キリスト教徒皆にとって最も重要な「音」になっていた。

農村の小教区教会には小さな鐘が吊り下げられていたが，都市ともなればその規模や力に応じて，市庁舎に複数鐘が設置されたし，もちろん都市の街区ごとの教会・礼拝堂にも，都市に定着した修道院にも，鐘は必須の備品であった。後には大学やギルドなどの団体にも，教会外のお勤めの必要やギルドホールでのビジネス・商取引の時間を知らせるための鐘が認められることがあった。中世の人々は，どこの鐘が鳴っていて，なぜ鳴っているのか，鳴らし方によってそれぞれの意味を知ることさえできたであろう。

（1）鐘の登場と宗教的用途

鐘は南イタリアで，6－7世紀に登場し，ついでヨーロッパ中の司教座教会など大きな教会へと伝わったようだ。さまざまな宗教儀礼の合図，聖体拝領や説教の開始を知らせるために，あるいは信徒らを聖職者・修道士とともに祈りに導くために，遠くに届く大きな「音」が必要となったからである。そしてカール大帝時代には，ほぼヨーロッパ全域で鐘の鋳造が進められた。銅と錫の合金の青銅が基本だが，それにさまざまな金属を混ぜて音色の工夫をした。合図の種類がかぎられないよう，中世を下るにつれ，教会や修道院は，小型の鐘から大鐘まで，大小いくつもの鐘をとり揃えて，音色や音量を各種出せるようにした。

これらは「教会の鐘」としてまとめられる，まさにキリスト教信仰と不可分の鐘であるが，その鐘には，いかなる用途があてがわれたのだろうか。都市の住民にとっても，キリスト教徒であるからには「教会の鐘」の音は大事であった。ここではまずそれを見ておこう。

第１に，鐘はキリスト教典礼・聖務日課にかかわる儀礼的な音を発した。聖務日課の際の鐘の音は，教会や修道院の外にまで響くので，周辺住民たちも，その音を耳にして敬虔な気持ちで祈りに和したであろう。やがて特定の祝日——たとえばクリスマスや復活祭週間，聖霊降臨祭——の盛儀が鐘の音で区別されるようになり，さらに細かな式次第への対応も，徐々に確定していく。7つの秘蹟（神の恩寵の印としての儀式）のうちでも最重要な聖体の秘蹟では，聖体奉挙（聖別されたパンを高く揚げて見せる行為）などの時に特別な鐘鳴らしをして，教会に来られない信徒が，内部の人々の祈りと礼拝に和することのできるように，との心遣いがなされた。

第２に，より一般信徒の生活に身近だったのは，生誕，結婚，葬送など，人生の重要な節目ごとの儀礼に伴う教会の鐘であった。ほかに特別な鐘として，アンジェラス（聖母マリアへの夕べの祈りを促す鐘）や，悪魔撃退・魔除けの鐘なども挙げておこう。

（2）都市の鐘とその役割

都市民にも，これらキリスト教の鐘はことごとく大切であるが，ここでより注視したいのは，都市独自の鐘の登場とその役割である。11－12 世紀に都市が成立し，自律性を高めていくと，その多くは上級領主から自治権を獲得するだけでなく，またさまざまな点で教会とも競い合うようになる。そのなかで，鐘を設置しそれを鳴らす権利も，都市は教会から譲り受けたのである。最初は教会の鐘を，世俗権力が典礼や宗教儀礼以外――たとえば外敵の危険を知らせるなど――にも用いるという一種の「流用」から，鐘の世俗的利用は始まったのだが，次第に世俗用途の鐘を認めさせ，それどころか都市独自の鐘をもつようになったのである。

そうした都市用の鐘は，高い塔，カテドラルなど主要な教会の塔に教会のものとは別に設置したが，加えて多くの場合，市庁舎にも鐘楼が造られて，そこに最も重要な鐘が据えられるようになった。13 世紀から 15 世紀にかけて，ヨーロッパ中の都市において同様な動向があった。やがて鐘は，都市のアイデンティティの象徴となり，それを有することが，国王や皇帝が許可する自治権の象徴となった。だから各都市は鐘を守るのに必死になり，敵対都市を屈服させたらまずは鐘を奪いあるいは毀(こわ)したのであった。王は都市への懲罰として，鐘をもつことあるいは鳴らすことを禁止した。

ではつぎに，中世の都市の鐘の主要な用途にはどんなものがあったのかを，検討しよう。それは，大別して 2 つあった。

そのうちの一つは，「召集の鐘」である。使われるのは都市が所持する最も重要な鐘=バンクロッシュ（バン，つまり罰したり命令したりできる権力の鐘）で，たいてい市庁舎脇か上の鐘楼に吊り下げられていた。大火・洪水・外敵接近などの非常事態に全市民（または武装可能な者すべて）の援助を得るために，バンクロッシュおよびほかの鐘が鳴らされた。全市民集会に諮るべき案件――都市の行政官の政治的決定や都市法の変更の市民による批准など――が生じたり，王侯が町に来たときに鳴らされる表敬の鐘も，この召集の鐘であった。

おなじ召集の鐘でも，全市民に向けたものでなく，会議や選挙で評議員だけを召集する時は，バンクロッシュは鳴らされず，別の鐘が用いられた。裁判の開始・終了，刑の宣告，処刑などの際の鐘は法権力の誇示であり，全市民を召集するわけではなく，関係者のみであった。

こうした鐘の音を聞いた者は，どこにいようとただちに決められた場所，中心広場や市庁舎に集合しなければならず，怠れば罰金などの刑を受けた。鐘の音とその打法は，市民たち共有の知識で，何のための鐘か，聞けばすぐにわかるようになっていた。

もう一つの種類の鐘は，「時間指示の鐘」である。教会や修道院の鐘も，聖務日課に合わせて鳴らされ，時間表示になり得たが，都市では都市生活にマッチした時間指示が必要になったのである。市門の開閉，商人・職人の営業開始と終了，市場の開閉などの際に鳴らされるのである。

職業活動の終わりと契約・租税支払いなど法行為の終わりを告げる鐘は，キリスト教の「夕方の鐘」（晩禱）と同期していた。市門を閉じ夜の開始を告げる鐘は，その時点から居酒屋での賭け事・遊び，そして武器携行が禁じられた。それは，平和と静穏を命じる鐘であったといえる。都市当局は，教会とは別に，独自に，市民らに時間ごとの行動を規制する強制力あるメッセージを指示するようになり，それを実現したのが，都市のいくつかの鐘，とりわけ時計台の鐘であった。それは間もなく機械時計と組み合わされて，より正確な時間を刻むだろう。

3．喇叭の音──ブルゴーニュ公の場合

都市における大きな音としては，今述べた鐘が筆頭であるが，鐘はもち運びできず，とても手軽な道具とはいえなかった。そこでもう一つの「楽器」が，やはり権力者の「声」の代理，および儀礼の不可欠の道具として，ヨーロッパ各地の都市に登場してきた。喇叭である。特に宮廷の所在地の都市ではそうであった。

（1）宮廷儀礼における喇叭

喇叭は，「戴冠式」「入市式」「結婚式」などさまざまな宮廷儀礼や，王侯の公式行事を盛り上げるために使われた。14世紀後半のフランスの年代記作者フロワサールによると，フランス王の戴冠式の際に，何十もの喇叭が，明澄かつ素晴らしい音色で壮麗に響き渡ったようだ。結婚式についても，多くの喇叭の音が鳴り響くが，たとえば，1420年にイングランド王ヘンリ5世とフランスの王女カトリーヌの婚儀がトロワで執り行われた時にも，音楽の競演で華やかに盛り上げられた。貴婦人らの四輪馬車の前で，さまざまな形の喇叭，その他の楽器が何百となく列をなして鳴り渡ったという。

君主は，支配下の都市に折々，巡幸して勢威を示した。それを「入市式」と呼ぶのだが，その際には，自分が伴った楽師たちが，目的の都市の楽師たちと協力して喇叭を鳴らした。歓迎時と出立時がとりわけ華々しく喇叭が鳴り響く機会であった。それはまさに音による力・支配力の誇示であった。君主を迎える入市式の準備を整えるのは，当然，都市側の義務であった。都市当局者は地元やほかの所で楽師・音楽家を雇い，あるいは宮廷音楽家に特別に奉仕を依頼する時には，その報酬を支払った。歓迎時には，音楽家らは市門の頂上で演奏してその下を訪問者が通

り，また君主の宮殿の前の広場でも演奏した。

ブルゴーニュ公を例に，もう少し解説しよう。

1430年1月8日にオランダ南西部スロイスで結婚した後ブルッヘに入城したフィリップ善良公（在位1419－1467年）とイザベル・ド・ポルテュガルを歓迎した際に使われた喇叭は，120本とも164本ともいわれる。町全体が喇叭の音に包み込まれ反響に揺れるほどだった…。

ブルゴーニュの詩人・年代記作者のジョルジュ・シャトランによると，1456年8月，フィリップ善良公がユトレヒトに入城した時，喇叭が吹き鳴らされ，市門から中心広場まであらゆる通りに朗々たる音を響かせて，市民たちの耳を峙(そばだ)たせた。その夕方，多くの祭儀・宴会が催され，豪華な活人画などの出し物があり，夥(おびただ)しい喇叭の大音響が轟いた。そしてブルゴーニュ派の領主たちは，毎晩見張りをして，夜中，同様な大音響が鳴り渡った，ということである。

喇叭（トランペット）は，たいてい銅製であり，特別にデラックスなものは銀製であった。王侯はいくつ銀製の喇叭をもっているかで競いあったが，都市でこれを所持しているのはまれであり，ブルッヘのようにそれを備えていると大威張りできた。

（2）音と権力のプロパガンダ

ブルゴーニュ公国の宮廷社会のような階層化された社会においては，権力をいかに強大で華々しい見掛けにしようかと配慮された。その際，音楽は単なる娯楽ではなかった。権力者によって，いわばオーケストレーションされた小世界の音風景が，とりわけ荘厳な入市式や行列で実現したのである。音は，権力をもつ者の専有物であるべきで，身が縮むような大音響を響き渡らせる君主に，住民らが平伏するのである。だからたとえば征服した都市への入市式では，迎える側は，まず沈黙するか，そうでなければ静かな音の楽器を細々と鳴らし，意気揚々と入ってくる側が大音響を鳴らす習いであった。喇叭の大音響は政治的プロパガンダの道具であり，その音によって，町を領有することを感覚的に誇示したのである。それを入市式という特別な儀式でことさら行うのであり，喇叭の音が大きければ大きいほど，君主の力は巨大だと臣下らによって信じられた。

もちろん入市式以外でも喇叭は活用された。たとえば，ブルッヘで毎年恒例の最も主要な行列は，5 月 3 日の聖血行列であった。これは 1305 年かそれ以前に制定されて，遅くとも 1315 年には喇叭奏者が従った。行列に参加する 6 人の街区代表の「隊長」が，2 つの喇叭と 1 つのショーム（オーボエ属の楽器）の楽師グループを率いたのである。もう一つ，5 月の大市（おおいち）（5 月初頭から聖霊降臨祭まで）は，ものの売り買いで広場は大忙しだが，当局は群衆を鐘楼からの喇叭の音楽で楽しませた。

4．都市楽師――フィレンツェを例に

都市における権力者が執り行う各種儀礼・祭りに伴ったこうした「音楽」の大半は，trombadori（喇叭隊）によって演奏された。「都市楽師」という制度についてやや詳しく考察するために，今度はイタリアのフィレンツェに目を注いでみよう。

皇帝や諸侯の専属特権であるような，儀礼における喇叭の使用は，当初，都市に対しては厳しく抑えられていたが，都市がさまざまな特権を得ていくなかで，独自の喇叭隊をもつことができるようになった。

フィレンツェは，12 世紀末には神聖ローマ皇帝による支配の重圧を振りほどいて，自治都市としての実を得ていく。皇帝のコントロールが最終的に終わったのは，フリードリヒ 2 世の亡くなった 1250 年であった。そこで都市内の権力は，ポデスタ（司法行政長官）から，ポポロ（平

民）下のギルド，そしてその代表たるプリオーリ（執政官）へと移る。さらにシチリアの晩鐘事件（1282年シチリアで生じた島民のアンジュー家に対する反乱）でアンジュー家の軍事・政治力が弱体化すると，ふたたびギルド中心の体制が強化され，1283年には本格的にプリオーリらに最高権力が移譲されていく。このプリオーリが実権を握るようになった時，彼らに仕える楽師もさまざまな儀礼に動員され，史料に登場するようになるのである。ここで活躍する楽師には，「喇叭隊」と「触れ役」がいた。

（1）喇叭隊とその変遷

フィレンツェの「喇叭隊」trombadoriというのは，さまざまな公的行事に儀礼的な華やかさを加えるために13世紀にできた，都市楽師＝器楽アンサンブルである。6人の長い直管トランペット（喇叭）——フィレンツェでは常に銀製——奏者，1人の木管リード楽器チェンナメッラ——これは音楽史ではふつう「ショーム」とよばれている——奏者，1人の一対シンバル奏者cimbalellarioの組み合わせが，当初から基本であった。3年任期（のち1年になる）で，この8人体制はかなり長い間つづいた。

1304年にケトルドラム奏者（naccherario）がアンサンブルに加わる。これは一対の小さなケトルドラムを，ベルトの周りか馬の首の周りに掛けて使うものだった。さらに1317年に小型喇叭が，喇叭隊に加わる。1380年代には，小喇叭隊ができて独立するのだが，それまでは，ずっと小喇叭が喇叭隊の中にいた。この小喇叭の加入によってより高い音が出せるし，長い大きな喇叭と組み合わせれば，低音と高音が混ざり合い，いろいろな音が出せ，儀礼や行列で大いなる効果を期待できたということだろう。

1356年にはバグパイプ奏者が喇叭隊に加わり，1380年代までつづいた。1380年代にはバグパイプは喇叭隊からは引き離され，新たにできた高音と低音のショーム演奏者から成る笛隊に加わった。ちなみにバグパイプは，しばしばショームとのデュオでの演奏姿や，さらにダンサーとともに演奏される様が絵に描かれている。ということは，おそらくはさまざまな機会，特にダンスが行われる時に，バグパイプはショームと組んで演奏するのが通常だったのだろう（図8−1）。

図8-1　1449年頃のニュルンベルクの都市楽師（ショームが中心）。シェーンバルト祭（カーニバル祭）に際しての肉屋ギルドのダンスのために演奏している。〔出典：http://www.townwaits.org.uk/pictures/nberg 1449.jpg〕

（2）都市の名誉を代表する楽師

フィレンツェの政権代表の目に見える権威として，彼らはあらゆる公的機会に現れた。都市の役人たちが公衆の前に登場する機会には，常に彼らの姿があった。彼らはさまざまな公的行事，外国客人の歓迎や儀礼的な行列で執政官に同行したし，あるいは都市代表の役人やその使節が他国を訪れるときに，同行することもあった。

喇叭隊の楽師らは，市内での演奏などの義務のほか，馬を所有すべきであり，それは主に都市外での仕事のためだった。都市外へと出掛ける機会には，軍事的な仕事もあれば，外交的な用務の時もあった。こうした都市外での仕事には特別手当が付いた。楽師たちは市内の近いところに集まって住んでいたようである。

彼らは都市の誇り・名誉であり，したがって，皆都市の美しいお仕着せを着用し，そのユニフォームは1年に2回，クリスマスと，聖ヨハネ祭に着替えられた。それは，内側と外側にフィレンツェのシンボルたる百合の花模様が縫い取られている袖無し外套を含んでいた。また彼らは1年に4回，新たな軍旗を与えられるが，それも白地に赤い百合を描いた紋章旗で，自分の喇叭にぶら下げるのであった。

（3）触れ役

上記の喇叭隊とは別に，やはり一種の喇叭隊ともみなせる触れ役らがいて，誓約し給料をもらっていた。彼らは喇叭を携えて，法令や開戦の布告，戦勝パレード，貴顕の生死，捨て子，重要人物の来訪，農場の競売，穀物と貨幣の公的レート，評議会や全体集会への召集，市門の開閉，見張りの組織など，多方面にわたる公的なニュースを報(しら)せた。

また彼らは，「正義」の代表でもあった。この「青銅」ないし「銀」の声＝喇叭の音は，犯人の悪行を告げ，また処罰の間中吹き鳴らされた。住民の注目を集めて犯罪人を見世物にするためだろう。またその音は犯人を辱め，また共同体からの追放，訣別を確固たるものにするとも考えられた。

どこでどのようにお触れするかについても規定があった。フィレンツェの触れ役は，ポデスタ，ポポロ隊長，他の役人の触れをするのが仕事であった。都市の街区（六分区）の各々の8箇所でさまざまな布告，叫喚告知をすべきであった。触れのやり方とは，自分にあてがわれた六分区の，決まった広場や十字路に赴き，まず喇叭を3回吹く，そしてその音で，家や職場にいる市民を集める。いったん皆が集まると，その前で触れをを行うのである。それが済むとつぎの所に行っておなじことをする。

触れ役は，隣接都市では 12 世紀半ばからいたことがわかっているので，おそらくフィレンツェでもその頃からいたと推定される。フィレンツェの触れ役は 6 人で，それぞれの六分区に 1 人ずつ，単色（緑か深紅色）の制服を着て，それは 1 年に 2 回着替えられた。そして首の周りに触れ役の印たる銀の飾りを付けた。

彼らは高く綺麗な通る声をもっていることが必須だったが，ほかの要件として，教養があって読み書きでき，また郊外や田舎に行って触れをするために馬をもっていないとならなかった。また彼らは小さな銀の喇叭をもっており，そこにはポポロ隊長の標章のペナントがぶら下がっていた。つまり「白地に朱色の十字架」である。

5．呼び売りの声

12 世紀末特にフィリップ尊厳王の治下のパリには，すでにいくつかの市場があった。フィリップ王は 1183 年に，それらを拡張・再整備した。その後の王たちも市場の拡張と整備に努め，そのおかげでさまざまな職種の者が店を出せるようになった。大きな市（いち）には，サン・ラードル市——これはシャンポーに移された——と，サン・ジェルマン市，ランディ市の 3 つがあり，最後のものが最も重要だった。王は陳列料を徴集し，パリのすべての商人にこの市に参加するよう強要した。市には外国からも商品が集まったし，大道芸人，道化らが人を集めた。大学関係者は毎年このランディの市に盛大に赴いて，羊皮紙などを買いに行った。学生らは 2 人ずつ並んで行列してパリを横切り，横笛や喇叭を鳴らして進んだ。

商品は市場で売り買いされるだけではない。町中をあちこち歩き回って商売する多くの呼び売り業者がおり，特に食料や食器，衣服などを扱った。

(1) パリの呼び売り

商人らは朝から晩まで,「叫び声」で町を賑やかにした。13世紀の詩人ギョーム・ド・ラ・ヴィルヌーヴが, その作品「パリの呼び売りの声」で, 当時のパリのほとんどあらゆる職業を紹介している。夜明けになるとまず蒸気風呂屋の下僕が動き回って叫ぶ,「殿方よ, 風呂にいらっしゃい, 遅滞なく蒸気風呂に, 風呂は熱いよ, 嘘じゃないよ…」と。ついで魚屋, 鳥屋, 肉屋のほか, 蜂蜜, 卵, ニンニク, タマネギ, チャーヴィル, サラダ菜, モモ, ナシ, リンゴ, チェリー, 葱, はしばみ, クリ, ワラ, エシャロット, キノコ, カリン, コショウ, バターとチーズ, ワイン, ウーブリ (お菓子) など, 各食品ごとの行商が行き交った。チーズ売りは,「シャンパーニュの美味しいチーズだよ, ブリーのもあるよ」と叫び, 女性商人は小麦粉とミルクを叫んで売り歩く。またウーブリ売りは夕方籠にウーブリ, ゴーフルなどのお菓子を一杯入れて白いナプキンで覆ったものをもって, 叫びながら歩き回った。食品ばかりではない, そこにさまざまな種類ごとの衣服売りが混ざったし, 家具や皿, 古鉄, 古靴, 薪, 炭, 灯心, 石鹸, 花売りなどもいた。

(2) 物乞いの叫び

最後に托鉢修道会, すなわちドミニコ会, コルドリエ会, アウグスティノ会, サシェ会, カルメル会所属の, またボン・ザンファンのコレギウム, フィーユ・ディユ (「神の娘たち」という半聖半俗の娘たちがいる一種の施療院), カンズ・ヴァン (盲目の貧者のための施療院) などが, パリに物乞い係りを派遣して, 僧院・施療院のためのパンを求めて叫んで回らせた。また広場では, 香具師や大道芸人が演芸台の上や色とりどりの絨毯の上で芸を演じたり, 大げさな大旅行譚や冒険や夢の国を語ったりする。彼らは薬草の効能を述べ立て, 万病に効く薬を売ったりもした。

パリをはじめとする大都市は，まさに自分たちとその商品や芸をアピールする叫び声でどよもしていた，うるさい環境だったと想像される。

参考文献

上尾信也『楽師論序説――中世後期のヨーロッパにおける職業音楽家の社会的地位』国際基督教大学比較文化研究会，1995 年

パウル・ザルトーリ（吉田孝夫訳）『鐘の本――ヨーロッパの音と祈りの民俗誌』八坂書房，2019 年

Timothy J. McGee, *The Ceremonial Musicians of Late Medieval Florence*, Bloomington-Indianapolis, 2009.

Reinhard Strohm, *Music in Late Medieval Bruges*, Oxford, 1990.

研究課題

(1) 中世都市には日常，どんな音が響いていたのか，考えてみよう。
(2) 鐘の音と喇叭の音の権力とのかかわりについて，考えてみよう。
(3) 中世の行商人は，どんな呼び売りの仕方で客をひきつけたのか，考えてみよう。

9 中世都市の祭りと民衆文化

池上俊一

《目標＆ポイント》 中世都市では，1年を通じてさまざまな祝祭が行われた。これらの祭りや市民が興じた遊びから民衆文化の意義を検討する。
《キーワード》 カーニヴァル，異教とキリスト教，民衆文化，仮装行列，シエナ，パリオ，ニュルンベルク，サイコロ遊び

1．はじめに

ハレとケの交替は，古今東西どの社会にもあっただろう。ハレの機会には，日常の生活（ケ）は中断されて，共同体の住民は特別な時間を過ごすことになる。それはたいてい「祭り」という形態をとった。

農村の祭りは，なによりも自然のリズム，農作業のリズムに沿うものであったが，都市の祭りには，農村から由来したものであれ，キリスト教関係のものであれ，都市社会の価値体系を露わにして強化する，そしてそれぞれの時期の権力と支配階級の特権を見せつけるという特徴があった。そして都市当局は，しばしば祭りとりわけ演劇などの出し物の準備・運営を，ギルドや兄弟会，若者組などの都市内の団体に任せた。彼らはこうした機会を捉えて団体構成員の連帯を強め，自分たちの存在価値を誇り，それを目に見えるかたちで祭りの参加者・観衆に示したのである。

祭りは中世最大の娯楽の機会であり，新調した服，仮面や帽子，赤や緑や金ピカのリボンを付けた人々が喜びに満ちて，日々の生活リズムか

ら外れた時間を楽しんだ。何千人もが都市の街路，四つ角に入り込み，日常を破るさまざまなスペクタクルに夢中になった。沿道で活人画や行列を見物し，ほかに騎馬槍試合，奇跡劇や聖史劇，愉快な風刺劇などの演劇も人気だった。

祭りにはたいてい異教の風習，民衆文化が現れているが，その多くはキリスト教と習合し，あるいはエリート文化との混淆（こんこう）の結果であった。また一時的な秩序の停止，ヒエラルキーの逆転があるとしても，最終的にはむしろそうした秩序を刷新して強固にする結果をもたらした。

2．祭りとカレンダー

中世都市における主要な祭りには，どんなものがあったのだろうか。宗教的祭日としては，全キリスト教世界のものと地域的なものとがあった。前者には，キリスト昇天と使徒らの祭り，復活祭と聖霊降臨祭，クリスマス週間などがあり，ほかに聖人祭として，毎月さまざまな聖人を祀る祭りがあった。地域的・地方的な祭りの多くは，その地で崇められている聖人にかかわるものであった。中世においては，大きな祭りは全部で30くらいあり，それにさらに10ばかりのものが加わり，1年に80－85日が祭日であった。

（1）キリスト教の主要な祭り

クリスマスは，農民・異教の祭りとして，ローマ時代の太陽崇拝がもとになっていた。家族が暖炉の前に集まり，陋屋（ろうおく）もヒイラギの葉や常緑樹の枝で飾られる。1月1日のキリスト割礼の祝日は，古代からお年玉の日でもあった。公現祭（1月6日）には，農民らはご馳走を食べ，幸運を期待して空豆を引き当てた。

四旬節（40日間の斎戒期）が終われば，復活祭とともに良い陽気そしてトーナメント（集団の騎馬槍試合）の季節となる。5月1日（五月祭）は，古代ローマの豊穣の女神の祭りに由来する。その日には，若者が婚約女性の家の扉の前に枝をおく風習があった。農民や物乞いやごろつきらも祭りに参加し，ジョングルール（旅楽士），トゥルバドゥール（恋愛詩人），大道芸人，動物使い，あるいはさまざまなもの売りが活躍する。人々は，花で飾った樹木の周りをロンド，カロルを踊って回る。またこの日は，騎士らの慣例として戦争が再開される時でもあったが，平和な時代になると地方の貴族らがトーナメントを復活させた。

6月24日は，洗礼者聖ヨハネの日で，これはまた収穫の時でもあった。23日から24日にかけて，日が沈むと大きな火を点（とも）し，若いカップルは手を取り合ってその上を跳ぶ。これは夏至の異教祭儀を引き継ぐ祭りであった。フィレンツェでは，洗礼者聖ヨハネの日に，都市に服従したコンタード（周辺農村部）やディストレット（従属領域）や近隣領主が貢納をもってくる習いであった。そして紋章旗や，彫刻を施したり絵を描いたりリボンで飾ったりした巨大な蝋燭などを捧げた。

異教時代からの伝統を引き継いで，中世にも死者崇敬は深く民衆伝統に根付き，ヨーロッパ中に広まっていた。それはもともと11月1日に広く祝われていたが，8世紀におなじ日にすべての聖人を祝う万聖節が始まり，9世紀前半に全キリスト教世界で祝われるべきことを教皇が命じると，死者のための祭日（万霊節）が次第に翌2日に押しやられたのである。

11月11日の聖マルティヌスの日は，豚や太ったガチョウを屠殺する日だった。そして農民らはお祭り騒ぎをした。足場あるいは「コカーニュの支柱」を築き，食料，牛，豚，羊，鳥を生きたままか屠殺し剥（む）いて吊し，若者は支柱をよじ登り獲物を手に入れるという伝統行事があった。

（2）守護聖人祭と入市式

都市に着目したときに，活発だったのは，各都市の守護聖人祭である。たとえばナポリの守護聖人，聖ジェンナーロは，4 世紀初頭に殉教した聖人だが，すでに 5 世紀には崇められていた証拠がある。彼の聖血は毎年奇跡を起こす聖遺物であった。そして聖人の祝日をはじめとする年 18 回の機会に，ふだん凝固している血が溶けるというのだ。聖ジェンナーロの記念日の 9 月 19 日は特別な日で，ドゥオーモには奇跡を待ち望む信徒の大群がごったがえした。幾度ものミサがその日に行われるが，そこから金銀に輝く聖人の胸像が町中を行列して運ばれ，観衆は白いハンカチを振りながら，奇跡を期待して叫ぶのである。この奇跡は，1389 年から 6 百数十年もつづいている。

もちろん，キリスト教的な暦にかかわらない，世俗の祝祭行事もあった。最も代表的なのは，第 8 章でも触れた「入市式」にまつわるものであろう。王侯は，自分の支配下の都市（フランスの場合は「善良都市」とよばれる）への入市式の重要性，特に登位のすぐ後に人々の目の前に姿を見せる意味をよく知っていた。市門の前での儀式，鍵の厳かな授与，服従をめぐるやりとり，課税への仁慈の多少とも控え目な要望，泉で配られるワイン…といった式次があった。なかでも，市庁舎，市壁，教会・礼拝堂，修道院，市場，泉などの公的生活の軸・ポイントをめぐって，都市にとっての過去の功，壮挙や免れた危機を喚起する行列が重要であった。広場や四つ辻では，あらゆる種類のスペクタクル，機械仕掛け，演台の上での物真似，寓意の表現などが披露されたのである。

こうした行列や諸行事を盛り立てるため，広場に面したり沿道の家々は布やタペストリーで飾られ，それらが風になびいていた。

3．シエナのパリオ

都市における祭りの行事の一部には政治的傾きがあり，競争心をはらすグループとグループの模擬戦闘のかたちをとることが多かった。とりわけイタリアはそうであった。若者の集団は，それぞれが属する街区や小教区の色の豪華な衣装をはおり，旗をもち，行列し，決められた場所で競争・闘争を行う。ルールはしばしば破られ，流血の事態になった。ヴェネツィアやピサの「橋競技」では，市内の党派が対決して橋を占領する争いをした。勝者は勝ち誇って町中を走り，敗者を侮辱する。素手か棍棒の争いだが，怪我人のみか死者も出た。

（1）パリオの起源と方式

また中世のイタリアでは，多くの都市で大きな祭りの一環としての競馬があり，野原や市門近くや町中が会場となった。ジェノヴァ，ボローニャ，シエナ，ローマなどで行われていたことが知られている。今日まで残り最も有名なシエナのパリオについて，やや詳しく見ていこう。

それは，第5章でもすでに示された，コントラーダ（街区）のシエナ社会におけるあり方と不可分の競技であった。中世都市には，農村部に盤踞する封建貴族たちの年来の党派争いが都市内にもち込まれて，その貴族や家の子郎党，またギルド同士の対立が，彼らの長年住みついたコントラーダ同士の対立の様相を呈することが多かったのである。したがって，儀礼的な競馬によって一種のガス抜きをして，都市が本当の混乱や分裂を起こすことのないようにしたのである。またこの地区対抗競馬は，地区ごとの守護聖人や標章動物の誇示とも結びついて賑やかなお祭りとなり，市民の楽しみを倍増させたのである。

パリオというのは，もともと，競馬の勝者に与えられる絹地の豪華な長方形の旗のことで，シエナではマリアの絵が描かれているのだが，やがて，裸馬にまたがったコントラーダ対抗の競馬そのものを指示するようになった。現在は，毎年 7 月 2 日（聖母訪問の祝日に，プロヴェンツァーノの聖母マリアを祝って）と 8 月 16 日（聖母被昇天の祝日）の 2 度，市の中心部にあるカンポ広場の外周を，17 の街区――出走できるのは 17 のうち 10 の街区代表――を代表する色鮮かなコスチュームに身を包んだ騎手が裸馬にまたがって 3 周するものになっているが，それが詳細な規則として定まったのは 1721 年のことであり，それ以前，中世においては，開催機会も方式・場所なども今日とは異なっていた。

起源については，確たることはわからないが，13 世紀初頭には，競馬大会があったと推定されている。なぜなら，1238 年には，競馬レースに敗れた者が，ブービー賞としての豚を受け取るのを拒否して，罰金を課された記録があるからである。

（2）聖人祭との結びつき

通常，パリオは聖人の祭りのハイライト，あるいは最後を飾る出し物であった。かつては今日の聖母マリアを記念したパリオだけではなく，ほかの聖人祭にも行われた。1306 年には聖アンサーノ祭（3 月 30 日）の競馬が都市条例で規定されたが，それはそれ以前から行われていたのだろうし，1414 年には聖ピエトロ・アレッサンドリーノの記念日（11 月 26 日）に開催された。ほかに，聖マグダラのマリアが 7 月 22 日，そして 8 月 15 日の聖母被昇天の日には聖母マリアのために走り，年に計 4 回，定期的なレースがあったようである。だが 1555 年のシエナ共和国崩壊後は，聖母マリアを記念するもののみが残った。じつはパリオは，これらの機会以外にも走られたのであり，あるコントラーダがスポンサーとなってほかのコントラーダに誘い掛けることもあった。特定のコントラーダの守護聖人祭などに際してである。あるいはシエナが征服した都市を馬鹿にするために，その城壁の外で行われることもあった。

いずれにせよ，パリオは，特定の人物や出来事を祝い記念するために行われる。それは聖人であり，戦勝であるが，皇帝などの貴顕の来訪を祝して実施される場合もあった。それは現在のようなコントラーダ対抗の競走とはかぎらず，ほかの団体や家門が催すこともあった。コントラーダ相互の対抗性がより明確になるのは，共和国終末期である。そして16 世紀中に，コントラーダ組織主体のパリオが主流になったようだ。また 17 世紀半ばまでには，現在のようなカンポ広場での周回レースが行われるようになり，それ以前の，直線レース――フォンテベッチないしローマ門から出発して，ドゥオーモ広場をゴールとするレース――にとって替わっていった。

4．都市のカーニヴァル

中世以来，ヨーロッパ中で展開したカーニヴァルは，ローマのサトゥルナリア祭とルペルカリア祭・バッカス祭やギリシャのディオニュソス祭などの流れをくむ。異教的であらゆる逸脱の宝庫であるカーニヴァルだが，その生成にはキリスト教神学も与(あずか)って力があった。すなわちそれは四旬節の観念なしには存在せず，両者が「組」になったのは中世キリスト教世界においてだったからである。そこでカーニヴァルは典礼暦に組み入れられ，期間も厳密に定められた。つまり公現祭の翌日から謝肉の火曜まで，つまり四旬節前日までが祭りの期間である。正確な計算で移動祝日である毎年の復活祭の日取りが判明すると，四旬節も定まり，だからカーニヴァルの日程も決まるという仕組みである。

（１）本能的欲望の解放

しかしカーニヴァルは，キリスト教暦に組み込まれても，終始民衆的な，聖にして俗なる祭りでありつづけ，そこに生の価値が称揚されていたことは確かであろう。それは強度の感情・情念を沸騰させる集団的な喜悦の期間である。私的生活のみならず，集合生活，公共生活という面での重要な祝祭であった。そして社会秩序をわざと一時的に乱れさせ，一種の抑圧解放の表現となった。ディオニュソス的な本能を解き放ち，乱痴気騒ぎになることさえあった。異性装，動物への変装，仮面装着，無作法な冗談，泥酔，滑稽な行為，暴力…こうした逸脱を含むカーニヴァルを，教会は何世紀にもわたり禁止しようとしたが，決して押さえ込むことはできなかった。

カーニヴァルには，はどめのない「食」の逸脱があった。カーニヴァルの日曜には，アルコール，肉，香辛料の大量摂食のほか，ふだんできない性的振る舞いも許された。しかしそれは，まずは喜捨を求めることから始まった。太った（謝肉の）木曜日（カーニヴァルの日曜の直前の木曜）に，人々は，とりわけ豚の脂身と卵を求め，物乞いの歌を歌いつつ家々を回った。そして豚肉を基本としたものを食べた。

カーニヴァルの最終日，すなわち四旬節が始まる灰の水曜日の前日の火曜日には，朝から巨大な藁人形で喩(たと)えられる「カーニヴァル」が家の前にさらされ，大食漢ないし酔っぱらいとして，あるいは怠惰を広めた人として，反逆罪の罪状で裁かれる。そして若者たちがそれを担いだり，驢馬に乗せたりして町中を練り歩き，広場に運んで火をつけるのである。生まれ死ぬ人形＝カーニヴァル。

四旬節は，典礼暦の重要期間だが，同時に新しい季節=春のはじめでもあった。カーニヴァルのほうは，謝肉の火曜日に，象徴的にマネキンを燃やすことで古い年を締めくくる役割が与えられた。カーニヴァルは冬から春，死から生への移行を印づける祭りで，自然の再生をファンタジックにそして旺盛に祝う期間であった。

(2) 危険視された都市のカーニヴァル

ところでカーニヴァルには，農村のカーニヴァルと都市のカーニヴァルの２種類があった。前者は，自然のなかからその再生力，血縁と姻戚の法，あるいは豊穣と耕作の規則を引き出してこようとする。そこで野生的な仮装をする。だからその仮面はむしろ制度的で，諸構造の延命に向けられている。

一方，都市のものは，異議申し立て的である。なぜならそれは，市民階級が，聖職者に抗して権力を握ること，そして大衆がその聖職者の支配に抗することを表明する，要するに民衆文化のエリート宗教——それは都市の規制・調整装置であった——への反発表現となっていたからである。それは，社会の農村性（田舎っぽさ）および習俗，政治的人物と社会の不均整を揶揄するのを好む。ヒエラルキー化した社会の，政治的，反聖職者的な脱構築に資する市民的・都市的な真の絵画さながらなのである。都市のカーニヴァルにおける変装や仮面は，だから秩序の逸脱と都市の作法をともに喚起する傾向があった。

聖俗当局が危険視したのは，それゆえ農村のカーニヴァルではなく，この都市のカーニヴァルなのであった。しかし皮肉なことに，カーニヴァルとは，中世末以来，なにより「都市のもの」という性格を強く帯びていった。というのも，中世末から農村人口が都市に多数入ってきて，農民と都市民は文化的に混合し，そこでの祭りは，異教とキリスト教が混淆する民衆文化の実験場になったからである。そしてカーニヴァルは，農村から離れて都市のものになっていき，まさにその通りや広場を舞台に展開した。都市という秩序のミクロコスモスに，外部のカオス世界が侵入する。うるさい音を出し，皮肉に笑い倒して宥（なだ）めるのが，参加者の目的であった。市民は農村由来の民衆文化を領有して，都市の時間と空間に組み入れ，それがカーニヴァルとなって実現する。これはほかの祭りが農村的性格を留めつづけたのとは対照的である。

有名なニュルンベルクのシェーンバルト祭の行列をはじめ，カーニヴァルの行列には必ず野人・野女が登場する。彼らは毛皮を纏（まと）った大きな人物で，仮面を被り黒い髭を付け，手には棍棒をもち，背中には緑の枝の山を背負い，子どもを連れていることもあった。そして行列の間中，観客を脅した。これらは古いフォークロアに基づくが，新たな宮廷風の味も添えられている，鳥，豚，特に山羊の頭など，動物のグロテスクな仮面も，デーモンやトーテム信仰や自然愛を示している。自然が都市のなかで完全に飼い慣らされている様が，ここにもうかがえよう。

5．民衆文化とエリート文化

これまで都市の「祭り」を扱ってきたが，祭りは娯楽として体験され，そのなかでさまざまな遊びがなされた。より大きな視野で，都市での「遊び」について見てみよう。そのうえで，それら祭りや遊びにも流れ込んでいる民衆文化の意義を考えてみたい。

（1）肯定される遊び

遊びには，子どもの遊びもあれば大人の遊びもあり，チェスをはじめとする知的遊戯もあれば，肉体を使うスポーツ的遊びもある。娯楽が人間の領域の活動として肯定的に認められるようになったのは，11・12世紀の都市社会の復興と関係している。古代においては，遊びは文化的に，また祭儀との関連で高く評価されていたが，中世初期にはキリスト教による非難が姦（かしま）しかった。中世盛期になって，それを乗り越えて肯定的評価が出てきたのである。

教会側は，あいかわらず曖昧な態度ではあったが，遊びを黙認することもあり，また教会内部にまで遊びの精神が浸透していったことも事実である。世俗文化が，それを担う俗人たちの政治的・社会的のみならず，文化的な存在感も高めたという事情があろう。サン・ヴィクトルのフーゴー（1096 頃－1141 年）はじめ一部の神学者は，娯楽・遊びが身体を均整の取れた動きで喜ばせることで，「魂の回復」recreatio animi も得られるとして，積極的に擁護した。

（2）貴族と市民の遊び

もともと貴族・騎士らはトーナメント（集団の騎馬槍試合）を中心とする娯楽を，政治的な道具としても使い，個人や家門の名誉を賭して集団のなかでの立場を固めるだけでなく，同盟関係を堅固なものにすることも目論んでいた。トーナメントは 11 世紀のフランスからドイツやイングランドなどへと伝わり，12 世紀に最盛期に達した。騎士の存在意義自体が減退した中世後期の都市においても，それは家門の慶事や都市の祝祭での花形行事でありつづけたのである。名門貴族，上流市民の「御曹司」とその取り巻きたちを中心に，市内で，若者グループの名誉を賭けた争いが，さまざまな祭りや祝い事にことづけて行われたのである。

しかしより重要なのは，中世盛期になって市民たちが自由に遊びだし，それが都市の社会関係を潤滑にしたり，身分階級を超えた人と人との関係をもたらす…という記録があることである。12 世紀後半のロンドン市民たちの娯楽については，聖職者にして行政官でもあったウィリアム・フィッツスティーブンが，『いとも高貴なる都市ロンドンの記述』で，市民たちが，競馬，サッカー，射的，レスリング，跳躍，槍投げ，石投げ，盾を使った戦い，動物同士の闘い，競走，スケートなどに興じていたことを報告している。

（3）遊びのなかの民衆文化

前節で見たカーニヴァルに「民衆文化」の典型的な現れを見ようとするのは，ロシアの思想家・文芸評論家ミハイール・バフチーンであった。すなわち，階級や国家が成立する以前には公式であったものが，非公式的見地に移行して，そこで一定の意味作用，複雑化・深化を閲して，民衆文化の本質的形式になるという経緯があり，その典型がカーニヴァルだというのだ。それは純然たる再生観念を表す祭りであり，公式の祝祭に対立してヒエラルキー秩序を廃棄する，そして普遍的な笑い・物質的肉体的な力を肯定するグロテスク・リアリズムが特徴になる…。

しかしそれ以外の「遊び」のなかにも，民衆文化の要素は含まれていよう。たとえばサイコロ遊びをはじめとする賭博遊びは，それに夢中になることが，社会の掟を破ってならず者世界に所属したり，新たな社会的細胞を形成することにつながる。そしていつの間にか，ならず者の習慣や規則や言語に組み入れられてしまうのである。遊びは，社会的結合の道具ともなるわけだ。この種の遊びはその場に居合わせる者を――最初は下品な遊びとして避けていた社会上層の者をも含め――まったく未知の人をも，独自のルールの世界に引き入れてしまう。参加を拒むと呪われ，喧嘩を吹っ掛けられる。「広場」「街路」「居酒屋」という都市固有の場とともに，平準化・平等化装置として，賭博遊びはカーニヴァル的な働きをするのだろう。

民衆を全体として捉えると，権力や知識については，彼らはまずは従属者である。しかし決して受動的なままに留まらないし，独自の行動能力を示すことがある。暴力に訴えることもあるが，サボタージュ，沈黙の拒否，または集合的な抵抗を手助けする地下行動を実践することもあった。あるいは揶揄や中傷を権力者や教会当局に向けたり，都市のブルジョワの家の前に汚物をおいたりするのも，抵抗の手段であったろう。

こうした明らかな標的を有する実力行使以外に，一見無邪気な祭りや遊びというかたちでも，民衆はエリートへの対抗心を示したのである。そして彼らがそうした意図を示したのは——農村ではなく——都市においてであった。だから，民衆文化というのはじつは農村には存在せず，すぐれて都市的現象だとも論じられよう。

参考文献

池上俊一『シエナ——夢見るゴシック都市』中公新書，2001 年

フィリップ・ヴァルテール（渡邉浩司・渡邉裕美子訳）『中世の祝祭——伝説・神話・起源』原書房，2007 年

フリオ・カロ・バロッハ（佐々木孝訳）『カーニバル——その歴史的・文化的考察』法政大学出版局，1987 年

ミハイール・バフチーン（川端香男里訳）『フランソワ・ラブレーの作品と中世・ルネッサンスの民衆文化』せりか書房，1980 年

研究課題

(1) 祭りにおけるキリスト教的要素と異教的要素について，考えてみよう。
(2) カーニヴァルの笑いに含まれる意味は何であったのか，考えてみよう。
(3)「民衆文化」と都市との関係について，考えてみよう。

10 聖なる都市から理想都市へ ——ルネサンス期のイタリア都市

池上俊一

《目標＆ポイント》 ルネサンス期（15－16世紀）イタリアに出現する「理想都市論」を中心に，中世からルネサンスへの都市理想の変容を論じる。
《キーワード》 理想都市，ピエンツァ，パルマノーヴァ，建築論，アルベルティ，フィラレーテ，カンパネッラ

1．はじめに

中世初期時代に「イタリア王国」Regnum Italicumと教皇領に含まれていたイタリア半島北方諸都市は，中世盛期になると政治的に自立したのみか，コンタードという周辺農村領域を支配し，一種の都市国家を創ったことでヨーロッパ史上でも特異である。それらの多くは規模は小さいものの，主権国家として皇帝や教皇への正規の従属から解き放たれて，事実上，上級権威をもたなかった。

14世紀イタリアの法学者サッソフェッラートのバルトルスは，これらの都市の状況を「自身にとっての君主たる都市」civitas sibi princepsと表現した。しかし14世紀半ばからは，小さな都市国家は大きなものに吸収され，15世紀には大半が消滅していく。具体的には，14世紀初頭に80以上あった自治都市が15世紀半ばには15もなくなり，16世紀にはさらに減っていったのである。吸収・征服した大きな国家とは，教皇領やサヴォイア公国のほかは，主に以前の都市国家が領域国家として

拡大したものであった。フィレンツェやヴェネツィアやミラノがそれに相当する。ヴィスコンティ家のミラノは，14 世紀末の最盛期には 30 以上の旧コムーネを併呑していた。だが必ずしも大きな権力をもつ都市などに吸収されず踏みとどまった中規模都市も存在した。フェッラーラやマントヴァ，ルッカなどである。

さて，こうした自治都市の「領域都市国家」化が，中世都市からルネサンス都市を分かつ一つの指標だとすれば，もう一つの指標は，人文主義に彩られた，新たな理想都市の理念がルネサンス期に登場して，その実現をめざす建築家や為政者が現れたことである。これは，人工的な都市形態の追求であるが，じつは中世にもニュータウンとしてつくられた，人口増加に対処するための人工的な衛星都市がなかったわけではない。

すなわちフランスではバスティードとよばれる城塞都市があったし，イタリアでもトスカーナ地方などに同種の小都市が多くつくられた。たとえばシエナ近郊のスタッジャ，カステルヌオーヴォ・ベラルデンガ，パガニコ，ブオンコンヴェントなどで，長方形で格子状街路を備えることもあった。後述のピウス 2 世やロッセリーノはこれらのニュータウンを知っていて参考にしたかもしれないが，しかしルネサンス期の「理想都市」は，なによりもその形態が厳密な幾何学に則っていたことと，人文主義の理想と密接に絡んでいた点で中世のニュータウンとは違っていた。

本書の第 5 章で「都市讃歌」ジャンルとともに語られたように，中世にも「聖なる都市」というキリスト教的な理想に染まった都市理念があった。それは守護聖人によって守られ，エルサレムにも比定されるような恩寵と聖性あふれる聖なる町で，強固な市壁によって物理的に守られている，というものである。しかしルネサンス期の理想都市は，それとは 180 度異なり，おなじ理想でも，もっぱら古典的規範から由来したのである。

2. アルベルティの建築論

ルネサンスの理想都市を考えるうえで，第1に注目すべき思想家は，レオン・バッティスタ・アルベルティ（1404－1472年）である。彼は，多方面で大きな足跡を残した万能人だが，ここでは建築家としての彼，とりわけ都市計画への貢献に着目してみたい。アルベルティは，つぎのように考えた。自然世界の美を人工の力によって都市に実現し，そこに輝きわたらせることこそ，建築家の勤め，世界を創造した神にも比すべき誇り高き勤めである。そして，建物を建てたいという願望は，〈自然〉によって人間のこころに植えつけられているから，〈自然〉の導きのもとに〈理性〉を働かせて，美しい，しかも実用的な建物を実現すべきだ，と。

(1)『建築論』の教え

アルベルティが，古代ローマの偉大な建築理論家ウィトルウィウスの理論を範とし，建物における比率の正しさと，建物と人体との類比，という2つの指導原理を基礎に諸種の建築の指針を示したのは，『建築論』という書物においてであった。本書は，1452年に教皇ニコラウス5世に献呈されたが，フィレンツェ公会議に教皇庁書記官としての参加を終えてローマに戻った1443年頃に執筆が始まり，途中何度かの中断を挟んで書き継がれ，完成後もずっと加筆修正しつづけたために，いくつもの別版がある。ラテン語で書かれ，『絵画論』のようなイタリア語・ラテン語2言語での執筆ではなかった。

アルベルティの『建築論』は，ウィトルウィウスが建築要件の3つとする firmitas（堅固さ），utilitas（有用性），venustas（美）を踏襲しつつもその祖述ではなく，ルネサンスの新たな客観的・合理的な建築言語によって，古代の建築物のみならず，同時代のさまざまな種類の建築を表現し，あるべき姿を呈示しようとしたものである。数学をもとにして，全体の比例と調和を追求して美を実現せんとする，まさに人文主義にふさわしい書物として，以後長らく，建築に関心を抱くエリートらにとっての教科書的役割を果たした。

（2）理想都市の条件

「都市」の建設については，本書の各所で語られている。たとえば第4書では，都市の理想的立地条件としては，健全かつ広大，豊穣にして防衛がうまくでき，泉や河川が備わり，海の交通の便も開けて，物資の調達がしやすいところが勧められている。そして堡塁や装飾により味方には喜び，敵には畏怖を与えるようにすべきだという。また都市は見晴らしが良く攻撃される弱点を判断できるように領地の中央にあるのが望ましいが，その領地は，海岸か山上か，平地かなどにより，長短があるので，どこであれ利点を確保して欠点をなくすようにし，また都市の外周と各部分は地形変化に応じて多様化されるべきだという。ただ円形都市はあらゆる形態のなかで最も収容力に富み，彎曲しうねった壁で囲まれれば，敵は攻撃にひるみ安全だと説かれる。

第7書では，優れた装飾をもつ際立った都市が勧められている。その装飾をもたらすのが，道路，広場，および個々の建物の位置によって主導されるもろもろの形態と配置で，それぞれの用途・威厳・妥当性に応じて，すべてを正しく装備・配分し，優美と妥当性，尊厳を得るようにしないといけないという。

そして第8書では，都市の大通り，橋，広場，凱旋門の重要性について論じている。都市内の道は正確ですべて秩序正しくあるべきであり，道の両側は，相互におなじ家並みをなす家，および同一の輪郭線の柱廊でもって美しく飾られるべきである。またとりわけ美しく飾る必要があるのは，橋，交差点，広場，観覧用建造物だという。それぞれについていかなるかたちで，どんな構成部分をもってつくるべきかをアルベルティは解説している。道の起点にある凱旋門は広場や交差点をさらに立派に秩序立て，それは常に開かれた都市門のようなものだとされる。

アルベルティは，極端に人工的・幾何学的形態の都市をゼロから設計することは考えず，土地柄・地勢を生かした工夫を心掛けていることが本書からはうかがわれるし，また古典の規範と中世の伝統を無視せず，既存の中世都市に手を加えていくということを実際に行ったのであり，後続の建築家のような住民の生活を無視した抽象図形の都市の設計は，彼の採用するところではなかった。

自らの理論を実地に移すべく，アルベルティはイタリア各地の都市で，つぎつぎと大胆かつ緻密な，その地域の実状にマッチした建物を設計した。個々の建物のみならず，常に都市全体の美しき有機的調和，リズミカルな装飾を心掛け，歴史的重層性の保存に意を用いたことが，とりわけ重要である。大規模な都市計画ということでは，教皇ニコラウス 5 世の建築顧問としてローマ再生の一大プロジェクトに参画したが，残念ながら，教皇の死とともに計画は頓挫した。しかし，トスカーナ地方の小都市ピエンツァには，小振りながら，アルベルティの思想を受け継いだ「理想都市」が完成した。

3．理想都市の考案者たち

今述べたように，レオン・バッティスタ・アルベルティがその『建築論』でつまびらかにした考え方，そして彼がかかわった都市改造計画が，ルネサンスの理想都市の起源であり，それは後続の建築家らによって引き継がれていった。しかしなにより住民の生活を考えたアルベルティとは異なり，後続の者たちは，幾何学的抽象化と軍事化というキーワードでまとめられる方向へと進んでいった。

（1）フィラレーテと「スフォルツィンダ」

まず，フィラレーテ（アントニオ・ディ・ピエロ・アヴェルリーノ，1400頃－69年頃）は，フィレンツェ生まれの彫刻家・建築家・金細工師で，フィレンツェで修行した後，ローマ，ミラノで活動した。おそらくローマでアルベルティの知己を得たと想像される。そして1461年から64年にかけて，対話形式の『建築論』を俗語（イタリア語）で執筆した。全24書のうち，21書が建築に，3書は絵画にあてられている。ヴァザーリは本書を馬鹿げた書物と批判しているが，ブラマンテ，ミケランジェロ，スカモッツィなども本書の影響を受けており，その重要性は無視できない。「野蛮な近代様式」としてゴシックを非難する彼にとっては，古代遺跡とそこに現れた様式が魔術的ともいうべき魅力をもったものと感じられた。

ここで特に注目すべきは，第2書において，ミラノ公スフォルツァから名を取った「スフォルツィンダ」という町の計画・建設が語られていることである。スフォルツィンダは求心型の放射状プランで，防備のためもあろう，山の麓の川の近くにあるとされている。都市の囲壁は円の中に45度回転した2つの四角形が描く，先が8つある星のかたちで，厳密な幾何学に則っている。これは，中嶋和郎が『ルネサンス理想都市』（講談社選書メチエ，1996年刊）で説いているように，宇宙・理想世界を象徴しており，またフィラレーテの魔術と占星術への興味を示すものであろう。円と四角形の頂点が交わる外側の角の部分には，塔が立ち上がる。一方，内側の角のところには市門が配され，各市門と塔と都市の中心広場は，16 本の放射状の道でつながれている。

中心広場には中央に市庁舎があり，両端には聖堂が据えられている。広場は中心広場以外に，放射状の道の各々にも付いていて，市場の機能を果たし，水路と柱廊でぐるりと囲われているのが特徴的である。これらの広場の中心にも，ギリシャ十字型の教会がある。ウィトルウィウスを参考にして，風向きと防衛が考慮された機能都市でもあり，それが要塞都市としての性格を与えている。

スフォルツィンダは，最初に実現可能な理想都市モデルを打ち出したという点で意義深いし，後続の建築家に，理想都市＝軍事要塞都市のモデルとして受け継がれ，実際，16 世紀末には，後述のパルマノーヴァとして結実したのである。完全な都市形態が完全な共同体・社会をイメージするとの考えは，ルネサンス的ともいえようが，その理想社会実現には中央集権的な強力な指導者を必要とすることにもなるのであり，ルネサンス期の理想都市とは，民主制や共和制と親和性はなく，専制君主を予想させるものだということが，本書からもうかがわれるのである。

（2）フランチェスコ・ディ・ジョルジョ

フランチェスコ・ディ・ジョルジョ（1439－1501 年）はシエナ生まれの建築家で，シエナのほかウルビノやモンテフェルトロでも仕事をした。その建築家の仕事のなかで学んだ知識を生かして建築理論書を俗語で書いたが，長らく手稿本のままで印刷されず，いくつものヴァージョンで筆写され伝えられた。数多くの図解があることが大きな特色である。

本書で都市計画について語られているのは，第 3 書である。都市の形態も内部のプラン――碁盤目状プラン，放射状プラン，螺旋状プランなど多種多様――も地勢によって変更すべきだとされている。特徴的なのは，都市が人体になぞらえられて，図解では，人体の上に五角形の要塞が載っているように描かれ，頭の上に砦が，両手の上に塔が，胸の上に教会が，腹の上に広場が，両足の上に市門が載っている，といった具合である。また菱形や，敵に向かって伸びた先の尖ったかたちも軍事的観点から推奨されている。アルベルティのような豊かな教養や広い視野はなくても，軍事技術的アイディアには見るべきものがあるし，幾何学的な形態美と実用性の結びついた理想都市を思い描いた点は，フィラレーテを引き継いでいる。

（3）カターネオとスカモッツィ

その後は，後期ルネサンス期になるとピエトロ・カターネオ（1520頃－72年頃）を代表とする建築家たちが，一連の要塞都市論を発表する。フランチェスコ・ディ・ジョルジョの流れをくむカターネオは，『建築四書』（1554年刊）において，もろもろの要塞都市をつくるための規則・様式を論じているが，そこにはもはや住民の住みやすさへの気遣いは微塵もなく，防備と大砲の発射に適した稜堡のある幾何学的形態が求められた。彼は，最も防備が強力なのはヴェネツィアやマントヴァ，フェッラーラのように水に囲まれた町だといい，いずれにせよ，偶然に任せるのではなく綿密に計画しないとならないとする。円形よりも多角形に稜堡の付いた角張ったものなら，防備が容易だとも主張されている。見た目の美しさのため，城壁の形態と内部の建物の配置にも幾何学的考察がなされている。とりわけプロポーションに意が用いられた。

ヴィンチェンツォ・スカモッツィ（1548－1616年）は，北イタリアのヴィチェンツァ生まれの建築家で，パッラディオの弟子であった。彼は，ヴィチェンツァやヴェネツィアに多くの建築を設計するのみならず，影響力甚大な『普遍建築の理念』L'idea dell'architettura universale（ヴェネツィア，1615年刊）を書いた。本書はパッラディオの原理を擁護するとともに，バロック様式を攻撃し，また「オーダー」の体系化をしたことでも知られている。また第 2 書において「理想都市」が論じられていることが注目され，それはやはり稜堡を備えた要塞都市で，川の近くに想定されて，周囲は星形で 12 角形になっている。都市内部は整然たる碁盤目状であり，広場が 5 つあって，最大の中心広場が長方形，ほかの 4 つは正方形だとされている。

ほかにも多くの建築家や軍事技術者が稜堡のある要塞都市を設計したが，軍事工学を利用し，戦いと防備に役立つ形式化された幾何学的プランばかりが呈示されたのは，15 世紀末に大砲の改良があり，火薬の爆発力が強大になったという理由もあろう。円形・放射状プランについては，翻訳・研究が進んでいたウィトルウィウスの『建築書』の影響も指摘されている。

4. ピエンツァとパルマノーヴァ

アルベルティ，フィラレーテ，ディ・ジョルジョが建築論を書いたおかげもあり，ルネサンス期には理想都市のアイディアが支配階級やエリートらの間に普及していった。しかし新しい土地に新規に理想都市を建てることは，財政的な観点からも，容易ならざる住民の大移住という点からも困難であった。だからすでにある町の改造・拡張により理想に近づけようという試みが行われたのである。ローマに関しては，アルベルティがニコラウス 5 世の都市計画の顧問となり，ブラマンテがユリウス 2 世から普遍空間の設計を要請されたことなどからうかがわれるように，教皇を帝王とする理想都市の建造が模索されたが，実現したのは一部のみであった。

だがより小さな都市では，一人の教皇の理想を体現できるまでに変貌した初期ルネサンスの理想都市が実現した。シエナの南東，なだらかな丘陵地帯にあるピエンツァである。

(1) ピエンツァ

詩人・人文主義者のエネア・シルヴィオ・ピッコローミニ（1405－64年）が教皇ピウス2世になると，彼は生まれ故郷のコルシニャーノを改造して理想都市にしようとした。アルベルティが助言し，フィレンツェ出身の建築家ロッセリーノを紹介した。教皇の死により半分もできないまま終わったが，それでも無二の「理想都市」が実現した。

もともとある中世の町（コルシニャーノ）の中心部や中央を走る曲がった通り，丘の形態に沿った町の境界線などは変えられなかったが，40ばかりの建物が1459－64年に新たに建てられた。そして既存の中世建築とは手法もルールもまったく違う新しいルネサンス建築がつぎつぎとつくられて，町の表情を一変させていった。

建築と都市プランの歴史における重要性は個々の建物要素の質ではなく，新たな広いルネサンス的ハーモニーである。大小の建物とその装飾が，都市全体として調和している。すべてが釣り合いが取れていて，不調和がない。それ以前のイタリアでは，いくつかのまったく結びつきがない離れた建物が広い野外におかれていたり，あるいはいくつもの建物がくっついて壁を成すように並んでいたりしたが，ピエンツァには系統だった並べ方・秩序があり，街路もそれらに応じていた。

アルベルティの説では，町の中にある通りは，より長く見え，町が実際よりも大きく見えるように曲折してなければならないとされたが，実際ピエンツァにも町の真ん中を横切るように，蛇行した中央通りがある。

教皇はアミアータの山を望む生家に大きなパラッツォ（邸館）を建て，それに面した広場を拡大して，画家たちが透視図法で描いた理想都市のように調和のとれた広場にしようとした。また，広場に対面して堂々と

図 10 - 1　ピエンツァ中心広場

した凱旋門風のファサード（正面）のある立派な聖堂を建設させた。その方向もキリスト教において伝統的な東向きではなく，新しい広場にとって効果的で合理的な軸を採用した。この中心広場から都市再編のすべてが始まり，ほかはそこから派生した。ピエンツァの中心広場は四角でどの側面にも腰掛けがあり，人々が会ったりともに過ごしたりできるようになっていた。

市民的美徳，精神的美しさが表れたピエンツァの町の建設。都市空間を合理的に組織化する目標をもつルネサンス期の理想都市観念は，人文主義に深く根を張っていて人間がシステムの中心におかれたが，規則的形態の都市でこそ生活もより容易で調和がとれ，住民の相互関係や幸せにもつながるとされた。しかし過度に抽象的な図形になると，逆効果なので，ピエンツァではちょうどよい塩梅（あんばい）の形態が実現したと評せよう。ピエンツァは厳格な幾何学と碁盤目プランでできているわけではないのである。

もう一つ注目すべきは，ローマの教皇宮廷でのあるべき秩序が，ピエンツァにも縮小して実現されたことである。たとえば円柱とその影をつくる立体感・造形性は，ピエンツァではドゥオーモのファサードにしかない。そしてより平坦ではあるが一応三次元の付け柱がピッコローミニ宮殿の壁を印象づけている。ほかの高位聖職者の家では，それらはsgraffito（掻き取り仕上げ）にすぎなくなっている。

だが16世紀に入ると，建築・都市の現実を無視した抽象的な理想都市が構想される。完全な市民社会のモデルという古代以来の文化的意味を引き継ぎつつも，16世紀の新都市モデルは，町のなかの市民生活の理想よりも，戦争のための要塞都市としての理想を重く見る形態で際立っている。すでに上にその理論を見ておいたが，イタリアには実現されたものも5つあった。コスモポリ（エルバ島の現在のポルトフェッライオ），テッラ・デル・ソーレ（フォルリ=チェゼナ県），リヴォルノ，サッビオネータ（マントヴァとパルマの真ん中あたり），そしてパルマノーヴァである。

（2）パルマノーヴァ

そのうちフリウーリ地方にある小さな町で，ユネスコの世界遺産になっているパルマノーヴァについて検討してみよう。計画者はスカモッツィを含む専門家集団であった。星形で9つの先端がある城壁の完成は1623年である。通りはまっすぐで中心広場はきれいな6角形，広場から放射状に均等に離れた6つの道路が走る完璧な放射状プランである。

幾何学的に非の打ち所のないパルマノーヴァは，7㎞にわたり囲壁と壕で囲まれていて，ヴェネツィア共和国の防備システムの最良の例として知られ，当時は難攻不落だと考えられた。しかしパルマノーヴァは防備のためだけでなく，2万人の住民を受け容れる予定であった。ところが住みたいと手を挙げる人が誰もおらず，そこでヴェネツィア政府は1622年，当理想都市に，兵士以外の初めての住人として，囚人たちを送り込んだのであった。規則的すぎて過剰なシンメトリーの幾何学的デザインの町は，あまり居住に向いてないということだろう。それでもその幾何学的形態は，400 年以上にわたり旅行者を熱狂させた。それはまた，後の多くの軍事要塞都市のモデルとなったという意義もあった。

5．哲学的な理想都市論

それでは最後に，哲学的な理想都市論はどうだろうか。イタリアにおいて最も重要な理想都市論は，カラブリアの哲学者トンマーゾ・カンパネッラ（1568－1639 年）の『太陽の都』である。本作は，マルタ騎士とジェノヴァの提督の対話作品で，世界周遊からもどったばかりの後者が，「太陽の都」とよばれる町での生活を相手に語るのである。それは赤道ライン上に位置するタプロバーナ島の広い平原上の丘の上にあるという。プラトンの『国家』にも近い形式で，カンパネッラはそこで自分の理想とする統治形態を述べている。

（1）「太陽の都」の形態

高い丘の上にあるこの町は，7 つの同心円状の囲壁に囲まれている。したがって環状地区が 7 つあって，外敵はそれぞれの地区を攻略するのに非常に苦労するので，都全体を征服するのはほとんど不可能であるという。壁にはそれぞれ惑星の名前が付いている。また町への入り口は東西南北の角に 4 つある。同心円の都は直径 2 マイル以上，周囲は 7 マイルにおよぶ。幾重もの城壁は大量の土を盛って巨大に要塞化していて，それぞれに砦，塔，砲台があり，外側には堀をめぐらしている。

城壁と城壁の間には平地があって多くの建物が立ち並んでいるが，建物同士が城壁によって連結され，また建物上部には外に防塞が突き出ていて，それらの防塞を円柱が支えているため，全体として僧院の回廊のように見えるという。部屋部屋は美しく，部屋と部屋の間は薄い壁で仕切られている。

山の上には完全に円い神殿があり，囲壁はない代わりにおびただしい巨大円柱によって支えられている。その中央に祭壇がある。祭壇の真上に当たる神殿の丸屋根の頂点には，さらに小さな丸屋根と天窓がある。神殿は太陽神に捧げられ，その丸天井上には主要な星が残らず描かれている。祭壇には７つの惑星にちなんだ７つの常夜灯がともっている。

（２）「太陽の都」の政治と社会

この町の支配者は太陽／形而上学者で，彼は聖職者でもある。この聖俗両権の絶対君主（司祭王）を３人の副統治者が支えている。副統治者は，ポン「力」，シン「知恵」，モル「愛」という名前で，それぞれ軍事，教育，生殖・健康・食料などを担当している。この都の人々の社会は，家屋・食堂・レクリエーションの場および財産が共有の共産社会であり，私的所有というものがないから，争いはなく，奴隷も主人もいない。子どもさえ共有だとされる。

住人はすべての科学を学び，自然宗教的なキリスト教が信じられている。教育としては，諸種の実用的なものもある。しかし，この社会は生殖も厳密なプログラム・規則によるなど，厳格に規制されており，秩序と規律の厳しさが個人の自由をなくしていくかのようだ。男女の出会い，カップリングさえ役人が決めるのである。本作品は，同時代の社会変革への願望，スペインの支配からの解放の願いを表し，一種の神権政治的な共産主義宣言となっている。

（３）トーマス・モアの「ユートピア」

ユートピア思想としては，ほかにイングランドのトーマス・モア

(1478－1535 年) のものも有名である。モアは 1516 年に，階級闘争の激しかったイングランドにおいて，平等を旨とする世界を描き出した。「ユートピア」とは海に浮かぶ，暗礁で港が保護された三日月形の島のことで 54 の都市から成っている。いずれの都市も首都アモーロートに似た構造で，四角い城壁と堀に囲まれ，均一の家々，広い直線道路がある。毎年 3 人の各都市代表の老賢者が首都に来て，ユートピアの諸問題を討議する。「家族」とよばれる使用人グループが交替で農村における食料生産を担当している。規則的なかたちの防備空間という意味では，ルネサンス期建築家らの構想と通じているが，「理想都市」としての際立った特徴はない。

参考文献

池上俊一『ルネサンス再考――花の都とアルベルティ』講談社学術文庫，2007 年

カンパネッラ（近藤恒一訳）『太陽の都』岩波文庫，1992 年

中嶋和郎『ルネサンス理想都市』講談社選書メチエ，1996 年

Andrea Gamberini & Isabella Lazzarini (eds.), *The Italian Renaissance State*, Cambridge, 2012.

Charles R. Mack, *Pienza : The Creation of a Renaissance City*, Ithaca-London, 1987.

研究課題

(1) 中世の聖なる都市とルネサンス期の理想都市の違いはどこにあるか，考えてみよう。

(2) ピエンツァとパルマノーヴァの形態について，考えてみよう。

(3) カンパネッラの『太陽の都』のイメージはどんなものか，考えてみよう。

11 宗教改革と都市

池上俊一

《目標＆ポイント》 宗教改革における都市の役割について，都市共同体の改革理念，家族や女性の立場，図像の利用などをめぐって考察する。
《キーワード》 アウクスブルク，ニュルンベルク，アムステルダム，都市参事会，家族，風刺画

1．はじめに

イタリア都市でルネサンス文化が花開いていた時代，北方では宗教改革の嵐が吹き荒れていた。プロテスタンティズムにいち早く帰依した者の大多数は，都市市民，とりわけ経済発展の恩恵に与(あずか)った有力都市の住民であった。市民的中産階級が，喜んで新しい宗教支配を受け入れ，中世カトリック的な宗教の形式主義から可能なかぎり離れていったのである。これが個人の態度にとどまらず，家庭生活でも，その集積たる公的生活でも，全領域にわたって新たな宗教支配が貫徹されたのは，驚くべき事態ともいえよう。

ルターは，「信仰によってのみ」sola fide と教えた。これは，身分の差なく，組織への帰属も関係なく，神を愛し真摯な信仰をもてば，救われるという教えである。多額の寄進をしたり，善行を積んだりといったことには何の価値もなく，さらに聖職者と俗人という，ローマ・カトリック教会にとっての制度的支えたる身分秩序が，その意味を失うのである。そして，構成員の原理的平等と同等の権利という，ゲノッセンシャフト

的な共同体のあり方により，一方の都市共同体と他方の救いをめざす信徒たちの集合との相同関係が打ち出され，その結果，聖職者と教会組織を「都市」の中に入れ込むことが正当化された。ルターの思想の浸透により，世俗生活の劣等性の観念がなくなり，さらにどんな職業でも，神の目には信仰の観点から同等に善き業とされ，全体への奉仕として道徳的価値がある，と考えられるようになったのである。

宗教改革の研究者ベルント・メラーは，ルターよりもツヴィングリとブツァーに至って，神聖ローマ帝国に都市的な神学が形成されたとする。それは，宗教共同体にして市民集団でもある都市に宗教上での積極的役割を与えている彼ら 2 人においては，都市共同体=国民教会がその教会論の中心を占めて，教会と都市当局とが協力して神の王国を実現すべき使命が強調されているからだという。

このように眺めると，宗教改革によって旧体制からのまったき脱却が生じたように思えるが，じつは宗教改革の担い手が，ギルドや家父長制的な家という，中世的な身分秩序の礎石そのものであったこととその影響も見逃すべきではないだろう。

2. 都市的現象としての宗教改革

宗教改革を最も中心的に推進したのは，教育・文化環境・情報伝達の諸条件が整っていた都市でありその市民であった。プロテスタントの説教師の説教に感じ入り改革理念に共鳴した彼らは，諸侯や皇帝など外部の圧力に抗して新たな信仰を奉じたのである。1529 年のシュパイヤー帝国議会での「抗議」，31 年のシュマルカルデン同盟結成を経て，アウクスブルクの宗教和議（1555 年）で，ルター派がカトリックとならび公認された。そして領主の宗教がその土地で行われるという原則が打ち出されたとはいえ，各地域・各都市では，領邦君主が自分だけの都合でプロテスタントを導入したのではなく，その背後には市民たちの切なる願いがあったのである。都市参事会についても同断である。

ドイツの都市は，皇帝と帝国に属する帝国都市と，聖俗諸侯を領主にいただく領邦都市に分かれるが，自治権が制限されて領邦君主が市参事会員や都市の裁判官の任命にも介入した後者よりも，前者のほうが広い自治権をもっていて，宗教改革を遂行するのにより適していたと考えられている。1521 年のヴォルムス帝国議会では「自由・帝国都市」の名のもとに 85 の都市が挙げられ，そのうち約 65 が帝国直属で，16 世紀のうちに 50 を超える都市で宗教改革が正式導入された。

（1）聖職者への反発

16 世紀ドイツ都市の市内には 10％ にも上ることのある聖職者がいたが，彼らの存在が都市の自治にとっても障害になっていた。したがって宗教改革は，教会の諸権限を市有化していくという中世後期からある運動の一環とも捉えられ，それを神学・教義のうえで正当化するものであった。領邦君主がそう努めただけでなく，市民たちが，彼らの宣誓に基づく平等で同じ権利を享受する同志的な結合体としての都市理想を掲げ，全体の福利を増進させるべく，その特権が市民の権利・利益に反していた聖職者を攻撃したのである。職人や労働者，あるいは市政から締め出されたツンフトは，富者や権力者に対して不満を抱え，それが安逸を貪（むさぼ）る聖職者階級に対する憎悪と結びついた。

しかし，都市内のすべての市民が一致して行動したわけではなかった。貴族・上層市民は人的・精神的にローマ教会と結びついていたという面もあり，多くの礼拝堂や教会・修道院が彼らの寄進でもっていたし，市参事会自体も，一部の都市をのぞけば，早まって宗教改革を遂行して皇帝や諸侯と争い弾圧を受けるのを恐れて，当初は改革に遅疑逡巡していた。

（2）ツンフト闘争としての宗教改革

一般市民らは，宗教改革以前から，進捗する寡頭制に反発を隠さなかった。そして1512－15年にかけて，一種の市民闘争がドイツ各地で起きていた。その指導理念は，同権・平等と仲間的な自治だが，それが宗教改革の万人司祭主義とゲマインデ原理（社会集団の形成において生活の共同性を重視する根本法則）によってイデオロギー的に正当化されたのである。だから宗教改革は——上に触れた教会の市有化に加えて——市民闘争，ツンフト闘争の一環ともみなせるであろう。ツンフトやギルドに組織された商人や手工業者は都市共同体と一体化し，非常に改革熱心であった。彼らには信仰の源として，教義的真理ばかりか生活そのものも導く神の言葉があった。また都市の各機関も，教会的・宗教的事柄について直接責任を負っていると自認していた。

宗教改革の展開は，1520年代から60年代まで都市ごとにいろいろで，唯一のモデルはない。市参事会と民衆は対立しがちで，門閥都市（都市自治の担い手が門閥＝都市貴族である都市）では市参事会が反発して下からの改革と対決することが多かった。だがツンフト都市においては，市参事会がゲマインデ（全住民）の代表機関でもあった。だから市参事会は下からの改革をむげに否定できず，民主的な公開討論でカトリックとプロテスタントの論争を行わせて，その結果，改革に踏み切ることもよくあった。案件ごとに各ツンフトの意見を問い合わせたり，市民集会などを通じてゲマインデの総意を結集する手続きを踏んでいくという運びになったのである。

諸侯が宗教改革をするにあたっての措置には，教会巡察の実施，修道院財産の没収，宗務局の創設の3つがあった。巡察は領邦内の礼拝の統一と不適切聖職者の罷免を目的として，特に福音主義から逸脱する聖職者を追い出すことに努めた。宗務局は，はじめ司教裁判権の一部を継承したが，後に領邦教会の最高監督機関となる。

3．宗教改革における新市民制度と家

宗教改革は各地で，新しい市民的制度をつくる。そして市民の自治機関が，福音派牧師・説教師採用や聖画像撤去などの一連の改革を遂行するかたわら，学校制度や教育，救貧や道徳についての指導と責任を引き受けた。また宗教改革が根づいたところでは，聖人も聖母マリアも崇(あが)められず，その慰めも仲介も期待できなくなった。プロテスタントは一枚岩ではなく，聖餐論（聖別されたパンとブドウ酒がキリストの血肉による，との信仰をめぐる論議）などの教義問題でルター派，西南ドイツ派，スイス改革派などの間に不一致があったが，世俗権力（国家・都市）が教会に対して優位に立つとする点では一致していた。しかしそうしたなか，女性は完璧な主婦たるべきであり，家庭のなかで，家族たちへの奉仕に集中して生活しなくてはならなくなった。だから宗教改革によって，必ずしも平等とか自由とかが都市内に実現したわけではないのである。

当時のドイツにおける，文化的な先端にいた南ドイツの２都市を例に考察してみよう。アウクスブルクとニュルンベルクである。ドイツは，イタリアやオランダのような都市中心の社会というよりも，その都市は領邦という湖に浮かぶ浮島であり，ドイツ文化を都市文化と同一視することはずっとできなかった。都市の利害や行動様式は，宮廷のそれと折り合いが悪く，ぶつかりあうことがしばしばであった。では，まさに都市的現象と称してよい宗教改革の理念は，ドイツ社会をどの程度革新していったのだろうか。

（1）アウクスブルク

帝国自由都市の代表であるアウクスブルクについては，オーストラリアの近世史家リンダル・ローパーの宗教改革時代の女性とモラルについての研究がある。16 世紀の当市は，人口 3 万を越えて（1 万 8 千との説も有り），活気に満ち召使い女や若い男性を引き寄せた。また農村貴族が都市にやって来るのとは反対に，富裕市民らはますます田舎の所領に投資するようになり，いつかそこに隠遁したいと思っていた。この町は大金融資本のフッガー家やヴェルザー家を擁した南ドイツ屈指の経済中心地であり，皇帝と領邦君主らの全体会議たる帝国議会がしばしば開かれるドイツ政治の主要舞台でもあった。金融に加えて商業も盛んで，商人たちはヴェネツィアほかのイタリア商人と取り引きするのみならず，もっと遠方まで出かけていった。

アウクスブルクは，1534 年に，多数派の要求に応じて都市共同体としての宗教改革導入を決めた。初期にはルター派が有力だったが，やがてより福音主義的な道徳的実践を唱えるツヴィングリ，ブツァー寄りになる。この倫理主義とギルドの理想が手を組んだ。

元来，千年王国説的な期待を抱く革命的福音主義を基本としていた初期の宗教改革は，改革が制度化されてしまうと，保守的なギルド成員の信心となる。身分・男女の違いを越えて，すべての人の平等を謳(うた)っていたはずの教えが，いつの間にかヒエラルキーに基礎をおく世俗秩序の防波堤になっていたのである。その時女性は，もっぱら「妻」としての役割を押し付けられ，夫に従属し，説教師たちによってもそのように教示されるのだ。

こうしたことが起きた理由というのは，そもそも，職人の工房がドイツ都市の職業の基盤になっていたからである。無数の工房が，仕事の場でありつつ，居住の場でもあった。そしてそここそが，都市におけるプロテスタントの母胎であったのだ。職人工房というのは，親方夫婦と職人・徒弟，召使いなどを抱える拡大家族のような様相を呈した。こうした工房，とりわけ親方の意見が，宗教改革を推進する都市の方策に集約されてゆくことは当然である。大半の市民は，織工などの繊維関係の仕事，鍛冶屋，そして食料品関係をはじめとする小さく局地的な家族企業に携わり，少数の大商人のみが，パトリチア（都市貴族）と密接に結びついて大きな親族商会を経営していた。そして親方にとって，ギルドは団体的なアイデンティティの感覚を確証し，自分たちの利害を護るのにうってつけであった。パトリチアである都市首脳部も，これが都市秩序の構成要素と考えていた。

だからギルドの親方たちは，結婚した一人前の親方・職人を誉め称え，娼婦，ひいては自由な女，社会に出る女を秩序紊乱（びんらん）者と呪う。女性はすべからく家庭の内に入っているべきなのである。また彼らは，性的関係と生産関係の一体性をこわしてしまうとして，都市参事会や説教師らと声を合わせて姦淫・密通を非難したのである。

これは，都市の制度にも結実した。すなわち当市では，宗教改革派になった1534－48年の期間，結婚を司る政府期間としての都市結婚裁判所が創設され，市政府は宗教儀式執行を除いて，市民の結婚についての全権限を入手した。二宗派併存体制――シュマルカルデン戦争で，カトリック側の皇帝カール5世が勝利すると，外交的判断から1548年に二宗派併存とした――になってその裁判所が廃された後も，市政府は市内の秩序維持，市民の義務という観点から，独自に結婚に関する諸条件の立法化を進め，結婚には市政府部局たる結婚問題課の承認が必要だという婚姻認可制を，司教と宗教改革派聖職者団双方に認めさせたのである。

かたや都市参事会では，無秩序な結婚の問題が盛んに論じられ，幾多の告発――お金の管理，性的行動，姦淫，暴力――がそこに提起され，多くの時間をそれらの議論に割いた。結婚生活が，家庭と生殖の，調和のとれた関係の保証であるどころか，内在的な不安定を抱え，男女の「自然」な上下関係もあやういことを，こうした喧々囂々たる議論が証している。

またそこでは，しばしば男性の飲酒が問題になり，飲みすぎで家庭の帳簿が赤字になると，主婦は文句を言い，市参事会もこの主婦の立場に理解を示した。そして酔っぱらいの夫たちを非難してアルコール摂取に制限を設け，貧民救済基金に頼っている男たちが居酒屋に入ることも禁じ，加えて参事会がずっと嫌疑をもっている悪友のサークルに出入りしないように命じた。というのも，家庭では家長が妻子を護る責任があるからで，向こう見ずな金の使い方やひどい飲酒は非難され，賭博に耽る職工も糾弾されたのである。一方，理想の女性とは，仕事で夫を手伝い，家を守り，子どもの世話をする，昔ながらの「妻」「主婦」であった。

要するに「聖なる家族」，これが宗教改革期のアウクスブルク社会のモデルであり，改革の拠点であった。家＝工房のミクロコスモスにおける社会的・経済的・道徳的な秩序が，地位がどうあろうと，全アウクスブルク市民にとっての拠り所となる。そして性的な規律化が，神を畏れる人々の質実剛健な生活や市民の正義につながり，外敵からの攻撃は都市内部の道徳的な堅牢さによって防げる，と考えられたのである。

（2）ニュルンベルク

つぎに，ニュルンベルクでの宗教改革の影響を眺めてみよう。ニュルンベルクの宗教改革については，アメリカの歴史家ジェラルド・シュトラウスが研究している。ニュルンベルクは，14 世紀に入ると皇帝から特権を与えられて，領域支配および自律の度を高め，また皇帝の代理であるシュルトハイスは，かつてと反対に執政官と参審人 consules et scabiniに従属して，後者が市壁内の平和と秩序を監視・強制する権限をもつようになった。そして都市参事会が圧倒的な司法・裁判権そして行政権を手に入れた。

この都市は，中世末にはドイツ最大の都市の一つとなり，1500年に市内で2万5千人ほどの人口，近傍を合わせるとそれは5万人近くにも上った。金融中心地たる隣のアウクスブルクとは異なり，ニュルンベルクの経済は商人と製造業で大いに栄えた。大商人は富を蓄積して，大貴族とみまごう生活をしていたが，それは人口のごく一部にすぎなかった。半数以上はかつかつの生活の職人であり，常に失業とインフレの到来に危機感を感じていた。

ニュルンベルクの商人たちは，フッガー家を生んだアウクスブルクに比べて保守的であり，その企業家の過激な資本主義を懐疑の目で眺めた。彼らは堅実な目標に向かって，スペインからポーランドまで，バルト海からアドリア海まで，通商関係を広範に編み上げ，多くの都市と関税同盟を結び，都市内の生産物を外で販売することに努めた。指導的貿易商の家系が，またパトリチアとして市政をも牛耳っていたのだ。

1521年には身分が固定し，総数43のパトリチア家系が存在することになった。市参事会の42人の参審人のうち，34人がパトリチア家系であり，8人が庶民であった。実権はパトリチアが握っており，庶民はほぼ名目的な参加にすぎなかった。さらに大きな実権は，26人の市総代（市長），7人の「古参者」のグループに握られていた。すなわちパトリチア専制ともいうべき市政だったのだが，彼らは市民皆の代表として市民を気遣い，鷹揚な統治を心掛けていた。

こうしたなか，宗教改革が勃発したのである。ニュルンベルクは公開討論会方式によって，「ルター派」を選んだ。だが興味深いことに，帝国自由都市として自由を享受したため，皇帝がカトリックの守護者になっても，この町は皇帝を支えることをやめなかった。皇帝の権威と特権に支えられ，その保護のもとに，職人・商人らは仕事を有利にこなせたという事情もあった。当市の上流階級の間に人文主義が普及したのも，このことと無関係ではない。代々の皇帝，およびカール大帝によって建てられた神聖ローマ帝国を介して，ドイツ人たちは，また古代ローマ人の子孫たることを主張できるのである。こうしてニュルンベルクは，ルター派を擁護し，生活のあらゆる面をその教義に沿ってコントロールしながらも，古代文化とのつながりを意識しつづけたのであった。経済的な繁栄を謳歌していたこともあり，ほかの諸都市にあったような陰鬱な黙示録的予言がこの町の巷に響くことはなかった。

際立った事実として指摘しておかねばならないのは，ニュルンベルクにはギルドが存在しなかったことである。14 世紀半ばの短命に終わった職人蜂起の後，団体活動がつぶされたのだ。親方の社交場たる居酒屋をつくるという試み，集会の自由さえ，市参事会によって否定されてしまった。あらゆることは，市参事会の指示と規制に従わねばならなかった。また，すでに宗教改革導入前から，市参事会は救貧・学校の管轄権をもつとともに，領域内の多くの教区教会の教会庇護権，聖職禄やミサ基金をも手にしていた。要するにパトリチアたちは，聖俗両世界において都市のなかの「父」として，「子どもたち」の行状を用心深く監視し，彼らに必要なものを与え，またこまごまとした奢侈条例を発するなど，なにくれとなく口うるさくたしなめたのである。これは，宗教改革の前後で一貫した態度であった。結婚や家族についての掟，妻は夫を愛するのみならず，彼に服従し支配されるべきだというルターの教えも，参事会により代弁された。

宗教改革の基盤がギルドにあったアウクスブルクとは大きく異なるように見えても，市参事会が共同体の資格において，都市の救いのために神に敵対する都市内すべての行動に介入すべきだと考えられたこと，そして市政府は神の栄光を高め，堅固にし，聖なるキリスト教世界の秩序に従い，不正や大きな犯罪を取り除くためにに設定されたと信じられた点では，おなじであった。ここでも「聖なる都市」理念が，宗教改革期における都市政府の政策を定めていたのである。

しかし中世盛期の「聖なる都市」とは違って，これはエルサレムの写し絵のような都市ではなく，健全・純潔なる聖なる家族の集合体というところが，宗教改革期のドイツが理想とした都市の特徴であり，したがって，宗教改革が，古い身分制社会を近代の民主的な社会に脱皮させたかどうかは，はなはだ疑問である。むしろカトリックであれプロテスタントであれ，信仰告白を中軸として，それぞれの領域内部での信仰を統一し，教会と領邦の体制強化を図る「宗派化」の動きに，家や家族も巻き込まれたということだろう。

4．風刺画の背景

つぎに，ドイツで宗教改革時代に盛んにつくられた絵画・図像について考えてみよう。そもそも宗教改革者は，カトリックのような聖像を認めなかったが，必ずしも全否定ではなかった。

(1) ルターの考え

ルターはつぎのように考えた――教会に絵を飾ることで功徳を得ようとするパトロンはとんでもないし，石や木の像をそれが表象する超自然的実体と同一視して崇拝するのは偶像崇拝であるが，それらを証拠・記憶の助け・記号とするのは，悪いことではない。イメージは破壊されるべきではなく，単に「中和化」されるべきなのだ。聖像破壊主義者も聖像愛好者もともに間違っている。正しい解決は，イメージの前では私たちは自由であるべきだ，ということである。イメージ自体は良くも悪くもない。どのように使うかは，信徒の自由であり，その使いようにかかっている…と。

かようにルターはイメージを擁護し，キリスト教徒の教育のための絵画の認識論的価値を認めて，イメージと言葉とのリンクをつくり上げようとした。このルターの考えが，教皇庁に劣らず，イメージ戦略とイメージ闘争を巧みに操ったルター派の活動のベースとなっている。彼の周辺でのパンフレット合戦は，図像合戦にもなり，それゆえカトリックの聖職者や修道士，司教や教皇を批判・風刺した版画が大量に出回ったのである。

（2）農民と傭兵の風刺

さて，当時のドイツにおいては，直接カトリック批判というわけではない，パロディーやカリカチュア図像が多数，生み出されたことに注目してみる必要がある。そこには，まさに宗教改革期の，ブルジョワの立場，彼らが担った都市文化の一様相が表れているからである。

描かれる常連として，まずは〈農民〉に注目しよう。15 世紀半ばから，農民たちが主役を担ういくつかの図像が登場してきた。そして 16 世紀前半，デューラーの弟子たち，特にゼーバルト・ベーハムとバルテル・ベーハムの兄弟が，ダンスや飲酒にふける農民の祝日，歯医者にかかる農民などを盛んに描いた。ベーハムの批判的なまなざしは，農民戦争後の，ルターの農民への呪詛，彼らを不従順な略奪者・瀆神者として罰するべきだという考え方がベースになっていよう。図像にかぎらず，たとえばハンス・ザックスの書いた劇でも，現行の社会秩序を脅かす農民を批判し，悪辣な輩へと仲間入りさせている。ネーデルラントでは，ピーテル・ブリューゲルやピーテル・ファン・デル・ボルフトが同様に，農民たちが教会の祭りを濫用する様などを描いて道徳的コメントをイメージで呈示している。

「兵士」「傭兵」の図も，16 世紀のドイツの版画で大きな位置を占めた。個人であれ，グループであれ，活発な動き，力強い動作，目を惹(ひ)く衣装などが見栄えがするので，彼らは恰好の画題だったのだろう。最初にそれが登場したのは，15 世紀末のことである。16 世紀になるとスイスや南ドイツの画家，ニクラウス・マヌエル・ドイッチュ，ウルス・グラーフ，ハンス・ホルバイン(息子)，アルブレヒト・アルトドルファー，アルブレヒト・デューラー，ハンス・バルドゥンク・グリーン，エルハルト・シェーンなどによってよりいっそう開拓され，人気を博した。

皇帝の軍隊の凱旋行列などを描いて，君主の威光と軍隊の力を誇示するような兵士の絵もあるが，「死と傭兵」「傭兵と売春婦」といった風刺画も数多く制作され，さながら悪人のカップルの図のようである。これらは傭兵批判となっていて，彼らの社会的役割への漠然たる不安，宗教改革初年において重要であった戦争の正当性についての議論とも響き合っている。たとえば中世の「聖戦」理論を痛烈に批判したエラスムス

図 11－1　ホプファー「5 人のランツクネヒト」

は,「傭兵」という存在自体に憤っている。そして両親や子ども，妻のもとを去って，無理強いされるわけでもない戦争に，恥知らずな虐殺のために雇われて働く傭兵は，人類のタイプのなかで最も浅ましく呪うべき存在だとする。

以上,「農民」や「傭兵」の図示は，社会的諷刺と卑猥なユーモアを結び付けた文化的ステレオタイプを，階級間の揶揄（やゆ）の道具にしているものである。テクストをちゃんと「解読」できるのは，洗練された教養あるエリートのみであっても，ブロードシート（大判印刷物）や木版画になれば，都市社会の階級間の障壁を越えて，特定の観念を広めることができたのである。都市の宗教改革には，このように上層・中流市民の価値観の新たなメディアを通じての表明の場もあったのである。

5. アムステルダムの場合

16 世紀の経過中，ドイツのどの地域でも都市の栄光は去って，都市の古いゲノッセンシャフト的な側面が衰退していき，市民は，市民としての本質，相互の連帯を忘れてしまう。参事会も，自分たちを都市ゲマインデの機関と自認することはなくなってしまう。貴族が復権して縁者をひいきし，都市当局が専制的な権力を揮（ふる）うことになる。国家の強化，都市専制の昂揚に，宗教改革の政教分離（ルター）や政教協働（ツヴィングリ）の理念が曲げられてしまうこともある。

(1) オランダの独立と経済発展

それでは，おなじくプロテスタントが栄えたネーデルラントはどうだったのだろうか。ネーデルラントは，もともと南部が商業的に繁栄していた。ところが 15 世紀半ばを境として，それ以後，南ネーデルラントは毛織物業が不振に陥って経済的危機に見舞われ，また都市がブルゴーニュ公と対立して政治的にも苦境に立つ。貧富の差が拡大し貧者も増加していった。さらに1520年代になると，南ネーデルラントはフランスと神聖ローマ帝国の紛争の舞台となり，アントウェルペンが国際通商・金融の一大市場としての地位を失ったこととあいまって退潮する。手工業製品は売れず，凶作と疫病もあり，失業・食糧物価上昇など災難がつづいたため，多くの都市で貧困化が進行する。

フランドル（南ネーデルラント）に代わって，商業的にも文化的にも発展を始めたのが，オランダ（北ネーデルラント）であった。ネーデルラントは，カール5世の神聖ローマ帝国の心臓部であったが，カールの死後間もない1579年，ネーデルラント北部7州がユトレヒト同盟を結成して宗主国スペインに対抗し，1581年にはネーデルラント連邦共和国として独立を宣言。戦争は結局オランダが勝利し，1609年の休戦条約（12年間）を結ぶ。条約が失効しても，独立は既成事実化し，1648年，ウェストファリア条約で独立が承認されて輝かしい時代を迎えた。

進取の気のあるオランダ人は，機会を捉えてバルト海からビスケー湾にかけての海上貿易を牛耳り，世界を股に交易をした。港の埠頭はバルト海沿岸の穀物，イングランドの毛織物，インドの絹と香料，ブラジル・西インド諸島の砂糖，スカンジナヴィアの鉄と木材，ドイツのブドウ酒，イングランドおよびスコットランド沖のニシンの塩漬けの樽，ニューカッスルの石炭，などなどが集まり，まさに「商業経済」の先端であった。

（2）カトリックからカルヴァン派へ

オランダで最も殷賑（いんしん）をきわめた都市は，アムステルダムであった。16世紀のアムステルダムでは，かぎられた富裕商人が都市政府を治めていた。宗教改革が勃発すると，最初アムステルダムのローマ・カトリック寄り政府は，改革運動に寛容であったが，再洗礼主義がトラブルを巻き起こすと，不寛容になり，都市参事会のメンバーには，忠実なカトリックのみが成ることが許された。こんなわけで 1567 年までに多くのプロテスタントの商人が，聖像破壊運動に加わったと責められてスペインのアルバ公とその異端審問を逃れるため外国に避難した。亡命地はドイツのエムデン，ブレーメン，ケルンなどである。もちろんこれは，アムステルダムには経済的・技術的打撃であった。1578 年にオレンジ公の介入でアムステルダムからローマ・カトリックの行政官が「追放」され，外国から多くの逃亡者が戻ってきた。

カルヴァン派の町になったアムステルダムでは，以後，多くの移民を受け容れた。ヨーロッパ各国から，ユグノー，ルター派，再洗礼派，メノー派，アルミニウス派，ユダヤ人や他の分派が集まり，またカトリック教徒もいた。カトリックは公的には違法とされても公に宗教活動しなければ存在を許されていた。ほかの国よりはずっと寛容であり，新しい形態でのカルヴァン派の狂信もここでは避けられた。

（3）レヘント支配の階級社会

アムステルダムでは，大半の男は未熟練のしがない仕事についていた。日雇い労働者，港湾労働者，船乗りなどである。その上にはより独立性を保ち，ある程度熟練・専門技能をもった者たちがいた。煉瓦積み，大工，石工，ガラス工，左官，鉛工，靴屋，仕立て屋，パン屋，醸造業者，肉屋，宿屋などがそうした者たちであった。

以上がピラミッドの底辺だとすると，彼らと頂点の金持ちの間には，さまざまな中間層がいた。小商人・店主のほか，都市使用人，法律家，不動産仲介商，薬種商，公証人，牧師，学校教師などである。

頂点の富裕者としては，少数だが金利生活者，実業家，大商人，市の高官らがいた。アムステルダムはほかのオランダ都市と同じく，市参事会が支配した。この集団は，（複数の）市長，代官 schout および 9 人の参審人から成った。彼らは市政と都市経済に責任を負った。市長らが最も重要なメンバーで，毎日の市政に責任をもった。2 年任期でその後 1 年は再選できなかった。またすべての重要案件は，第 2 の機関である評議会つまり 36 人の終身地位保有権をもつ者たちから成る評議会で諮(はか)られた。このようにアムステルダムは寡頭制で，ほかの者らはそこから排除されていた。有力者は市の役職に就いていない時も，多くの重要な地位に就き，たがいに任命しあって市政を牛耳る影響力ある集団を形成した。

こうした高官を独占する者たち（レヘント）らの権力は，理論上も法律面でも，絶対的なものに近づいた。彼らは神の意志で支配しているのであり，彼らの富も神の意志に拠るのである。個人の利益を図るのでなく，公共のために働くためには，物的心配から解放され手厚い保護を受けて楽な生活をさせてもらう必要がある，と彼らは弁じる。だが実際は，彼らも地位を利用して自分や家族や友人を利した。たとえば運河の拡張工事決定の情報を漏らして，土地投機でもうけさせる，などの手口である。

16 世紀末から 17 世紀にかけて，ネーデルラントでは大部分，カルヴィニズムが支配した。カルヴァン派信徒は，死後救われるのかそうでないのか，決してわからない，恐るべき緊張のうちに生きねばならなかった。それはルター派にはない苛烈な教説だともいえ，信徒は不断に自己審査を求められ，また自分の生活を計画的に規制することを要求された。しかし，ここでも宗教改革の理念は，身分制の解除にはつながらず，身分社会の固定と強化に貢献したことが，アムステルダムの例からはうかがわれるのである。

参考文献

中村賢二郎・倉塚平編『宗教改革と都市』刀水書房，1983 年

ベルント・メラー（森田安一・棟居洋・石引正志訳）『帝国都市と宗教改革』教文館，1990 年

Keith Moxey, *Peasants, Warriors and Wives : Popular Imagery in the Reformation*, Chicago-London, 1989.

Lyndal Roper, *The Holy Household : Women and Morals in Reformation Augsburg*, Oxford, 1989.

Gerald Strauss, *Nuremberg in the Sixteenth Century : City Politics and Life between Middle Ages and Modern Times*, New York-London, 1966.

研究課題

(1) 宗教改革の各都市への導入はどんな経緯でなされたのか，考えてみよう。

(2) 改革を推進する都市参事会の「家族」をめぐる方策について，考えてみよう。

(3) 宗教改革者らが美術作品についてどう評価していたのか，考えてみよう。

12 近世都市の社会集団と文化

林田伸一

《目標＆ポイント》 近世において，都市が中世とは異なる政治的，経済的条件のもとにあったこと，それに由来して中世都市とは異なる性格をもったことを学ぶ。近世都市では名望家層が形成されて，新しい文化を形成したことと，それがもっていた意味を理解し，説明できること。
《キーワード》 絶対王政，市場経済，国王役人，貴族，社会構造，文化による差別化，農村と都市

1．はじめに―近世都市の位置づけ

（1）絶対王政と資本主義的世界体制

近世都市と中世都市の違いは，近世には2つの大きな変化が生じていることによる。一つは，広い領域を一円的に支配する主権国家の形成と発展である。この時代のヨーロッパの主権国家はほとんどの場合，絶対王政という統治形態をとった。絶対王政は専制的な支配とは異なり，都市が中世以来もっていた自治をすべて剥奪できたわけでは決してなかったが，都市に対してさまざまな要求を行い，その自律性を弱めた。

もう一つは，資本主義的世界体制の形成と発展である。15世紀末から大航海時代が始まり，ヨーロッパは外の世界に進出し，征服した土地から資源を奪う。それが原動力となり，ヨーロッパ経済が活気づき，市場経済が徐々にではあるが浸透し始める。そして，その市場経済の結節点として都市は発展することになる。

同時に，このことは社会に貧富の格差をもたらした。もちろん，それまでにも一定の格差はあったのだが，市場経済の発展は，そこから利益を得られた少数者とそれ以外の者との差を拡げ，都市の住民の間の一体性意識を低下させる。

（2）都市人口

近世のフランスでは，都市人口は総人口に比べてずっと小さいが，近世を通じて見れば次第に増加し，しかも，その増加率は総人口のそれを上回る。フランスで都市人口が総人口の10％を超えたのは，16世紀初頭と推定されている。17世紀初頭には総人口1,900万人のところ273万人（14.4％），18世紀初頭には総人口2,240万人のところ390万人（17.4％），18世紀末には総人口2,810万人のところ570万人（20％）に達したと推定されている[1]。

都市人口が本格的に増加し始めるのは19世紀以降のことで，前近代においては，総人口に占める都市人口の割合は小さい。にもかかわらず，都市はその人口よりずっと大きな経済的，政治的，文化的な力をもった。そして，さまざまな人，モノ，情報が集まり，またそこから拡散していく都市は，変化を引き起こす坩堝（るつぼ）といってもよいのである。

2．社会集団

近世都市においては，人口が増加するだけではなく，中世には存在しなかった，あるいはわずかしか存在しなかったような種類の人々も姿を現し，都市の性格に変化を与えることになる。

（1）国王役人

王権は，その伸長に伴って，支配機構を拡充する。裁判所について見

1　ここで「都市」としているのは，人口2,000人以上の集落。これは，18世紀において国王政府が行政的必要から行った定義である。

てみよう。この時代にはいまだ司法と行政が明確に分かれていなかったから，裁判所が裁判のみならず行政の役割も一定程度もつという重要な役割を果たしていた。王権は，国王裁判所の機構を整備して，領主裁判権をその下級審として組み込む。高等法院を頂点とする国王裁判所は都市におかれ，周辺の農村地帯の住民も管轄下においた（18 世紀末の時点で，高等法院など最高諸院が 22 都市に，上座裁判所が 99 都市に，バイイ裁判所・セネシャル裁判所が 288 都市に，森林河川局や塩倉などほかの裁判所が 278 都市におかれた）。そして，それを担う国王役人（裁判官であり，同時に行政も行う）がその都市に居住することになるのである。

といっても，国王役人は，パリあるいはその他の土地から派遣されてくるわけではない。役所のおかれた都市の富裕なブルジョワあるいはその周辺の富農が，国王役人になるのである。前近代のヨーロッパでは官職売買が行われたが，特にフランスでは盛んであった。官職の売買は，はじめは民間で行われていて国王政府はそれを黙認していたが，16 世紀になると政府が自ら官職を売り始めた。目的の一つは，官職の売却益による国庫収入の増加であり，もう一つは，支配機構とりわけ地方を統治するための機構の整備・拡充に対応した役人をリクルートするためである。官職には免税特権が付随しているうえにステータス・シンボルにもなったから，金を貯めていたブルジョワや富農がこれを競って購入した。つまり国王役人といっても在地の者であった。だが，彼らの価値観や生活態度は，国王役人になることによって一定程度変化する。

こうした王権の支配機構の担い手，また，こうした機構が提供する仕事に生計を依存する弁護士，代訴人，公証人などが，都市の人口において大きな比重を占めるようになった。たとえば，ブルターニュ地方の古くからの中心都市で，高等法院が設置されていたレンヌの場合を見てみよう。1675 年にブルターニュの農村地帯で「印紙税一揆」とよばれる大規模な農民反乱が起こった。高等法院は本来この鎮圧に大きな責任を有するのであるが，この一揆には重税を課す王権に対する地方の反発という側面があったために，地方特権の擁護者という性格をももつ高等法院は，一揆に厳しい態度で臨まなかった。このため，一揆が鎮圧された後，高等法院はレンヌからの追放を王権から命じられ，その後 14 年間もの間ほかの都市におかれることになった。この時，4 万 5 千人だったレンヌの人口は，1 万人近く減ったといわれる。その 1 万人のすべてが高等法院に生計を依存する者たちとは限らないが，この都市における高等法院の重みがわかる。

（2）貴族

貴族も都市の居住者のなかで大きな存在となる。中世には，貴族は宮廷や都市を訪れたとしてもそこに長く滞在することはなく，農村部の領地に城や館を構えて住んでいた。ヨーロッパの貴族はもともと戦うことを職業としていた者たちであり（日本における天皇の周囲にいる非戦闘集団である貴族とは，まったく異なる），馬にまたがって野山を駆け回り，狩りをすることを好み，したがって，田園生活を好んでいた。このことを良く表したものとして，マルク・ブロックは大著『封建社会』で，つぎのような逸話を紹介している。ある貴族の息子が家族の決定によって修道院に入ることになった。修道院は，生活が神に祈りを捧げることを中心に回り，戒律の厳しいところである。すると，もう自由に野山を駆けめぐることはできない。そこで，彼は，修道院に入る日に，修道院の一番高い塔によじ登り，「以後，駆け回ることの許されない山野の景観をながめて，放浪の魂にせめてもの慰めを与えよう」としたという。

こうした田園生活への好みのために，貴族は都市や宮廷にあまり親しみを抱いていなかった。これに対して，17 世紀に入ると，そして 18 世紀には特に，大貴族たちはほとんどが，自分の領地にはあまり帰らずに，宮廷で国王の近くに伺候したり，都市に立派な邸宅を構えたりした。

（3）その他の人々

国王役人や貴族のほかにも，近世になって新たに登場したり，存在感を大きくしたりする人々がいた。15 世紀中葉の活版印刷の発明以降，印刷業が発展した。1550 年にはフランス国内で約 40 の都市に，1600 年には少なくとも 60 の都市に印刷所が存在した。出版業が盛んであったフランス第二の都市リヨンでは，大書籍商，印刷・出版業者，印刷職人といった印刷業に従事する者は合わせておよそ 600 人を数えた。情報をつくり伝達するという仕事柄，また，自身高い識字能力をもっていたから，彼らはその人数以上の影響力をもっていた。そして，第 15 章で述べるように，18 世紀には出版業の発展，人々の識字率の向上，出版物が読まれる空間の増加によって，その影響力をさらに拡大することになる。

聖職者の数も，17 世紀に対抗宗教改革の影響で都市に多くの修道院が建てられたため増えた。

従来の商業ブルジョワとは性格の異なる金融ブルジョワの存在が大きくなるのも，見逃せない。都市に富裕層が集中して居住することに伴い，奢侈品業者も増加した。

3．社会構造

（1）階級社会か身分制社会か

近世のフランス社会の構造をどのようなものと考えるかについて，かつて次のような論争があった。一方にはマルクス主義の歴史家たちがいて，封建的な土地所有者である貴族と農民を中心とした広汎な民衆の階級対立がこの社会の最も基本的な要素だと主張した。これに対して，つぎのように異論を唱える歴史家たちがいた。それによれば，財産を区分の基準とする階級が存在するようになるのは資本主義がかなりの程度発達した 19 世紀においてである。それ以前の近世社会においては，経済的な富よりも社会的評価や名誉が重視されていて，それらを基準として階層的に序列化された身分や身分内部で細分化された集団が基本となっている。その序列は人々によって肯定的に受けとめられ，縦の連帯の絆を形成している，したがって，階級によって水平的に分断された社会ではない，と。

近世社会にマルクス主義の階級概念を適用するのは，確かに難しい。というのは，この時代の大きな特徴の一つとして，ブルジョワジーの台頭と彼らの統治構造への参加があるからである。絶対王政の官僚機構の担い手は，官職を買ってそのポストに就いた富裕なブルジョワたちであった。また，国王に巨額の金を貸し付けたのも金融ブルジョワであった。他方，後者の説については，近世当時の支配的階層が自らの優位性を正当化するためのイデオロギーを現代の歴史家が無批判に取り入れ，それを社会の現実と混同している面がある。したがって，どちらの説にも難点がある。だが，近世社会の編成において国家と個人の間に存在する中間団体が果たす役割に目を向けさせることになったのは，論争の成果だった。

（2）都市の社会構造

以上に見たのは，近世フランス社会全体を対象とした議論であるが，都市社会についての考察にも参考にすることができる。近世の都市社会は階級社会ではない。人々が職能団体に組織され，親方の家が仕事場となり，そこで職人・徒弟が同じ食卓を囲むことに見られるように，これを通じて社会には一定の縦のつながりが存在する。いわば垂直的な社会構造がある。しかし，近世も時代が下るにつれて，経済状況を基準にした水平的な社会構造が形成されてくる。これは，平時には陰に隠れていて見えないが，凶作と食料価格の高騰に端を発する経済危機の時期には，その存在が表面化する。その要因の第1は，貴族や国王役人が都市に居住するようになり，それ以前からの都市の富裕層とともに都市の名望家層を形成したことである。第2は，都市社会において中核的な位置を占める手工業者において，徒弟から職人そして親方へという社会的上昇の回路が狭くなっていたことである。北フランス・ピカルディー地方の中心都市アミアンでは，17世紀の3分の1世紀までは新しく親方になった者のうち，親方の息子は3分の1を越えなかったのに，その後17世紀の末まで，その割合は倍加する。職人は信心会からも締め出され，地位は不安定になる。これによって縦の絆が弱まるのである。

では，経済状況を基準にして，都市の住民を区分してみよう。上記のように，近世では19世紀の資本家対労働者のような明確な階級区分ができないので，二つではなく，いくつかのグループに分けることになる。一番上に位置するのは，名望家層である。貴族，国王役人，貴族風に暮らす金利生活者（国や市の出す債券を買い，その利子で生活），金融業者，大商人から成る。自由職業の者たち，すなわち，弁護士・代訴人などの法曹にたずさわる者，医師などのうち，富裕な者たちもこのグループの末端に連なる。

第2のグループには，つぎの人々が入る。自由職業の者のうち，それほど資産をもたない者たち。また，裁判所の執達吏など下級の役人。しかし，このグループの多くを占めるのは，手工業親方や店を構えている商人である。彼らは経済危機で食料価格が高騰する時期には，生活が脅かされていると感じる。都市の産業・経済構造の変容に伴い，第1のグループとの差が拡大する。が，同時にこのグループ内でも格差が開きつつある。アミアンでは，16 世紀後半からラシャ製造業が急速な成長を示すが，それに伴って親方層の二極分化が始まった。何台もの織機をもち多くの職人を集め，第 1 グループに接近する親方が出現する一方で，仕事を奪われ，富裕な親方の下で働くことを余儀なくされ「貧乏親方」とよばれるようになった者もいた。

第 3 のグループは，職人，徒弟，日雇い労働者，召使いといった者たちである。召使いが人口に占める割合が多いのは，この時期の都市社会の一つの特徴である。中西部の中規模都市アンジェでは，1769年に，21,500 人の人口のうち 2,131 名に及んでいる。名誉や品位が重んじられるこの時代にあっては，地位の高い者はそれにふさわしい生活様式を整える必要があったから，召使いの需要があったのである。このグループの者たちは明日の糧を平時でも心配しなければならない者たちである。そして，いったん経済危機が襲えば，つぎの最下層のグループに転落しかねない。実際，アミアン市政府は，マニュファクチュア労働者と浮浪者をほとんど同一視して，こう禁令をだしている。「労働者及び無頼の生活を送るほかに仕事をもたない者たちすべてに対して，集会をもつことを禁ずる。これに違反したものは投獄される」。

最下層には，貧民，物乞い，浮浪行為者がいる。彼らが都市人口に占める割合は小さくなく，都市にとって大きな負担となっていた。とりわけ，リヨン，リール，アミアンのような 17 世紀から発達した新しい産業であるマニュファクチュアが盛んな都市では，行政や商業が主な機能の都市と比べて貧民が多くなった。貧民のなかには，農村からの流入者が多かった。農民は王税，領主に納める年貢，教会十分の一税の三つの負担を課せられており，一部の富農を除けば多くの農民がぎりぎりの生活を送っていた。こうした状況にあるために，凶作になると，たちまち生活を破壊され，職を求めて都市へ流入した。しかし，職にありつけなかったり，いったん職についても病気やけがのために働けなくなった数多くの者たちが施しを受けて生活していた。この層の数は都市人口の10% 以上に及んでいて，経済危機の年には 20% 以上に達したと推定されている。

(3) 都市の類型

都市の社会層について述べたので，これとかかわりのある近世都市の類型についても見ておこう。近世における都市の発展の仕方は，機能と住民の社会構成から，いくつかの型に分けることが可能である。

第 1 は，行政の拠点としての機能をもつ都市である。この型の都市は，高等法院などの重要な役所の所在地であり，官職の購入を通じて貴族に上昇を遂げたいわゆる法服貴族たちが豪華な屋敷を構え，彼らに仕える多くの召使いが居住する。また，官職保有者たちが集まることが，彼らの仕事を補助する法律家や公証人や書記たちを引きつけると同時に，彼らにサービスを提供する産業を刺激する。首都パリや地方的中心都市のトゥールーズ，ディジョン，レンヌ，エクス=アン=プロヴァンスなどがこれに相当する。第 2 は，宗教的な中心としての機能をもつ都市で，大聖堂と大司教・司教の屋敷を中心に街が形成されている。ランス，ブールジュなどの都市がこれで，司教職に関連付けられた教会堂や礼拝所付きの数多くの聖職者たちが居住する。第 3 は，マニュファクチュアと貿易で盛える都市である。リヨン，アミアン，トロワなどがこれで，数千人の手工業者が働き，ほかの都市と比較すると大商人や金融業者の影響力が大きい。第 4 は海港都市で，特に 17 世紀末から 18 世紀にかけて大きな繁栄を見せる。大西洋貿易のボルドー，ナント，サン=マロ，大西洋貿易に加えてレヴァント貿易でも利益をあげた地中海沿岸のマルセイユがそうである。

4．社会層と文化

（1）文化的共時性の消滅

名望家層の形成は，文化的な溝を生じさせることになった。かつては，貴族や都市の有力者たちも民衆とほぼ同じ文化をもっていた。社会的な地位こそ異なっていたが，彼らは民衆と同じような言葉遣いをし，振る舞い（手づかみや回し飲みの食事作法などが典型である）をしていた。また，同じ祭りに参加し，同じ礼拝に出席し，町や村の広場で同じ演劇を楽しんでいた。しかし，彼らは，16 世紀頃から，そして 17 世紀に入るとよりはっきりと，民衆から距離をおき，新しい文化―伝統的な文化を民衆文化，新しい文化をエリート文化とよぶこともある―を形成することになった。

こうした文化の形成には，宮廷の影響が大きかった。社交が政治と結びついて大きな役割を果たしていた宮廷という独特の社会では，礼儀作法や感情の抑制が重んじられるようになっていた。16 世紀に，「礼儀正しさ」を意味する civilité というフランス語が生まれていたのは，この時期にそうしたことに価値がおかれるようになってきたことを意味している。そして，国王の権力が大きくなり，宮廷の権威が高まるとともに，都市の名望家層にも宮廷文化が取り入れられたのである。

（2）礼儀作法書

16 世紀以降，礼儀作法書の出版が相次いだ。なかでも，外交官であったアントワーヌ・ド・クルタン（1622－85）の『新礼儀作法論』は，1671 年に初版が出されると，約 20 版を重ね，今でいうベストセラーとなった。この著作の内容は，もともと，クルタンが地方に住む貴族である友人の依頼に応えて書簡で何度かに分けて伝えたものである。この友人は，勉学と修業の仕上げとして息子を宮廷に送ろうとしていたが，その息子に礼儀作法（civilité）の規則を教えてくれるようにと依頼してきたのである。したがって，その内容は主として，地位の高い人物と宮廷で接するときの振舞い方であるが，ベストセラーになったということは，この著作が宮廷の外でも広く読まれたことを示している。

そして，クルタンは「結語」の部分において，「昔は，身分の高い人の前で唾を吐くことが許された。その上に足を乗せて隠してしまえば，それでよかった。しかし，現在では，それは下品である」と書いていて，作法がこの時代になって新しくつくられたものであることをうかがわせている。宮廷や都市の上流階層とそれより下の階層との文化的断層はもともと存在したものではなく，この時期から形成されたものであることがわかるのである。

（3）民衆との差別化

なぜ，都市の名望家層が宮廷文化を受容したのであろうか。それは，都市の名望家層の間に，自らを農民や都市の民衆に優越する存在であるとして，差別化する必要が生じたからである。貴族についていえば，かつては，貴族は戦場で戦うことや領地を支配する（領民の保護を含む）ことでその存在の意義を示すことができた。しかし，大砲や銃などの火器の発達とともに，戦争では次第に歩兵の役割が増し，騎兵たる貴族の価値は減少した。また，領地支配については，領地は所有しているものの，裁判権が国王裁判所の下級審として位置づけられたように，かつてのように大きな力をもたず，国王の支配のもとに服するようになっている。中世末の「封建的危機」によって，さらには16世紀におけるヨーロッパ外からの貴金属流入の結果たる貨幣価値の下落によって，経済的にも衰退する者が多かった。こうして，その存在意義を問われることになった貴族は，政治的権力や軍事力ではなく新たなかたちで，ほかの社会層との差別化を図る必要を感じていた。それが，民衆とは異なる「洗練された」文化を形成することであった。

他方，富裕なブルジョワたちも，宮廷の模倣をした。モリエールの『町人貴族』の主人公のように，貴族に憧れ，その仲間入りをすることを望んでいたからである。そのためには，自分たちを下の階層の者たちと差別化しなければならなかった。貴族身分は，独自の存在意義こそ薄れているが，しかし社会的序列のうえでは依然として最上位にあり，かつ大きな特権を享受できた。そして，フランス革命前の社会では身分が固定されているように思われがちだが，実際にはブルジョワから貴族への社会的上昇の道が存在していたからである。

（4）祭りの変容

名望家層と民衆の溝をはっきりと示しているものとして，祭りについて見てみよう。前近代の都市ではさまざまな祭りが祝われ，人々の生活において大きな比重を占めていた。そして，これらの祭りには，有力者も民衆も同じように参加していた。しかし，近世の間に，とりわけ17世紀に入ると，祭りは都市当局によって規制されるようになり，若者組や信心会といった伝統的な担い手が手を引き，秩序立ったセレモニー的な要素が強くなる。民衆的な要素が失われ，民衆は見物するだけになるのである。民衆的な祭りが存続する場合もあるが，それらにはブルジョワからの非難の眼差しが向けられた。18世紀末にパリの街を歩き回り，街とそこに暮らす人々の情景を詳細に描いて後世に貴重な史料を残したメルシエは，こう書いている。

図 12－1　パリのカーニヴァル（エチエンヌ・ジョラ画）（1757）

> カーニヴァルのあいだじゅう，下層民は卑猥なことしか話さないし，そういうことにかけては，無数の野卑なだじゃれを考えついては大笑いする。「仮面男」がお屋敷町を隈なく練り歩き，貴婦人や姫君の窓の下を，シャツ一枚で半ズボンもはいていないような姿で通る。

こうした祭りに対する非難は，民衆の存在そのものに対するブルジョワの警戒と嫌悪が結びついている。アメリカの歴史家ロバート・ダーントンは，南仏モンプリエの一人のブルジョワによる自分の都市についての記述を分析して，その大きな特徴として，このことを指摘している。たとえば，職人について，このブルジョワはこのように言う。「かれらに正直と遵法精神を教えこまなければならない。というのは，一般庶民は生来邪悪で，放縦で，暴動と略奪に走りがちだからである」。

5. 農村を「支配」する都市

こうした新しい文化の形成は，近世において進行した農村に対する都市の優位の形成の一環と見ることができよう。歴史家によっては，これを農村に対する都市の支配とさえ表現する。第一は，経済的な優位である。都市に居住する富裕なブルジョワは，没落した貴族の領地を買い，その土地を耕作する農民から地代を徴収した。領主になることは，官職を獲得することとともに，平民が貴族になるための重要な一つの手段だったために，これは広く行われた。

第 2 に，知的な面での優位も形成された。「小さな学校」と呼ばれた初等教育機関が宗教改革・対抗宗教改革期以降，カトリック，プロテスタント両教会により（あるいは，都市に働きかけて）設立され，読み書きと簡単な計算が，宗教教育と結びつけて教えられた。17 世紀後半にラ・サールが開いたキリスト教学校修道会は，国内 100 以上の都市に学校をもっていた。だが，資金と人材に限りがあったので，農村部にまでは届かなかった。

また，地方の中心都市では，中等教育機関も整備された。これはコレージュとよばれるもので，中世には聖職者の養成を主たる目的としていたが，近世に入ると俗人の中等教育機関としての性格をもった。これが発展したのは，都市が王権の地方支配の拠点となり，行政機関がおかれたことと関係している。官職を購入して国王役人になることは，平民が貴族へと社会的上昇を遂げる重要な一段階であったが，そのためには，コレージュ，さらにはそこを経て大学に入って法律を学ばなければならなかった。そこで，富裕なブルジョワは息子をコレージュに通わせることを望んだ。そうした需要があったからコレージュが多く設置されるようになったのである。コレージュは，日常的にはフランス語を使用していない地域の少年，少女たちにフランス語を教える場としても重要であった。

当然のことながら，識字率も都市の方が高くなった。17 世紀半ばのノルマンディー地方において結婚契約に自分の名前を書くことができたのは，男性の 39%，女性の 17% にとどまっているのに対し，この地方の中心都市ルーアンでは男性の 57%，女性の 38% がこの能力をもっていた。

農村に対するこうした都市の優位は，近世に特有のものである。これに加えて，都市には貴族や官職保有者など特権を得ている者たちが多く集まっていた。さらには，都市自体の特権として，直接税タイユを免れている都市も少なくなかった。こうした状況が，不公平感と都市民に対する反感を農民に抱かせたことは，容易に推測できよう。1789 年に全国三部会の召集が決まると，各地で代表の選出と同時に国王への陳情書の起草が始められるが，この陳情書には，都市と都市民に対する農民のこうした感情が反映されているものが存在するのである。

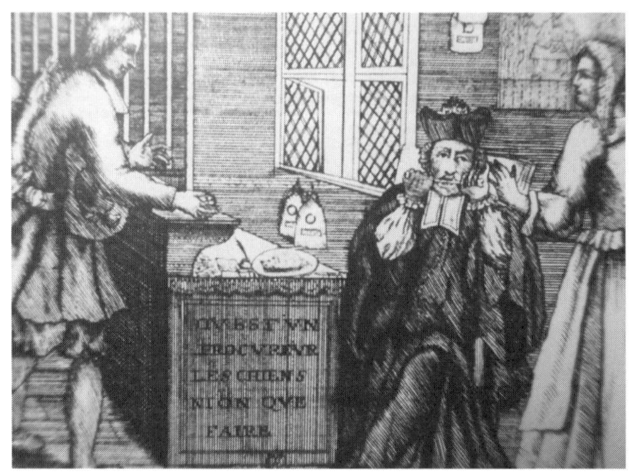

図 12 - 2　裁判の費用を払いにわざわざ田舎から出てきた農民と強欲な都市の裁判官を描いた風刺画。（*Histoire de la France urbaine*, t. 3, p. 105）

参考文献

Y.－M. ベルセ（井上幸治監訳）『祭りと反乱―16～18世紀の民衆意識―』新評論，1980年
千葉治男「ヨーロッパ近世の貧民」『中世史講座』7，学生社，1985年
R. ダーントン（海保眞夫・鷲見洋一訳）『猫の大虐殺』岩波書店，1986年
N.Z. デイヴィス（成瀬駒男ほか訳）『愚者の王国，異端の都市』平凡社，1987年
P. バーク（中村賢二郎・谷泰訳）『ヨーロッパの民衆文化』人文書院，1988年
L.S. メルシエ（原宏編訳）『十八世紀パリ生活誌』（上・下），岩波文庫，1989年
R. ミュシャンブレッド（石井洋二郎訳）『近代人の誕生』筑摩書房，1992年
D. ロッシュ（露崎俊和訳）「社会生活のなかの文字文化」ロジェ・シャルチエ編『書物から読書へ』みすず書房，1992年
宮崎揚弘『フランスの法服貴族―18世紀トゥルーズの社会史』同文館，1994年
G. ハッパート（赤阪俊一訳）『西洋近代をつくった男と女』朝日新聞社，1996年
二宮素子『宮廷文化と民衆文化』山川出版社＜世界史リブレット＞，1999年
A. クルタン（増田都希訳）『クルタンの礼儀作法書』作品社，2017年（ただし，訳文および訳出に使用した版は同一ではない）
Pierre Deyon, *Amiens, capitale provinciale ; étude sur la société urbaine au XVIIe siècle*. Paris, 1967.
Georges Duby, (éd.), *Histoire de la France urbaine*, t.3, Seuil, Paris, 1981.

研究課題

(1) 近世とはどのような特徴をもった時代かを，調べてみよう。
(2) 近世都市の居住者は，中世都市と比較して，どのような特徴をもっていただろうか。
(3) 近世都市でどのようにして新しい文化が生まれたか，考えてみよう。

13 王権と近世都市

林田伸一

《目標&ポイント》 近世において，王権が権力を伸長した時に，中世から自律性を有していた都市に対してどのような政策をとったか，また，都市の側では，どのような対応をとったのかを学ぶ。それらを通じて，近世国家の特徴を考察する。
《キーワード》 絶対王政，特権，中間団体，入市式，自治機構，市政府，官僚制度

---

1. 近世都市の研究史

フランス革命の直前の時期に，王権と都市の関係について，このような文章が書かれていた。

> フランスにおいては，市政府はもはや一顧だにされていない。地方長官に従属する単なる，そして大きな権限をもたない行政機関にされてしまっている。慈善，建築，そのほか住民への税の割当にかかわるこまごました仕事にしかかかわれない。都市役人の職が売官職とされたことで，市政府はとどめを刺された。市政府はいまや，金で買われた市長と市参事会員の職から成り立つこっけいな存在としか，人々に認識されていないのである。

これは，『体系百科全書』の「都市」の項目の一節である。『体系百科全書』は，啓蒙思想を代表する著作として知られる『百科全書』(1751－1772) を，より完全なものにしようとして出版人パンクークによって

企画された。引用した文章を書いたのは，パンクークの事業を手伝ったジャック・プーシェ（1758－1830）という今では忘れられた存在となっている知識人である[1]。

プーシェの見方によれば，革命前の都市は国王の直轄官僚である地方長官に完全に服属させられている，そして市政府の役職には，住民の選挙で選ばれた者ではなく，そのポストを金で買った者たちが就任して，市政は寡頭支配に堕する，というのである。プーシェは都市の秩序維持や行政に並々ならない関心を寄せていた人物であるが，現在の歴史研究が明らかにしていることと，プーシェの見解には開きがある。啓蒙思想が盛んであった 18 世紀中葉に生まれ，啓蒙思想を学んで育ったプーシェは，当時のフランスの政府を専制的な，それゆえ強大な力をもつものと誤って認識していたのである。

こうした見方は，フランス革命で絶対王政を倒した後の自由主義の歴史学にも引き継がれた。また，オーギュスタン・ティエリに代表される自由主義の歴史学は，中世都市を近代的自由の源と見たから，王権のもとに服属した近世都市についての評価は，より低いものになった。その後 19 世紀を通じて 20 世紀前半まで，この見方が固定化したのである。

しかし，近世都市の研究と深くかかわる絶対王政や中世都市の領域での近年の研究は，中世の都市自治に民主主義の祖型を見出そうとする 19 世紀の歴史家たちのつくり上げてきたこうした理解とあまり適合的でないように見える。絶対王政研究の分野では，絶対王政の統治組織がかつて考えられていたほど強力なものでなく，中間的諸権力が依然として大きな自律性を保持していたことが共通の認識になっている。他方，中世都市についても，もともと寡頭的傾向が強いこと，国家と都市は対立するものではなく，特に中世末期には王権は，豊富な資金と城壁に象徴される軍事的な力を備えていた都市の力を利用するために，都市を優

1　プーシェについては，千葉治男『知識人とフランス革命―忘れられた碩学ジャック・プーシェの場合』刀水書房，2003 年を参照。

遇していて，共生関係にあったとする説が有力である。

2．社団としての都市

（1）社団と特権

絶対王政については，官僚制度と常備軍を備えた強力な統治体制とかつてはみなされていた。しかし，近年の研究成果で，絶対王政の支配機構はまだ小さく未整備であり王国内の住民を直接に把握することができなかったことが，歴史家たちの共通の認識となっている。そこで，王権が権力を伸ばそうとした時，伝統的に保持していた固有の慣行や権利（これらは，しばしば「自由」liberté, franchiseということばで表現されていた）をもっていた社会に存在するさまざまな団体を自らの支配体制に組み入れ，そうした団体を介して統治するかたちをとった。そのために，王権は，そうした集団に対して，特権の付与というかたちでその自律性を保障しつつ，それと引き換えに自らの規制のもとにおいたのである。

「特権」という言葉を，現代の私たちは，「法や慣例に反しているにもかかわらず与えられる不当な厚遇」というネガティヴな意味あいで使用する。だが，こうした使い方は絶対王政を批判した18世紀後半の啓蒙思想のなかで生まれたものであり，それ以前には異なった意味をもっている。それ以前の特権にはネガテイヴな意味合いはなく，王権による再編成のもとでその存在を承認され，法人格を認められたすべての団体が固有の権利としてもつものであった。そのようにして，法的存在として再編成された団体を，近年の西洋史研究では「社団」と呼ぶことが多い。そして，都市はそうした団体のなかでも最も重要なものの一つであった。

RECUEIL
DES
PRIVILÉGES
DE LA VILLE ET MAIRIE
D'ANGERS,
RÉDIGÉ
PAR MONSIEUR ROBERT,
Doyen de la Faculté des Droits, ancien Maire, & Conseiller-Echevin perpétuel à l'Hôtel de Ville.
IMPRIMÉ
PAR L'ORDRE DE MESSIEURS
du Corps de Ville d'Angers.

A ANGERS,
Chez LOUIS-CHARLES BARRIERE, Imprimeur & Libraire - Juré de l'Université, Ruë S. Laud, à la Science.
M. DCC. XLVIII.

図13－1　『アンジェ市特権集成』(1748年)の表紙
中世末から1747年までのアンジェ市の特権にかかわるさまざまな王令類を集成したもので，都市にとっての特権の重要性をうかがわせる。

序言によれば，この集成を印刷に付したのは市政府で，その目的は2つある。第1は，市民に自分たちが有する特権を教え，特権について問題が生じた際には，自らの権利を維持することを都市役人に要請することができるようにすること。第2は，さまざまな王令を一巻にまとめ参照しやすくすることで，都市役人が，自らの役職に伴う特権と市民の特権を，熱意をもって擁護できるようにすること，である。

(2) 入市式

都市が自律的な性格をもっていたこと，したがって，王権と都市の関係は都市が王権に一方的に服従しているのではないことを，よく示しているのが入市式である。入市式は中世末に始まった儀礼である。国王が即位すると，その後あまり間をおかずに，重要な都市を訪れることが多かった。特に首都パリでの儀式は重要で，成聖式を大聖堂のあるランスで済ませるとパリへ向かうのが慣わしであった。また，中世から近世初頭にかけての国王は頻繁に王国内を巡幸していたが，その行程で都市を

図 13 - 2　アンリ 4 世によるリヨンでの入市式（1595 年）

訪れる時にもこの儀礼が執り行われた。アンリ 2 世は，約 30 の都市で入市式を行い，シャルル 9 世は約 100 の都市で 800 回の入市式を行った。

儀礼の次第は以下のようである。まず，都市の代表たちが市門の外で国王を出迎える。国王は都市の特権を尊重することを宣誓し，都市代表たちが国王への忠誠を誓う。次に，都市の鍵が国王に献呈される。そして，国王は都市に入城し，都市を構成するさまざまな団体から成る行列に先導されて市内の目抜き通りをねり歩いた。

この儀礼は 16 世紀に最も盛大に派手な演出をこらして行われた。王権が強化される 17 世紀に入っても，その回数は減少し華美さも失われるが，依然として続いていた。

3．都市の自治機構とその構成員

（1）自治機構

各都市は，自治のための機構を備えていた。都市の最高の決議機関は，本来は，戸主が全員参加する住民総会であり，これが執行機関である市

図 13－3　フロンドの乱が平定されてから 7 年後の 1660 年に，ルイ 14 世のパリでの入市式が行われた。この図は，商人頭（市長）と市参事会員たちがルイに入市式の式次第を手渡しているところ。〔出典：*L'Etat et les pouvoirs*, Paris, Seuil, 1989〈A. Burguière et J. Revel (sous la dir. de) Histoire de la France 2〉, p.328.〕

長・市参事会員を中心とした都市役人を選出していた。だが，近世に入ると，住民総会は多くの都市でその機能を事実上停止してしまっていた。代わって，資格の限定された少人数の名士より成る会議がその機能を引き継いでいた場合が多い。特に人口の多い都市ではその傾向が強かった。

都市役人の選出については，これも名士の会議に委ねられることが多かった。さらには，任期を終えた都市役人が次の都市役人を指名する方式もよく見られるようになった。こうした変化に伴って，市長や市参事会員を選出する資格や被選出資格も制限されるようになった。

（2）市政府 Corps de ville の構成員

近世になると，多くの都市で市長や市参事会の職が限られた家系の者たちによって牛耳られるようになってしまい，その結果市政は活力を失い停滞する，と従来考えられてきた。たとえば，中世都市研究に大きな影響力をもったプチ・デュタイイは,「17 世紀の末には…大都市では他の諸階層から分離した都市貴族が形成された。これは，ひとつのカーストにほかならず，その中に入り込むことは困難になっていた」と述べる[2]。

しかし，近年の研究では，こうした説が修正されつつある。自治機構が閉鎖化するために，都市役人になって市政にたずさわることのできる社会層が狭くなることは事実である。経済状況を基準にすると，近世都市の住民は以下のグループに分けることができる（第 12 章参照)。上層に，貴族，国王役人，大商人，富裕な弁護士など。その下に，手工業親方や小売商人，第三のグループに，職人，徒弟，日雇い労働者，召使。最下層に，貧民，物乞い，浮浪行為者といった人々である。このなかで市政にかかわることのできるのは，ほぼ上層のグループだけに制限されつつある。中世には，ここで第二のグループに区分されている手工業親方や商店主が市政に参加していたのであるが，16 世紀以降，彼ら（「手を使って働く者たち」と，当時しばしば表現された）が排除される傾向が強まった。

このように，市政にたずさわることのできる社会層が狭くなることは確かである。だが，近年の研究が示すところでは，少数家族による閉ざされた支配は存在しない。すなわち，中心になる有力家系は存在するものの，市政府には絶えず新しい家系が参入していた。市政に参加できるのは名望家層に限られていたが，その階層のなかでは，さまざまな者が市政にかかわっていた。

名望家層（帯剣貴族は市政にかかわらないので，除く）のなかで多くの家系が市政にかかわっていた理由としては，2 つのことが考えられる。第 1 は，名望家層の間に，できるだけ多くの家系にこの名誉を帯びた職を回すべきであるという共通の認識があったことである。市政府に入ることは，社会的上昇のための有力な手段であった。そのため，名望家層

2　Charles Petit-Dutaillis, *Les communes françaises, caractères et évolutions des origines au XVIIIe siècle*, Paris, 1947 ; éd. en format de poche, 1970, p.243.

あるいはそれに入り込みつつある者の間でこの職をうまく回すことは，彼らの間に不満や派閥闘争などを引き起こさず都市の秩序を維持するために重要なことであった。市政府構成員の任期が伝統的に短く設定されていたのも，そこに大きな要因がある。もう一つの理由は，都市役人の職は決して楽な仕事ではなく，かつ基本的には報酬がなかったので，それを富裕な者たちが回りもちで負担することが適当と考えられていたからである。

もっとも，そうしたことがあるからといって，名望家層が一枚岩というわけではなかった。その大きな要因としては，前近代の都市における団体的構造が都市役人の選出に大きく働いていたことにある。市長や市参事会員に選ばれるには，資産額や納税額によって資格を与えられているのではなかった。国王裁判所の役人から何名，商人から何名，弁護士や代訴人から何名というように，都市内の特定の職能団体に数が割り当てられていた。割当数が多い団体は市の政策を自分たちの団体に有利な方向に誘導することができたから，都市内部の対立の大きな要因になっていた。典型的な例は，大都市における国王役人（官職保有者）団体と貿易商団体の対立である。また，血縁や婚姻で結ばれた親族関係によって派閥がつくられ対立に発展することも，特に中規模以下の都市では少なくなかった。作家ラ・ブリュイエール(1645－1696)は書いている。「天下に人が一遍も見たことのないもの，いや恐らく金輪際見ることはあるまいと思はれるものが一つある。即ち小さな都市で如何なる党派にも分たれていないところ……」[3]。

名望家たちの間では，広い範囲から都市役人が出ていた。ただし，市政府構成員を輩出した家系の数を調べると，近世も時代が下るにつれて，それが減少するという現象が見られることも事実である。家系数の減少の最も大きな要因は，都市役人の交替回数の減少である。市政府構成員

3　ラ・ブリュイエール（関根秀雄訳）『カラクテール―当世風俗誌―』（上）（中）（下），岩波文庫，1952年，（上），196ページ

の任期は中世以来，短く設定されていた。多くの都市で，市政府構成員の選挙が毎年の行事として行われていた。祭礼の日など都市ごとに定まった特別な日に行われ，都市役人の一部ずつが交替していたのである。ところが，この本来毎年行われるはずの交替が定期的には行われなくなる現象が17世紀後半から，そして18世紀に入るとよりはっきりしたかたちで現れる。交替回数が減少した理由は，主として王権の政策にかかわる。都市役人があまりに短期間で交替することは有効な行政の妨げになる，と王権がみなしていたのである。また，王権にとって気に入らない選挙結果がでた時に介入して，それ以前の者たちを残留させることもあった。

4．王権の都市政策

（1）特権の縮小

すでに見たように，王権は都市の特権を認めていた。しかし，同時に，権力の伸長を図る絶対王政は，その特権を縮小しようとするのである。そのための政策を整理しておこう。

都市の権力の重要な指標であった裁判権については，ムーランの王令（1566年）により全国の都市裁判所から民事裁判権を奪い，国王裁判所に移管した。刑事裁判権についても徐々に国王裁判所の権限としていく。都市内の日常的な治安維持についても，これを管轄する警視総監の職を創設して規制に乗り出す。まずパリで1667年に，次いで1699年にほかの主要都市にもこの職が創設された。

都市は，国王が課す税とは別に独自に住民に課税をし，支出をすることができた。また，都市は市場経済の発達に伴い，その中心地として内部に富を蓄積していたにもかかわらず，直接税タイユや賦役を特権として免れている都市が，パリをはじめとして少なくなかった。これに対して慢性的な赤字に悩む王権は，コルベールが財務総監だった時期の 1683 年に，諸都市の財政を国王直轄官僚である地方長官の監督下においた。

都市自治の象徴ともいえるのが，市長や市参事会員といった都市役人を住民が自由に選ぶことであったが，これについても王権は手を伸ばす。地方長官などが都市役人の選挙に干渉して，王権にとって都合のよい人物が就任することがあった。また，市参事会員の数を減少させる場合もあり，これは，少人数の方が人脈などを介して市参事会に対する操作を王権が行いやすかったためである。都市にとってさらに影響が大きかったのは，市長をはじめとした都市役人職の売官化を定めた王令が 1692 年に出されたことである。国王役人の官職は 16 世紀から売官化されていたが，それが都市の役職にも及んだのである。これは，都市の自治に対する重大な侵害であった。その 2 年後の 1694 年には，都市民兵の士官職も売官職とされ，都市の軍事的な権限が侵食された。

こうしてみると，都市は完全に王権のもとに服属させられていくように見える。だが，実態はどうだろうか。

（2）法令と実態

以下では，法令を見るだけではなく，それが実際にどのように適用されていったのか，またそのことは何を意味していたのかを，考えてみよう。

まず，都市裁判権にかかわるムーランの王令は，多くの都市が交渉によって，この王令の適用除外を獲得していた。都市役人職の創設については，これに対する都市側の対応は 2 通りあった。第 1 は，私人がそれを買うことである。この場合は，その者がその職にある限り，選挙は行われなかった。冒頭で引用した文章中でプーシェが言及していたのが，これである。ただし，プーシェが間違っているのは，私人によって買われる例はそれほど多くなかったことである。多くの都市では，第 2 の方法を選んだ。それは，売りに出された役職を都市が金を出して買い戻すことである。こうすれば，従来どおりに都市役人を自らの手で選出することができた。そして，国王政府の本当の狙いもそこに，つまり，都市に買い戻しをさせて国庫収入とするところにあった。都市は団体として税の面で優遇されているうえに，都市に住む国王役人たちも官職保有に伴って税を免除されていた。そうした豊かな都市から金を引き出す手段だったのである。

警視総監職については，パリでは機能したが（第 14 章参照），地方都市では，市政府や国王裁判所によって買われ，その組織に統合される場合が多かった。この場合には，市長や裁判所長官が警視総監職を兼ねたから，実質的にはそれ以前と何も変わらなかった。民兵の士官職が売官職とされたことも財政的意図によるもので，王権による支配の強化とどれだけ結びつけて考えられるか，疑問である。

ただし，地方長官の財政的後見については，王令どおりの完全なものには遠かったが，実効を伴っていた。したがって，王権の都市に対する支配は，進んでいるのは事実だが，システマティックなものではなく，ムラがあり，財政面中心のコントロールであった。そして，都市の特権を縮小はしても，それを完全に剥奪することはなかった。なぜなら，王権は特権を有する市政府抜きで都市の住民を支配することはできなかったからである。

（3）市政府の仕事

では，市政府はどのような役割を果たしていたのだろうか。市政府の仕事は，王権との関係という観点から 2 つに分類できる。第 1 は，王権の地方行政の下請けの性格をもつものである。重要なものとしては，王税の徴収があった。たとえばカピタシオンという 17 世紀末に新しく設けられた税の場合，毎年，地方長官が市長にその都市への割当額を示し，それを市が徴収した。実際に徴収の仕事をしたのは，街区や職業団体から選ばれた者たちである。市政府が地方長官に従属する行政機関に成り下がってしまっている，とプーシェが指摘したのは，こうした仕事を念頭においている。

しかし，プーシェは，市政府の仕事がそれだけではなかったことを見落としている。市政府が独自に担う役割があり，それを見ると，これが自律した政治組織として機能していると判断できるのである。市の公有財産の管理，（王税とは別の）都市税の徴収，学校の運営，市壁の維持，夜回りと都市民兵の組織などがあり，そして，最も重要だったのが，都市の秩序維持全般にかかわる仕事であった。その内容は多岐にわたる。公共の場所の治安維持，浮浪・物乞い行為の抑圧，救貧，防災，衛生，道路管理などがあった。また，食料の問題は，秩序維持のなかでも最も重要であった。職能団体についての監督も市政府の仕事であるが，なかでもパン屋と肉屋の組合に対する監督には注意を払っていた。さらに重要なのは，間欠的にやってくる穀物不足への対処であった。ノルマンディー地方バイユーの市政府は，18 世紀前半の三度の穀物不足の際，中央政府からもその代理人である地方長官からも何の助けも受けることができなかった。そこで，市政府が直接イギリスから穀物を買い入れて，危機を乗り切った[4]。近世都市においては，名望家層と民衆の間の乖離が大きくなっていて，都市役人選挙も形骸化しているだけに，食料問題は市政府の支配の正統性を都市住民に示す手段でもあったのである。

4　Olwen Hufton, *Bayeux in the late 18th century*, Oxford University Press. 1967, p.115.

(4) 王権と都市の相互依存

王権と市政府の関係については，これを本質的に対立するものと見るのではなく，基本的には，相互依存的な関係にあると考えることができよう。王権にとって市政府は，経済的に豊かな都市から金を引き出す重要な中継基地であった。都市において王税を徴収する自前の組織をもたない国王政府は，市政府を通じてそれを行った。これは王税の徴収だけでなく，都市役人職の買戻しなど，特権の維持と引き換えに金を引き出す方策を含めてそのようにいうことができる。したがって，都市との決定的な対立を避ける必要があった。良い関係を築けない集団が市政府で力をもっている時には，市政にかかわる名望家層は一枚岩ではなかったので，別の集団が市政府のなかで勢力をもつように操作・介入した。

他方，名望家たちにとっては，王権と結びつくことは自らの都市内における地位を高めるというメリットがあった（王権が都市の特権の縮小を図ったり，過度な租税負担を要求してきた時には，それを簡単に認めると都市内における自らの地位をあやうくするおそれがあったので，必ずしも王権と良好な関係だけを維持するというわけにもいかなかったが）。

また名望家たちは，王権の政策を利用して，自らの利益を図ることもあった。例を挙げてみよう。都市役人職が王権によって売りに出された際の対応として，市政府がこれを買い戻す事例が多く見られたが，その資金の調達はどのように行われただろうか。次のようなかたちを取った都市も少なくない。すなわち，市政府のメンバーが市に金を貸し付け，その後，市政府は，新たな都市税を住民にかけることの許可を王権に求め，その収入によって金を市政府のメンバーに返済していく。もちろん，利子つきであるから，彼らはそこから経済的利益を得ることができた。それでも，買い戻したのちに多くの住民が参加できる選挙が行われればまだしも，実際は都市役人になることのできるのは名望家層に限られていた。したがって，一般の都市住民の負担のもと，王権と名望家の妥協が図られ，相互依存によって王権の統治が成り立っていたのである。

参考文献

宮下志朗『本の都市リヨン』晶文社，1989年
鵜川馨ほか編『江戸とパリ』岩田書院，1995年
柴田三千雄・樺山紘一・福井憲彦編『世界歴史大系・フランス史　2』山川出版社，1996年
福井憲彦編『フランス史』〈世界各国史12〉山川出版社，2001年
小山啓子『フランス・ルネサンス王政と都市社会』九州大学出版会，2006年
二宮宏之『フランス　アンシアン・レジーム論』岩波書店，2007年
永井敦子『十六世紀ルーアンにおける祝祭と治安行政』論創社，2011年
Albert Babeau, *La ville sous l'Ancien Régime*, 2 vol., Paris, 1884 ; réédition, AMS Press, New York, 1972 ; Lharmattan, Paris, 1997.
Bernard Chevalier, *Les bonnes villes de la France du XIVe au XVIe siècle*, Paris, 1982.
Jacques Maillard, *Le pouvoir municipal à Angers de 1657 à 1789*, 2 vol., Presses de l'Université d'Angers, 1984.

研究課題

(1) 社団としての都市はどのような働きをしたのか，考えてみよう。
(2) 国王政府と市政府の仕事の違いは何か，考えてみよう。

14 近世の都市空間と秩序維持

林田伸一

《目標＆ポイント》 近世において，都市の空間がどのようなものであり，また，どのように意識されていたかを学ぶ。近世の都市空間において形成されていた秩序が，どのような性質のものかを，理解し説明できるようになること。

《キーワード》 市壁，城外区（フォーブール），都市図，居住空間，ポリス，浮浪人口，騒擾

1．都市空間とその変容

（1）市壁

中世と同様に近世初頭においても，高い市壁は，外部の敵からの防御に有効であった。例を挙げてみよう。フランスでは，16 世紀の後半にユグノー戦争とよばれる長い宗教戦争が戦われたが，ヴァロワ朝最後の国王となったアンリ 3 世が暗殺された後，親王家であるブルボン家のアンリが，アンリ 4 世として即位を宣言した。しかし，アンリはプロテスタントの中心人物であったため，急進的なカトリック勢力の支配下にあった首都パリは，アンリの入城を拒否した。1589 年 11 月，アンリはパリ攻略を開始したが，市壁にはばまれて成功しなかった。そこで，包囲陣を敷いて兵糧攻めを行い，その間にカトリック改宗を宣言するなどしたにもかかわらず，パリは帰順せず，都市内の者の手引によってパリ入城を果たしたのは，ようやく 1594 年のことであった。

深い堀を備えた市壁は，都市を外敵から守っていた。唯一出入りが可能な市門は，昼は民兵隊によって守られ，夜は閉ざされて出入りができなくなった。夜警隊も外の敵に注意を払っていた。こうした市壁の存在によって，都市民は自らが暮らす空間を，外部とはっきり隔てられた安全な空間として意識していたであろう。市壁は物理的な防御施設であるだけでなく，都市民に外の危険から保護されているという安心感をもたせ，それは都市への共属意識にもつながっていた。

(2) 城外区 (フォーブール)

しかし，近世に入ると，こうした都市空間とそれについての人々の抱くイメージは，ゆっくりとではあるが，変容し始める。

最初の要因は，多くの都市が，市壁のすぐ外に広がる城外区をもつようになっていたことである。フランスでは，城外区は，早い都市では 15 世紀から形成されるようになり，17 世紀には本格的に拡大していく。城外区は，市壁内から市門を通って市外に伸びる主要な通り沿いを中心に拡がる。ここには，野菜栽培やぶどう栽培などに従事し，市壁内の住民の食料調達に貢献している農業者が多く住む。また，織物・なめし・製陶などの製造所が設けられる都市もあった。

都市図は，物理的空間と同時に，作図者の眼を通して社会的空間も表現する。ノルマンディー地方の中心都市ルーアンの都市図を見ると，17 世紀初頭の図では都市の外と内が市壁によってはっきりと区別されて描かれている。城外区はすでに形成されているはずであるのに，市壁の外には何も存在しないかのようである。それに対して 150 年後の 1768 年に描かれた都市図では，まだ存在しているはずの市壁は見えなくなっていて，街は市壁の外の丘の麓まで延びているように描かれている。つまり，城外区は 17 世紀には都市にとっての単なる余計者にすぎないとみ

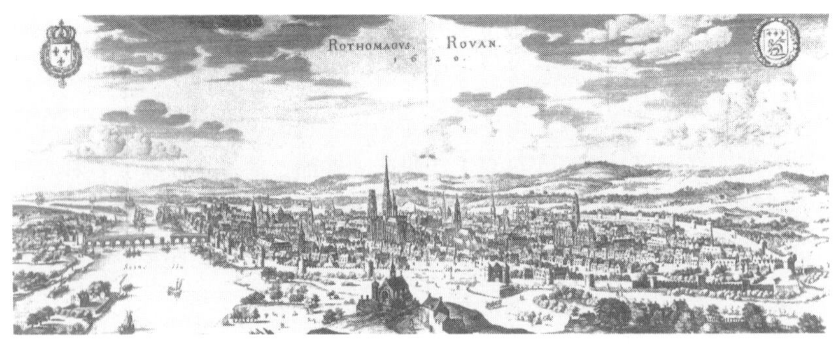

図 14－1　ルーアンの都市図。17 世紀初頭（上）と 1768 年（下）。J. -P. Bardet, *Rouen aux XVIIe et XVIIIe siècles*, Paris, SEDES, 1983.

なされていたのが，18 世紀には都市と一体化した，欠かすことのできない存在として認識されるようになったことを反映している。こうした城外区の形成は，市壁によってはっきりと隔てられた従来の都市空間の変質を予兆させるものである。

（3）市壁の解体

それがよりはっきりとかたちをとるのは，市壁に対する見方が，近世の後期からのことであるが，変化してくることである。市壁は，国境地帯の都市のそれを除いて，崩れるままに放置されるか，取り壊されるようになる。王権の一円的支配の進展により，都市が自らを守る必要がな

図 14－2　市壁解体後につくられたパリの遊歩道　BN Gallica

くなること，壁の維持・修復のためには大きな費用がかかること，経済が発展するにつれて多くなる人や商品の通行の妨げになることが，その理由である。これは 18 世紀から多くの都市で進む過程であるが，パリや地方の中心都市では，いち早く 17 世紀後半から市壁の解体が始められ，その跡に大通りや遊歩道，王立の広場がつくられていた。

こうして，都市は，近世の間に，市壁で保護され，外の世界に閉ざし，周りを農村的要素が濃い城外区に囲まれた存在から，市壁がなくなり，外に開かれ，城外区を都市の活動に統合した存在へと変化する。

他方，次に述べるように，市壁の内からも，都市空間の変容は進む。

2. 民衆の都市空間と名望家の都市空間

（1）人口の密集

都市は人口密集地であり，これが，農村と都市の大きな違いである。それは中世からのことであったが，近世には都市人口が増加するから，より人口密度が高くなった。1789 年のパリでは，1 ヘクタールあたり 400 人である。これは相当に高い数字だが，ほかの都市もそう変わらない。同時期のノルマンディー地方の中堅都市カーンの場合は，1ヘクタールあたり358人である。

人口の増加に伴って，建物を建てることのできる空間も時代が下るにつれて減少する。パリでは，家屋の数は16世紀の末には12,000であったが，1684年には23,000に増えている。都市の中心部のような空いた土地がなく新たに建物が建てられない地区では，既存の建物の上にもう1階ないし2階が建て増しされた。16世紀の都市についてリュシアン・フェーヴルが描写したような，農村的要素は影を潜める。

（2）民衆の都市空間

ただし，ここに示した人口と家屋の数からだけでは，実態の半分しか知ることができない。なぜなら，名望家層が形成され，それより下の階層との格差を拡げるようになったことは，すでに述べたが，民衆と名望家層では異なった都市空間に住むようになるからである。

民衆が多く暮らすのは，その都市の発祥の，古くからある地区である。ここは中世から変わらない狭い道，密集して立つ建物によって特徴づけられる。また，住居の中は寒くて暗く，決して居心地の良いものではなかったこともあって，路地や居酒屋や共同洗濯場など家の外で家族以外の者と接触することが多かった。そこには噂話が飛び交う濃密な人間関係があり，これは昔ながらの生活様式であった。すぐ後で述べることになるが，パリで1750年に騒擾が発生し，巡邏隊長ラベなる者が民衆に追われて逃げるのだが，彼の逃げ込んだ建物を，この事件を研究したファルジュとルヴェルはこう描写している。

> 六階建てで，七〇所帯。八つの店舗，肉屋の肉切り台が十台。たくさんの寝室は小売店主や，物売り，召使い，徒弟など，「職をもつ人たち」に貸されている。最上階には洗濯女たちがいて，広い屋根裏は労務者の共

同寝室となっている。…人はここに住み，またここで働くのだ。さまざまな職業が雑居している。三階では肉焼き女が焼き肉を売り，そのとなりの女は戸をなかば開いて，赤ん坊の肌着をこしらえている。一階には指物師に臓物屋，それに肉屋の小僧たち。女商人はここに，市場でさばいたタラをしまっておく。薄暗く湿っぽいので，チコリも生える。洗濯物の，木材の，並べられた肉の，料理の，汚物の匂い。さまざまな音も響く。寝室から仕事場にゆく人たちのたてる音，廊下で人のしゃべる声。あちこちから噂話が聞こえる。それが部分的に切り取られ，好き勝手に話が作られる。この隣どうしの生活は，場所柄から，たがいに混じりあわざるをえない。しきりも壁も薄すぎて，秘密を長い間保ってはおけない。そこで人のすることは皆が知っており，そこで人のいうことは建物じゅうに伝わる。…建物内の空間は飽和状態で，街路同様，プライヴァシーをほとんど許さない。

図 14－3　パリの狭い道と密集した家屋。
BN Gallica

この記述は，民衆の生活圏がどのようなものであったかをよく映し出している。また，ルソーは『告白』において，18 歳のとき，初めてパリに足を踏み入れた時のことを後に，こう書いている。

> パリに着いて，どんなに予想を裏切られたことだろう！フォーブール・サン=マルソーから市中に入ると，目に映るものは，汚い臭気にみちた狭い路と黒ずんだ粗末な家，不潔と貧困の雰囲気，乞食，車夫，ぼろつくろいの女，煎じ薬や古帽子を呼び売りする女，そんなものばかりだ。
> （桑原武夫訳，岩波文庫）

ルソーの表現は，彼のパリ嫌いの偏見により誇張されている部分があるとしても，大筋で間違いではない。

（3）名望家の都市空間

一方，名望家層はといえば，民衆の住む地区とは異なる地区に集まって住むようになり，この結果，両者の居住街区の分離が開始される。ただし，ここで開始されるという表現を使ったように，この時代には，富裕な人々が建物の下の階に住居を構え，貧しい人々が屋根裏部屋を含めた上層に居住するという昔からの垂直的な住み分けの方がまだ一般的で，居住街区の本格的な地理的分離は19世紀のものであることも断っておく必要がある。

貴族や上層ブルジョワが集まって住むようになった地区では，彼らの生活様式に合わせた変化も見られた。大貴族，高等法院評定官，大貿易商など最上位の名望家層は，高い塀，庭園，広い車寄せを備えた贅沢な私邸を建設した。すでに建物が密集している都市の中心部にはそのための新たな土地はなかったから，そうした地区は新たに開発されたものであることが多く，投資を行う金融業者などの資金が使われていた。代表的な例は，パリにおける17世紀後半から始まる西側への膨張であり，この地区は，現在でも高級住宅地として知られている。外観だけでなく，住居の構造の変化も18世紀になると顕著になる。快適さが求められ，部屋は食堂・居間など用途ごとに分化してつくられた。また，それまで存在しなかった廊下が設けられるが，このことは，これまでなかったプライヴァシーの観念がこの階層で形成され始めたことを意味する。

名望家層の住む地区が形成されたことのほかにも，都市空間に変化を与えるものがあった。18 世紀には，行政官，経済学者，技師，建築家の間に，狭隘で汚染された都市の空気は人体に悪影響を与えるから，空気の循環を良くして，この状況を改善しなければならないという考えがひろがった。そのため，道路の拡張や直線化，また遊歩道や庭園をつくることが，比較的小規模の都市にまで流行となった。また，墓地や動物の屠殺場など都市環境を汚染するとみなされたものは，市外に移され，新たに公共泉水，橋，劇場，市場などの施設の整備が進んだ。

3．秩序維持

（1）共同体的な秩序

このような都市空間において，人々はどのように秩序を維持していたのだろうか。3 つのレベルで考える必要がある。

第 1 は，共同体的な規範に基づく秩序である。秩序の維持というと，現代の私たちは，国家の制度によって上から与えられるものと思いがちだが，国家機構の未発達な前近代においては，社会に存在するさまざまな集団が自律的に形成する秩序が大きな役割を果たしていた。生産力が低く社会インフラも未整備で生き残ること自体が容易ではない社会のなかで，人々が日常生活のなかで取り結ぶ関係や自らの身体や資産を防衛する仕組み，―こうしたものから生まれてくる暗黙のルールによって形成されている秩序である。

そうした共同体の一つが，街区という地縁共同体である。研究が進んでいるパリの街区について見てみよう[1]。16 世紀前半の時点で，パリには 16 の街区が存在した。さらに街区内部は中街区，小街区に分かれて

1　高澤紀恵『近世パリに生きる』岩波書店，2008 年；R.Descimon, *Qui étaient les seize?*, Fédération Paris et Ile de France, Paris, 1983

いる。小街区は一つないし複数の通りから構成され，お互いによく見知った隣人たちの世界であり，特に共同性が強い。

ただし，共同性が強いといっても，その内部が平等ということではない。同じ街区の中に社会的地位の異なるブルジョワから民衆までが居住していて，その内部での発言力には違いがある。街区長・中街区長はそれぞれ街区・中街区の有力者たちによって選ばれ，小街区長の選出は街区長に委ねられていた。下の階層の者たちは，そうした上下関係を当然のこととして受け入れ，ブルジョワとともに一つの共同体を形成しているという意識をもっていた。

パリでは宗教戦争期に十六区総代会という急進的なカトリックの組織が力をもったが，その原因は宗教的な問題だけではなかった。背景には，国王役人がパリの市政で大きな影響力をもち始めたことに反対して，都市の自治を守ろうという運動があり，その基盤が街区共同体であった。この出来事に示されているように，16 世紀にはまだ街区共同体がブルジョワから民衆に至るまで，街区の全住民を包含している。だが，その後は，名望家層とそれ以下の層の差が拡大し，それに伴って，共同体的秩序のなかで民衆的要素が強くなる。

(2) 市政府による秩序

第 2 は，市政府によってつくられる秩序である。共同体的な規範に基づく秩序は，それが全体として連帯の絆によって結ばれていたとしても，同時にその内部に上下関係が存在する（垂直的な構造）のだが，市政府は，この上層部にとっかかりをつくり，共同体的秩序を上からつなぎ止める。パリの場合でみると，そのようにつなぎ止めるための仕組みが街区であった。街区を単位として，外敵から都市を防衛する民兵隊が組織され，自治のための都市役人が選出され，税金が集められていたのである。

街区のリーダーたちは，お互いに顔見知りであり，市政府の商人奉行（ほかの都市の市長に相当）や助役ともよく知る間柄であり，そうした社会的結合関係（ソシアビリテ）を通じて個々の住民と市当局を媒介する存在であった。

しかし，近世も時代が下るにつれて，市政府の秩序が基盤にしている共同体的秩序が衰退する。市政府はこれに歯止めをかけようとするが，成功はしない。したがって，こうした共同体的関係を利用して成り立っている市政府の秩序維持機能にも限界が見えてくるのである。共同体的秩序の衰退は，上に挙げた街区共同体の変質に見られるし，また，職能団体でも見られる。たとえば，アミアンでは，親方の間に格差が生まれて親方組合が分解するのを防ごうと，一人の親方がもてる織機台数を制限した。しかし，格差拡大の流れは止めることができなかった。

（3）王権の秩序

第 3 に，王権による秩序維持があった。王権がこの領域に介入し，新たな秩序維持の仕組みをつくり上げようとするのである。それが最もよく現れているのが，ルイ 14 世親政期に行われたポリス改革である。「ポリス」という語は，ギリシャ語に語源をもち，フランス語には新しく入ってきたことばであるが，その意味内容を厳密に定義することは難しい。この語が王令に初めて現れたのは 15 世紀であるが，その時点と 17 世紀では内容に変化が見られるし，当時の法学者の間でも人によって指し示す内容に違いがあるからである。しかし，これから述べる 17 世紀以降の王権の政策のなかでのポリス理解によれば，つぎのような広い領域を包含するものであった。

第 1 に，治安維持，風紀取締り（書籍の販売の監督，売春・浮浪行為・非合法の賭博場の取締りなど），第 2 に，公衆衛生，都市環境の整備（街路管理，交通，建築物の状況の監督，消防)，第 3 に，経済活動の規制・監督（市場の監督，価格・商品の品質の監督，入市関税逃れの摘発，商売にかかわる紛争の解決)，第 4 に，特に大都市にとって大変に重要な食料供給にかかわる事柄。すなわち，ポリスとは，住民とりわけ都市住民の生の維持全般にかかわることの管理を意味した。

このような幅広い権限を首都でもつパリ警視総監職が 1667 年に新たに設けられた。この警視総監の下に，各街区に配置された警視 commissaire がいた（時期によって異なるが，基本は 48 人)。警視の一人，ドラマールは，ポリス実務の手引書であり，かつポリス論でもある『諸事取締り要綱』を著し，後世に貴重な史料を残した。

パリ警視総監がおかれた理由は，都市政府を中心とした従来の秩序のための仕組みでは，人口が急増し巨大化するパリの課題を把握・対応することができず，効率性にも欠けると判断されたからである。パリの人口は 17 世紀はじめには 25 万人だったものが，世紀の半ばには 45 万人に達していた。

4. 秩序維持の実態

（1）警察機構の両義的性格

王権のポリス政策は，都市政府と共同体的規範によってつくられる従来の秩序と原理的には対立するが，秩序維持の機能としては必ずしも対立するばかりではなかった。相互に補完する面があった。社会集団が自律的な秩序維持機能をもっていたことは，国家にとって好都合な面と不都合な面との両面があった。好都合な面とは，王権の警察機構の弱体を補ってもらえたということである。上に列挙した広い領域の事柄をパリ警視総監の下の機構がすべて担えていたわけではまったくなかったのである。こうした警察機構の両義的性格を，メルシエの慧眼が次のように描き出している。

> 警察署長（警視のこと）の立場はかなりやっかいなもので，自分たちの尻を厳しく叩く警視総監と，騒ぎ立てる民衆との板ばさみになっている。両方を満足させなければならないのだ。人が言わぬことを察知したり，時と相手と状況に従って異なった行動をとることさえしなければならない。

しかし，潜在的に軋轢を抱えていたことも事実である。というのは，王権の秩序は共同体よりも広い空間の統治をめざすものであった。これに対し，市政府が上でつなぎとめている伝統的な秩序は，その基底に生活の必要から伝統的に維持されてきた民衆の秩序意識―先に述べた3つのレベルの第1のもの―をその内に含んでいたからである。

この民衆の共同体的秩序意識においては，紛争が生じた時も，そのルールに従って住民の間で解決され，警察や裁判所といった自分たちの日常生活圏の外部の権力に頼るのは，相手がよそ者であったりした例外的な事例に限られるのが普通であった。したがって，王権の政策がそれと抵触すると感じられた時は消極的な抵抗によってそれを無効化したり，あるいは蜂起という表立ったかたちで抵抗を引き起こす危険を潜在させていた。

また，そのようにして形成された秩序は，儀礼化された暴力もその内に含んでいた。「儀礼化された」という表現を使う理由は，王権にとっては単なる暴力の行使と見える行動も，民衆の意識のなかでは，秩序をやみくもに破壊しようとしているわけではないからである。伝統的な規範に則った彼らなりの秩序意識があり，そのあるべき秩序が壊されたのを，自分たちの行動によって修復しようとしているのである。

民衆蜂起の際に，「悪しき税なき国王万歳」との叫びがしばしば起こったのは，このためである。国王という存在は，自分たちの権利の保障者として意識されていた。それゆえ，その権利が侵されているのは，国王の意志ではなく，悪しき大臣たちの仕業である。したがって，自分たちは国王に保障された正当な権利を守るために立ち上がったのだ。こうした意識が，叫びに込められているのである。

(2) 浮浪人口の増加と抑圧

ところで，警視総監の職が設けられた後も，この職が管轄する領域には依然としてさまざまな組織が自らの権限を主張していた。そのこともあって，17 世紀の段階ではまだ，この機構全体の方向性は，住民を監視し支配することよりも，物事が円滑に進むように関係諸当局に働きかけ，動かすことにあった。

しかし 18 世紀になると，警視総監とその組織は，治安や住民監視の役割の比重を高める。これは物乞い・浮浪者取締り件数の増加からもうかがうことができる。第 12 章でも触れたように，中世末から近世の都市においては多くの貧民・浮浪者が存在したが，18 世紀に入って，その数はさらに増加していた。パリでは，18 世紀半ばに浮浪人口が 1 万 5 千人にのぼった。それに対応するために王権もより厳しく彼らを規制しようとし，1720 年の王令では，全国の健康な男子で浮浪している者は植民地に移送すること，老齢者，障害者で浮浪している者は強制的に救貧院に収容することを定めた。また，1708 年に警視総監に直属する視察官 inspecteur の職が設けられたことも，王権のポリス政策の変化をうかがわせる。視察官たちは警視のような担当地区をもたず，各街区を担当する警視を補佐すると同時に，特に市場など公共の場における治安維持を任務とした。さらに視察官は手足となって働く者たちを抱え，カフェなどに潜り込ませて巷の情勢を探るなどしていた。しかし，こうしたことは，伝統的な民衆世界の秩序観念との軋轢を引き起こした。それ

図 14 - 4　警察のスパイを描いた風刺画（1720 年）。彼らは人々から「蝿」と蔑称でよばれた。この版画で描かれているのは，紐などの小間物を売る行商人で，人の集まる所や家の中にも入って行くことができたため，視察官に使われていた。
BN Gallica

を象徴する出来事が，つぎに述べる 18 世紀の半ばに起きた事件である。

（3）子ども誘拐の噂

1750 年，パリで一つの噂が町中を駆けめぐった。警察が子どもたちを誘拐しているというのだ。私服に変装した巡邏隊長が街のあちこちを回って，子どもたちを捕まえ，待機している辻馬車に乗せている，という。この噂は，警察を攻撃する騒擾を引き起こし，群衆に追われた巡邏隊長ラベが殺害された。また，警察と群衆どちらの側からも銃が撃たれたりしたために，ラベのほかにも死者やけが人がでた。

噂の背景には，パリに限らず都市の秩序維持にとって大きな問題となっていた貧民・浮浪者の存在があった。前述の1720年の王令に基づいて，浮浪者の逮捕が行われていて，そのなかには数百人にのぼると推定される少年もいた。さらに，そのなかには浮浪者ではない少年も含まれていたことが，この噂を発生させた。それにしても，なぜ，この噂を聞いたパリの民衆が，警察に対してこれほど激しく集団的に反発したのだろうか。

理由の第1は，警察の取締りに対する反発である。民衆は基本的には自分たちのルールに則って生きているので，警察がその生活圏内に踏み込んで来るのを嫌う。第2は，民衆の貧民や浮浪者に対する見方である。民衆にとっては，彼らは，よそ者のことも多く，厄介な存在であったことは確かであり，彼らが増えることを拒否する感情がないわけではない。しかし，同時に民衆は，貧民や浮浪者をまったく自分たちとは無縁の存在とは感じていない。民衆はほとんどが日常的にぎりぎりの生活を送っている。怪我や病気で働けなくなったり，経済危機がやってくれば，たちまち自らも貧民，浮浪者の仲間入りをすることになる。その境界線があいまいだからこそ，警察も浮浪者の子どもと職人や商店使用人の子どもをきちんと区別せずに連行してしまっているのである。したがって，浮浪者に対する拒否感よりも警察の介入に対する反発の方が，ずっと強くなったと考えられる。

パリでは，膨大な数の浮浪人口が18世紀半ばに存在していて，その

図 14－5　物乞いの親子。セバスチャン・ブルドン画（17 世紀半ば）

なかには多くの子どもも含まれていた。そうした子どもたちについては，ほとんど史料がないので，具体的に一人ひとりを捉えることはもちろんできない。しかし，彼ら一人ひとりの顔を想像する手がかりがまったくないわけではない。時代が 80 年ほど後のことになり，歴史的状況は少し異なるが，七月王政下のパリにも数多くの浮浪者の子どもがいた。ユゴーは，『レ・ミゼラブル』第三部の冒頭を，そうした子どもたちと，そのなかの一人ガヴロッシュについて詳しく語るところから始めている。

（4）地方都市におけるポリス政策

これまで見てきた王権の秩序維持政策は，パリについてのものである。地方都市での様相は，これとはだいぶ異なる。パリの警視総監と同じ名称の官職は地方の主要都市にもおかれたが，パリにおけるようには機能しなかった。官職売買の対象として設けられ，都市政府や国王裁判所などの団体が買い戻したり，あるいは私人によって買われ，従来からの都市の秩序維持体制がそれを担ったからである。王権は，首都であるパリの秩序維持には細心の注意を払わざるを得なかったから，警視総監職が実質的な役割を果たすようにさまざまな働きかけを行った。そういう意味では，王権のお膝元にある首都パリは特殊であったともいえる。だが，都市の秩序維持に対する王権の志向を先鋭的に表すものとして，重要な意味をもっていたことも確かである。

参考文献

二宮宏之・樺山紘一・福井憲彦編『都市空間の解剖』<アナール論文選 4>新評論，1985 年

B. ゲレメク(早坂真理訳)『憐れみと縛り首―ヨーロッパ史の中の貧民』平凡社，1993 年

A・ファルジュ，J・ルヴェル（三好信子訳)『パリ 1750：子供集団誘拐事件の謎』新曜社，1996 年（ただし，引用に際しては，訳文を一部変更した)。

J. R. ピット編（木村尚三郎監訳)『パリ歴史地図』東京書籍，2000 年

阿河雄二郎「ヨーロッパの都市空間―近世フランス都市の場合」細谷昌志編『異文化コミュニケーションを学ぶ人のために』世界思想社，2005 年

高澤紀恵『近世パリに生きる―ソシアビリテと秩序』岩波書店，2008 年

喜安朗『パリ　都市統治の近代』岩波新書，2009 年

佐々木真『ルイ 14 世期の戦争と芸術―生みだされる王権のイメージ』作品社，2016 年

Ph. Benedict(ed), *Cities and social change in early modern France*, London, Unwin Hyman, 1989.

B. Garnot, *Les villes en France aux XVIe, XVIIe et XVIIIe siècles*, Paris-Gap, Ophrys, 1989.

研究課題

⑴ 近世の都市空間は，時代が下るにつれてどのように変化したか，考えてみよう。

⑵ 近世都市の生活空間は，名望家層と民衆でどのように異なっていたか，考えてみよう。

⑶ 近世都市における秩序維持は，現代国家の秩序維持とどのように異なっているか，考えてみよう。

15 近世都市から近代都市へ

林田伸一

《目標＆ポイント》 18世紀の都市を変化に導く諸要因を把握し，それがどのように社会関係や政治文化の変容に結びつくのかを理解する。また，社団としての近世都市の終焉について学ぶ。
《キーワード》 人口，消費経済，市場経済，社会的結合関係，公共圏，政治文化，王政改革

1．18世紀の社会

（1）人口の増加と経済発展

西ヨーロッパでは，18世紀の前半に伝統社会から近代社会への移行が開始される。これをもたらしたのは，人口の増加と経済発展という2つの要因である。農業生産の向上，また道路網の整備による穀物流通の円滑化は，人々を飢えから解放した。この結果，死亡率は低下し，人口動態は規則的な増加へと変化し始め，特に都市部の人口の伸びが大きい。フランスでは，18世紀初頭には390万人だった都市人口は，18世紀末には570万人に増加している（第12章参照）。

17世紀の「全般的危機」のなかで長期にわたって続いていた経済的停滞も，好況に転じた。これには植民地貿易の発展が大きく寄与していて，ナント，ボルドー，マルセイユといった港湾都市の繁栄が著しい。経済の発展が大都市における消費経済の形成・発展と密接に関連していたことも，この時期の特徴である。新大陸から輸入される砂糖とコーヒー

図 15－1　マルセイユの港の賑わい（1754 年）。担ぎ人足，水夫，商人に加えて貴族や貴婦人の姿も見られる。〔出典：A. Zysberg, *Marseille au temps de Louis XIV*, Paris, 2007, p.257〕

は人気を呼び，食生活を変化させた。また，インド更紗や東洋の磁器など，これまでなかった珍しい服飾品やインテリアが流通するようになった。人々は流行を意識するようになる。こうした生活必需品でないものの消費が，経済を活性化させることになった（消費経済）。都市は，そこに大貴族や高位聖職者，上層ブルジョワのほとんどが居住しているので，農村部と比較してもともと消費市場としての機能が大きかったが，18 世紀にはそれがめざましく発展したのである。

（2）共同体的関係の衰退

人口の増加や経済発展によって，16 世紀以来少しずつ進行していた共同体的関係の弛緩が加速した。都市社会において中核的な位置を占める手工業者においては，17 世紀に徒弟から職人そして親方へという社会的上昇の回路が狭くなってくることはすでに述べたが，18 世紀には親方と職人・徒弟間の紛争が多くの都市で増えている。職人・徒弟は生活条件・労働条件の改善，給与の増額を求め，それは，しばしば暴力的行動を伴った。

共同体的関係の弛緩は，社会的流動性の増大も伴っている。伝統的な社会では，人は生まれながらに所属している社会集団のもとで生涯を過ごすのが普通であった。ブルジョワから貴族への社会的上昇の道が存在していたことはすでに述べたが，これにしても一つの家系で数世代をかけてようやく達成されるものであった。

ところが，この世紀には，たとえば職人層では，所属する仕事場，職能組合，都市の枠組みを越えた移動の増加が認められる。また，特に大都市は，この世紀の商業の飛躍的発展によって，よそ者を多く受け入れていた。18 世紀のリヨンでは，召使のうち 95% が市外から流入した者であった。このため，従来は地縁的，血縁的に狭い範囲に限定されていた婚姻モデルも，都市では徐々に衰退に向かった。中規模都市のアンジェでさえ，1741 年から 45 年までに行われた結婚が 1,255 件あったが，このうち 400 件において新郎新婦の一方が(うち 36 件については双方が)，他地域からの流入者であった[1]。

(3) 流動性の増大と連帯の絆の弛緩

共同体的関係の衰退は，そこにあった連帯の絆が薄れることをも意味していた。このため，それまでならば，それぞれの所属する団体による相互扶助や慈善のはたらきによって，その内につなぎとめられていた人々も，その外にこぼれ落ち，社会の周縁で生きることを余儀なくされるようになった。都市人口に占める貧民，浮浪者の割合は，中世，近世を通じてかなり高いが，18 世紀に特に大きくなったのは，その一つの表れである。また，貧困のため子を手放さなければならなくなる家族も増えた。パリでは捨て子が 17 世紀後半から増えつづけ，18 世紀末で，年に約 7,000～8,000 人に達している。当時のパリの人口はほぼ 60 万

---

1 F. ルブラン（藤田苑子訳）『アンシアン・レジーム期の結婚生活』慶應義塾大学出版会，2001 年，p. 35

人，パリで洗礼を受けた新生児が年に約 20,000 人であるから（もっともパリで生まれた捨て子だけでなく，地方で生まれて，ここに預けられた子がいることもわかっているが），いかに捨て子が多くなっていたかが理解できよう。また，この現象はパリだけでなかった。リヨンやリモージュといった地方都市の養育院でも，18 世紀のはじめと 18 世紀末を比較すると約 3 倍に増加している。

2. 新しい社会的結合関係

（1）新しい社会的結合関係

こうした共同体的関係の弛緩は，都市に新しい社会的結合関係（ソシアビリテ）を生じさせた。日常生活の場で形成されている社会的結合関係は，中世以来，都市においては農村よりもはるかに多様であった。教区や街区といった地縁的関係，職能団体やそれと密接な関係にあることが多かった信心会，若者組や民兵といった都市の存続のために必要とされた機能をもつ組織，血縁や婚姻で結ばれた親族関係などが折り重なるように存在していた。こうした伝統的な社会的結合関係は，人々の日常生活や職業活動と密接にかかわっていて，個人が自由に選択する性質のものではなかった。これに対し，18 世紀に見られる社会的結合関係は，個人の自発的な意思に基づいて形成されるところに特徴がある。そして，そこでは旧来の身分の垣根が取り払われているのである。

（2）サロン

新しい社会的結合関係がとり結ばれる場としてまず挙げられるのは，サロンである。サロンはすでに 17 世紀に誕生しているが，18 世紀に本格的に花開いた。貴族や富裕なブルジョワの邸宅の客間（サロン）に定期的に人々が集まり，女主人が主催するかたちをとった。そこでは，知的な会話・読書・ゲームを楽しむことが盛んに行われた。サロンの常連は，帯剣貴族，法服貴族，大金融業者など上流社会の面々であった。だが，文学や哲学に関する会話などが交わされたために，作家や哲学者たちもサロンに出入りした。サロンの人間関係に加わることは，彼らにとって，貴族や大ブルジョワジーからの保護や仕事を獲得する機会だった。その意味では，社会的地位に差はあるのだが，同時に，その差にもかかわらず，議論や楽しみの場では対等であることがサロンの原則として了解されていたことに意味がある。18 世紀後半には政治的な議論が中心になるサロンもあった。地方都市にも多くのサロンが生まれたが，パリのサロンを模す傾向が強かった。

(3) カフェ

18 世紀になると大都市にカフェが多く出現した。パリでは 1723 年の時点で 380 軒，18 世紀末には 2,800 軒のカフェがあった。ところで，飲食を伴う社交の場としては，これ以前から居酒屋があった。居酒屋は，教会の近くなど人が定期的に通う場所，市場や港など経済活動が活発な場所を中心に，町のあちこちに存在していた。そして，貴族もブルジョワも民衆も，多様な階層の者たちが通っていた。ここで共通に泥酔し，乱暴な言葉が飛び交い，ときには暴力沙汰に発展する。ところが，都市民の社会的・文化的格差の拡大は，居酒屋に対する人々の態度の変化をもたらす。警察，教会からは，警戒や非難の対象となり，上の階層の者たちは居酒屋に通うことをやめる。

そのようにして居酒屋から遠ざかった貴族やブルジョワの新しい社交の場となったのが，カフェである。コーヒーは新しい飲み物で，人々の興味を誘ったのは事実であるが，それだけが目的で人々が集うようになったわけではない。ここで，おしゃべりをしたり，新聞を読んだりし

図 15-2　パレ=ロワイヤル内に店を構えるカフェ・カヴォー。〔出典：Alfred Fierro et Jean-Yves Sarazin, *Le Paris des Lu-mières : D'après le plan de Turgot (1734-1739)*, Editions de la Reunion des mušees nationaux, Paris, 2005, p.111.〕

たのである。そして，その会話は，お互いを認めあい，礼儀をもって接することが必要だった。カフェが流行ったのは，単に新しい飲み物に人々が興味をもったということだけを意味しているわけではない。新しい社交システムが形成されつつあったことを意味している。

カフェに通う社会層はある程度限られていたが，貴族や大ブルジョワの私邸で開かれるサロンよりは，ずっと開放的であった。したがって，作家や哲学者でいえば，サロンは上流社会とつながる名が知られた者たちの領域であったのに対し，カフェはそれより下の者たちのものであった。

(4) 地方アカデミー

アカデミーは，国王の特許状に基づいて設立された学問・芸術の普及を目的とする団体である。アカデミー・フランセーズなど 17 世紀にパリでつくられたものをモデルとして，18 世紀には地方の大都市にもつくられた。1789 年には 31 の地方都市のアカデミーがあった。新会員は会員たち自身によって決められたが，ここでも身分の垣根はなく，特権身分である貴族や聖職者とともに第三身分（平民）もメンバーとなっている。北フランスのアラスのアカデミーでは，30人のメンバーのうちの一人が若い弁護士ロベスピエールであった。

メンバーの規模は小さいものであったが，その活動を通じて新しい知識の普及に大きな役割を果たした。そのうちの一つに懸賞論文の募集があったが，文筆で世に出ようとしていた者たちは，競ってこれに応募した。その最も有名な成功例は，ディジョンのアカデミーが募った論文に応募したルソーである。

（5）フリーメイソンとクラブ

フリーメイソンは，市民社会の先進国イギリスから入ってきた社交のための団体であった。18世紀の末には，パリ，地方都市合わせて約600を超す支部をもつ広がりをみせ，会員はアカデミーよりもはるかに多く，5万人を数え，しかも第三身分のメンバーがパリでは74%，地方では80%を占める開放性（とはいえ，名望家層に限定されてはいたが）をもっていた。

クラブはずっと数が少なく，フランスでは18世紀の末にようやく結成され始めたにすぎなかった。クラブも旧来の身分の枠にはとらわれていなかったが，こちらはフリーメイソンよりも閉鎖的で，新たな階級原理が形成されつつあるようにも見える。アンジェの場合を見ると，ここには，「アンジェ協会」という帯剣貴族，法服貴族，貿易商，弁護士など男性限定で伝統的な身分を越えた会員を擁するクラブがあった。会話や新聞購読，娯楽を目的とした。アカデミーやフリーメイソンの会員と相互にかなり重なりもするが，アカデミー会員の一人である弁護士のヴィジェは，このクラブについて，1787年にこう批判している。「貴族や高位の役人や何人かの引退した貿易商たちが一つの場所に集まることで，入り込めない垣根を社会のほかの諸階層との間につくり上げ，内輪意識を芽生えさせている」[2]。

18 世紀の後半には，そのほかにも読書クラブ，文芸協会，農業協会など，人々が自由意志で加入することのできるさまざまな団体が生まれていて，この時期の社会関係が大きく動いていたことがうかがえる。

3．公共圏の成立と政治文化の変容

（1）出版物の増加

18 世紀には，出版物が増加した。フランスにおける出版点数は，18 世紀を通じて約 2 倍になったと推定されている。出版物の流通は，農村では行商人によって行われ，その量も限られていたが，都市では書籍商（多くは印刷・出版業を兼ねていた）が店を開いていたから，顧客はさまざまな出版物に触れることができた。さらに都市においては，本を買わなくても読むことができる読書室や貸本屋が 18 世紀中頃から現れはじめ，民衆も出版物に接する機会をもつことができた。

出版物の増加の背景には，識字率の上昇があった。18 世紀半ばにおける識字率は全国平均で 32%。農村部の場合は 28.5% であるのに対して都市の場合は 53% に達していた。書物を所有する人々の割合も高まり，都市の手工業者や小商人といった層にまで広がり始めた。

書物の内容を見ると，従来大きな割合を占めていた宗教書（時祷書・聖人伝・信仰の手引）の割合は 18 世紀の過程で急速に減少し，都市文化が世俗性をもっていたことがわかる。パリにおける全出版点数を見ると，17 世紀末には宗教書が約 50% を占めていたが，18 世紀末には 10% でしかない。代わって増加するのは，医学・自然科学，経済・商業，政治に関する書物である。また，18 世紀半ば以降は，風刺や露骨な性的

2　F.Lebrun (sous la dir. de) *Histoire d'Angers*, Toulouse, Privat, 1975, pp.127-128.

表現を含む読み物が広く流通した。それらの誹謗文書は，宮廷や教会といった権威を攻撃の対象にしていたため，その失墜に大きな役割を果たした。

（２）公共圏の成立と政治文化の変容

こうした新たな社会的結合関係や出版文化の発展は，国家から自立した新しい公共圏を社会に出現させた。そして，この公共圏では，政治的事件についても議論が交わされたために，閉ざされた空間で行われていた政治が，公共の場に引き出された。サロン，カフェなど新しい社会的結合関係の場では貴族や富裕なブルジョワが，広場，街路，市場，公園などでは民衆が議論を交わしていた。弱体化した王権と，王権に対立する自らの行動を正当化する必要のある高等法院は，ともにこうした議論によってつくられる意見，すなわち「世論」に訴えかけざるを得なかった。このようにして，都市という場で政治文化が変化した。人々はもはや，政治は限られた者たちの手で行われるのが当然，とは考えなくなったのである。

（３）都市文化の確立

経済の発展による都市の重要性の増大，消費経済の形成，名望家層の主導による新たな都市空間の形成，社会的結合関係の変化と出版物の増加，それに伴う公共圏の形成―これらのことは，宮廷文化から独立した都市文化を確立した。メルシエはこう書いている。

> 宮廷という言葉が，ルイ 14 世の御代のように，我々の心に畏怖の念を抱かせることはもうなくなった。支配的な意見は，もはや宮廷からさずかるのではない。たとえどんな種類のことであれ，宮廷の判断で評価が決まるということはもはやなく，「宮廷のご意見はかくのごとし」など

と，滑稽でおおげさな表現をする者ももういなくなった。宮廷の判断などはくつがえされてしまう。…ルイ 14 世の時代は，宮廷のほうが都市よりもしっかりとした判断力をそなえていたが，今では都市のほうが宮廷よりしっかりとした判断力を持っている。…そんなわけで，宮廷は，美術，文学についてはおろか，今でもかれらの管轄に属している一切のことに関してすら，かつて持っていた影響力を失ってしまったのだ。

宮廷文化では，国王の権威を背景に名誉の観念に基づいた社会的序列が尊ばれていた。これに対し，パリを中心とした都市は，ルイ 14 世治世の末期から王権が政治的求心力を弱めるのとは逆に，発展した経済を背景にして，従来の社会的序列を否定こそしないものの，それを相対化する自由な文化をつくり上げていたのである。

4．都市行政の改革

18 世紀の後半に入って，フランスの諸都市は，その政治秩序の動揺を経験する。国王政府によって時の財務総監ラヴェルディのもとで，1764 年から 71 年にかけて行われた都市行政の改革が，その原因である。この都市行政の改革（大きな人口を抱えていたパリとリヨンは，対象外）は，18 世紀の半ば以降に王権が統治構造の転換を目的として行った王政改革のうちの一つである。18 世紀に入って顕著になってきた社会的結合関係の変化や社会的流動性の増大によって共同体的関係が弛緩し，社会のさまざまな集団はその成員を十分に把握することが困難になったが，そのことは，これを社団として再編成し，統治の基礎としている絶対王政の統治の基盤が掘り崩され，動揺することを意味していた。このため，権力秩序の再編に政府内の開明官僚たちが乗り出したのである。彼らがめざすのは，近代的な代表制を導入することによって臣民を統合し，近代国家への構造転換を図ることであった。

都市においては，名望家層とその下の階層の間の格差が拡大していて，都市としての一体性が解体しつつある。と同時に，都市がもっていた権限は縮小されているから，それがもっていた特権は，もはや成員の共同の利益を代弁する公的なものではなく，王権と結びついた名望家層の私的特権に変質していた。こうした事態は，絶対王政の地方行政の基礎を揺るがすことになる。この危険は，絶対王政の支配に最初から内在するものだが，18 世紀に至って，もはや取り繕えない状態にまで達していたのである。

改革の中心になるのは，「名士会議」の創設である。この会議を構成する「名士」（人口 4,500 人以上の都市では 14 名）は，まず都市内のさまざまな身分・職業団体によってそれぞれの代表が選出されたあとで，この代表たちの集会で選出される。こうして，住民の選挙によって選ばれた名士会議が市政府メンバーを選出する。これによって，形骸化し，都市によってはポストを買った私人による占有のため停止されていた都市役人選挙が復活した。

さらに，都市財政についての実質的な決定権，市政府に対する監督権などこれまで国王の直轄官僚である地方長官が握っていた権限の一部が名士会議に与えられた。具体的には，中央政府はまず，都市の名士会議に都市財政について諮問し，これを踏まえて各都市の支出の枠組みを定めることになった。つまり，王権による統制がなくなるわけではないものの，都市の財政的自立性を一定度認めようとする。こうして，より広い範囲の都市住民の取り込みが図られたのである。

ただし，ここで意図されているのは，民主的な政治体制づくりではない。名士会議のメンバーは，選挙によって選ばれた代表者が選出するのだが，自由に選ばれるのではなく，次のように都市内の各団体に割当てるかたちをとっており，民衆層が過半数を占めることのないように配慮がなされていた。人口4,500人以上の都市の場合には，次のように決められていた。教会参事会［1名］，聖職身分［1］，貴族・軍隊士官［1］，バイイ（セネシャル）裁判所［1］，地方財務局［1］，その他の官職保有者団体［1］，国王陪食官・弁護士・医師・貴族風に暮らしているブルジョワ［2］，公証人・代訴人［1］，卸売り貿易商・店を所有している商人・床屋外科師・その他の自由職業の者［3］，手工業者［2］。

しかし，改革は，これによって権限を削がれる勢力の反対に会った。諸都市の既存の支配層はこれに強い抵抗を示し，各地の地方長官も，国王の直轄官僚であるにもかかわらず，中央政府に対して反対の意思表示をし，場合によっては地方の反対運動の列に加わることもあった。その結果，いくつかの地域ではついに改革を実施することができなかった。そして，1771年，わずか7年後に改革は廃止された。改革反対派が権力を掌握したことと，都市役人の職を再び売官職として都市から金を引き出し国庫収入を得ることが優先されたことが原因だった。こうして，すでに述べた政治文化の変容による中央政治の動揺に加えて，改革とその廃止による混乱から，国王の地方行政の基礎も揺らいでしまったのである。

5．近世都市の終焉

（1）フランス革命の導火線

このあとも改革の試みがなされるものの，成功には至らなかった。そして，1787年，88年には天候不順，およびそれに由来する凶作と穀物価格の高騰がフランスを覆った。穀物価格の高騰に直面した民衆は穀物商の店や穀物貯蔵庫を襲い，全国の都市や農村で騒擾が引き起こされた。そうしたなか，1788年5月に国王政府は，貴族の抵抗に押されて翌年の全国三部会の開催を決定せざるを得なかった。しかし，この三部会の召集は，人々の意識を政治化することになった。第三身分の代表選出と陳情書の作成のために，各都市や農村共同体の段階から集会が開かれ議論が交わされたからである。上述のように，それ以前から政治文化の変容が始まっていたことが，この現象をいっそう推し進めた。1789年にパリを訪れていたイギリスの農学者アーサー・ヤングは，6月9日，こう日記に記している。

> パレ=ロワイヤルのいくつものカフェでは，さらに不思議で驚くべき光景が見られる。店内が客で一杯なだけでなく，店の入り口や窓まで人が溢れている。かれらは，店内のそこかしこでテーブルや椅子の上に乗って演説をしている者たちに，耳を傾けているのである。大胆な表現で政府を批判する者たちの演説がどれほど熱心に聴かれているか，どれほどたくさんの喝采を浴びているか，人は思いもよらないであろう。政府がこのような騒擾と反乱の温床の存在を許しているのを見て，私は本当に唖然としている。

パレ=ロワイヤルは，親王家であるオルレアン家当主が所有する広壮

図 15－3　パレ=ロワイヤルで演説を行うデムーラン　BN Gallica

な館で，1780年代に入って改築されて，中庭を囲む回廊式の店舗がつくられた。そこにカフェやレストランも入り，当時パリのなかでも最も華やかな地区となっていた。フランス革命の口火が切られるのは，7月14日のバスチーユ襲撃だが，その導火線の役割を果たしたのも，パレ=ロワイヤルのカフェだった。前々日の12日，中庭のカフェ・テラスのテーブルに乗ったジャーナリストのカミーユ・デムーランが，人々に向かって「武器を取れ」と演説を行い，火をつけたのである。ヤングの観察が示しているように，新しい社会的結合関係の場が大きな役割を果たしていたのである。

（2）社団としての都市の廃止

フランス革命は，絶対王政がつくり出した支配の構造を壊した。王政改革でもそれ自体を問題にするところまでは踏み込むことのできなかった特権が廃止された。都市は，農村とともに，全国斉一の自治体制度のなかに位置づけられた。そして，この新しい区画は，代表制度の導入により，単なる行政区画ではなく，ローカルなレヴェルにおける自治とナショナルなレヴェルにおける政策決定への参与の母体としても機能することになる。都市の特権が廃止されたことから，これと不可分の存在としてあった名望家による市政の独占も姿を消したのである。

参考文献

A. ヤング（宮崎洋訳）『フランス紀行』法政大学出版局，1983年（ただし，訳文は同一でない）
R. シャルチエ（松浦義弘訳）『フランス革命の文化的起源』岩波書店，1994年
J. ハーバーマス（細谷貞雄・山田正行訳）『公共性の構造転換』未来社，1996年

千葉治男『知識人とフランス革命』刀水書房，2003 年
R. ダーントン（近藤朱蔵訳）『禁じられたベストセラー』新曜社，2005 年
福井憲彦編『アソシアシオンで読み解くフランス史』山川出版社，2006 年
山崎耕一『啓蒙運動とフランス革命』刀水書房，2007 年
柴田三千雄『フランス革命はなぜおこったか』山川出版社，2012 年
F. -J. ルッジウ（高澤紀恵・竹下和亮編訳）『都市・身分・新世界』山川出版社，2016 年
G. ルタイユール（広野和美・河野彩訳）『パリとカフェの歴史』原書房，2018 年
D. Roche, *Le Peuple de Paris. Essai sur la Culture Populaire au XVIIIe Siècle*, Paris, Fayard, 1998.

研究課題

(1) 18 世紀の都市社会の特徴は何であったのか，考えてみよう。
(2) 新しい社会的結合関係の出現は，当時の人々にとって，どのような意味をもっていたのか，考えてみよう。
(3) 18 世紀における都市社会の変容に対して，王権はどのように対応しようとしたのか，考えてみよう。

索引

●配列は五十音順，＊は人名を示す。

●さ　行

●た　行

●な　行

●は　行

●ま　行

●わ　行

分担執筆者紹介

林田　伸一（はやしだ・しんいち）

・執筆章→ 1・12・13・14・15

1954 年　千葉県に生まれる
1984 年　東京大学大学院人文科学研究科博士課程単位取得満期退学
現在　成城大学文芸学部教授
専攻　フランス近世史
主な著書　『ルイ 14 世とリシュリュー』（山川出版社）
『フランス史〈世界各国史 12〉』（共著　山川出版社）

編著者紹介

河原　温（かわはら・あつし）

・執筆章→1・2・3・4・5・6・15

1957 年　東京都に生まれる。
1979 年　東京大学文学部西洋史学科卒業
1986 年　東京大学大学院人文科学研究科博士課程中退
現在　放送大学教授（首都大学東京名誉教授），（博士・文学）
専攻　西洋中世史・都市史
主な著書　『中世ヨーロッパの都市世界』（山川出版社）
『中世フランドの都市と社会―慈善の社会史』（中央大学出版部）
『ブリュージュ―フランドルの輝ける宝石』（中央公論新社）
『ヨーロッパ中近世の兄弟会』（共編著，東京大学出版会）
『図説　中世ヨーロッパの暮らし』（共著，河出書房新社）
主な訳書　キャロル・フィンク『マルク・ブロック―歴史の中の生涯』（平凡社）
マルク・ボーネ『中世ヨーロッパの都市と国家』（編訳，山川出版社）

池上　俊一（いけがみ・しゅんいち）

・執筆章→1・7・8・9・10・11

1956 年　愛知県に生まれる
1983 年　東京大学大学院人文科学研究科博士課程中退
現在　東京大学大学院総合文化研究科教授・文学博士
専攻　西洋中世史
主な著書　『ロマネスク世界論』（名古屋大学出版会）
『ヨーロッパ中世の宗教運動』（名古屋大学出版会）
『ヨーロッパ中世の想像界』（名古屋大学出版会）
『公共善の彼方に―後期中世シエナの社会』（名古屋大学出版会）

放送大学教材　1559265-1-2111（テレビ）

都市から見るヨーロッパ史

発　行　　2021 年 3 月 20 日　第 1 刷
編著者　　河原　温・池上俊一
発行所　　一般財団法人　放送大学教育振興会
〒 105-0001　東京都港区虎ノ門 1-14-1　郵政福祉琴平ビル
電話　03（3502）2750

市販用は放送大学教材と同じ内容です。定価はカバーに表示してあります。
落丁本・乱丁本はお取り替えいたします。

Printed in Japan　ISBN978-4-595-32257-0　C1322